김춘수 평전
꽃, 처용으로 날아오르다

김춘수 시인(1922-2004) 생애 앨범

1. 김춘수 시인의 부모님(아버지 김영팔, 어머니 허명하)
2. 경기중 입학기념 사진. 아버지와 함께(1935)
3. 경기제일고보 교복을 입고(1937)
4. 보통학교 6년 졸업증서(1935)

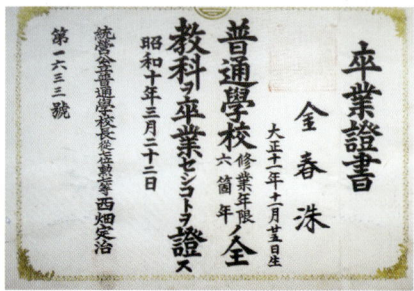

5. 농구부 해양훈련 때. 농구대회 우승컵을 들고 있는 학생 왼쪽이 김춘수(1939. 8. 10)
6. 결혼식. 예복을 입고(1944)
7. 결혼 1주년 기념사진(1945)

8. 통영문화협회 회원들과 함께, 통영 미륵산 용주사. 뒷줄 세 번째 흰 모자 쓴 사람이 김춘수, 앞 줄 안경 쓴 사람은 유치환 시인(1945)
9. 통영중학교 교원 시절(1948)

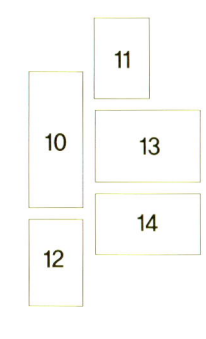
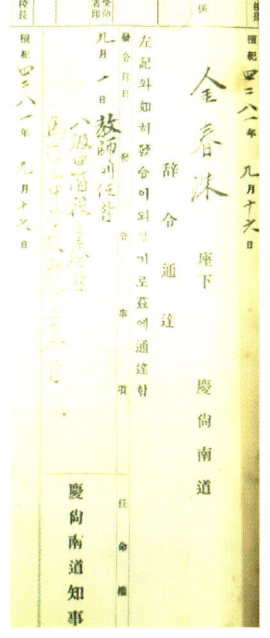

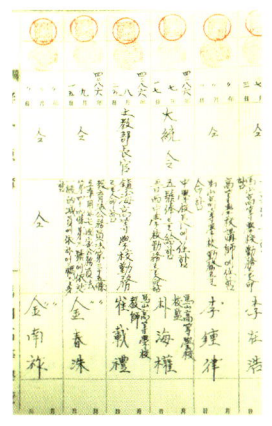

10. 마산공립중학교 교원 사령장(1948. 9. 16)
11. 구름과 장미(1948)
12. '일반적 감원으로 면직'한다는 마산고등학교 기록부. 김춘수 교사 바로 옆에 김남조 시인 이름도 있다(1953. 8. 25)
13. '청포도' 동인들과 함께. 앞줄 맨왼쪽이 김춘수 시인(1952)
14. 해인대학 졸업식 후 졸업생들과 함께(1969)

15. 아내 명숙경, 처제와 함께(1950년대 후반)
16. 부산대 강사 시절 (1950년대 후반)

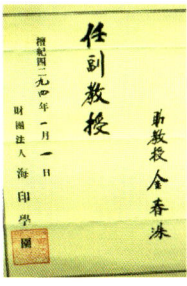
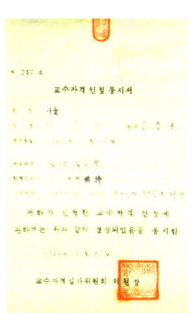

17. 한국현대시형태론(1958)
18. 꽃의 소묘(1959)
19. 해인대학 조교수에서 부교수 승진 임용장(1961)
20. 논문 '1909-1919 사이의 한국 시의 명칭과 형태'로 교수 자격을 인정한다는 교수자격심사위원회의 교수 자격 인정통지서(1965)
21. 가족들과(1960년대 초)
22. 부다페스트에서의 소녀의 죽음(1959)
23. 타령조 기타(1969)

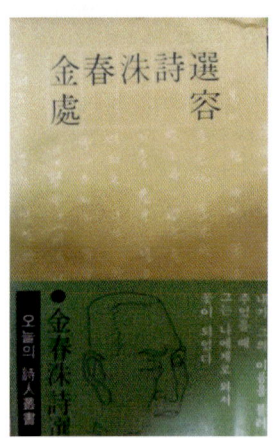

24. 경북대 교정에서. 양왕용, 김춘수, 양채영 시인(1973)
25. 처용(1974)
26. '부산대 문학의 밤' 마친 후 학생들과 함께. 앞줄 양왕용, 초청강사 김춘수, 독어교육과 교수 김광규(1976.5)

27. 의미와 무의미(1976)
28. 남천(1977)
29. 오지 않는 저녁(1979)
30. 부대신문사 주최 문학 강연 후, 초청강사 김춘수, 이청준과 양왕용(1977. 11)
31. 경북대 교수 시절(1970년대 초반)

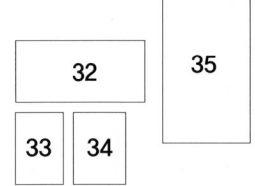

32. 대구 만촌동 김춘수 시인 자택 앞에서. 왼쪽부터 시인 이기철, 김춘수, 시인 하현식, 박청륭(1977)
33. 영남대 교수 임용장(1978.9.1.)
34. 비에 젖은 달(1980)
35. 영남대 교수 시절, 대구(1979년 무렵)

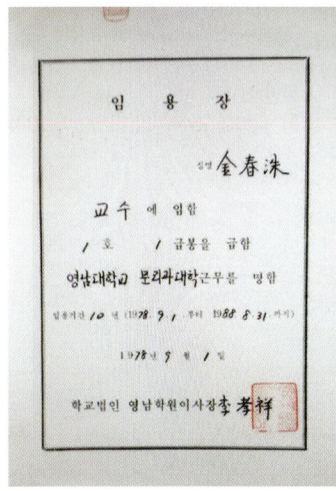

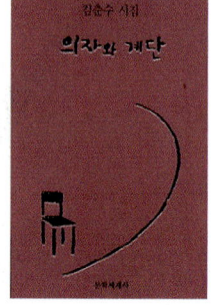

36. 만년의 김춘수 시인, 손녀
유미, 유빈과 함께
37. 명일동 시절의 김춘수 시인 내외(1981)
38. 시인이 되어 나귀 타고(1980)
39. 의자와 계단(1999)
40. 꽃과 여우(1997)
41. 라틴 점묘 기타(1988)

42. 양왕용의 '시문학상' 시상식에서(1991)
43. 아내 명숙경의 고희 축하연에서(1994)

44. 통영소년(2003)
45. 사후에 발행된 김춘수 '꽃' 우표 시리즈(2007)
46. 거울 속의 천사(2001)
47. 달개비꽃(2004)
48. 할아버지라는 이름의 바다(2008)

44	45	
46	47	48

김춘수 평전
꽃, 처용으로 날아오르다

양왕용 지음

문화발전소

책머리에

올해는 '꽃'의 시인 김춘수 시인이 탄생한 지 100주년이 되는 해이다. 필자는 김 시인으로부터 경북대학교 사범대학 국어교육과 재학 시절(1963-1967년) '현대시론' '신문학사' 등을 배웠으며, 1965년 7월부터 1966년 7월 만 1년 동안은, 서울에서 1965년 4월호부터 1966년 12월호까지 발행되었던 월간 《시문학詩文學》에 김춘수 시인의 3회 추천완료로 대학 4학년 1학기 때에 시인이 되었다. 이는 김춘수 시인 자신의 이름으로 제자를 시단에 맨 처음 데뷔시킨 것이었다. 1967년부터 1968년까지는 경북대학교 대학원 국어국문과 석사과정에 입학하여 역시 김 시인의 지도로 석사학위를 받았다. 그 뒤 김춘수 시인의 추천을 발판으로 1976년부터 부산대학교 사범대학 국어교육과 교수로 재직하다가 2009년 2월에 정년퇴임을 하였다. 말하자면 김 시인은 필자에게 시인의 길과 학자의 길을 열어준 멘토인 셈이다.

그래서 은사님의 탄생 100주년을 맞아 무엇으로 생전에 입은 은혜를 보답할까 고심하다가 아직까지 출판되지 않은 김춘수 시인의 평전을 써 보는 것이 어떨까 생각하고 있던 차에 2020년 7월 서울에서 '월간 시' 편집인 민윤기 시인이 '양왕용의 탐사'라는 제목으로 김춘수 평전을 연재할 수 있었다. '탐사'라 하여 다른 문인들의 평전과는 달리 직접 김춘수 시인이 살았거나 유학했던 공간을 답사하고 인연이 있는 사람들을 만나보는 글을 쓰기 시작한 것은 민 시인의 권유에 힘입은 바가 크다. 2020년 8월호에 연재를 시작하여 2022년 10월에 25회(2020년 10월호 한 호 쉼)로 마쳤다. 그리고, 이글을 정리하여 단행본으로 평전을 펴낼 수 있게 되었다.

　연재를 하는 동안 많은 분들로부터 격려도 받았고, 통영과 마산과 부산과 대구 그리고 서울의 은사님이 머물렀던 공간을 찾았을 때는 더욱 많은 분들의 도움을 받았다. 아쉬운 것은 코로나19 탓으로 일본 동경의 유학 시절 은사님이 머물렀던 공간을 직접 탐사하지 못한 점이다. 그래서 코로나19가 진정되면 일본 동경을 꼭 가볼 작정이다.

　사실 은사님은 남다른 기억력으로 누구보다도 많이 자신의 삶의 모습을 산문으로 남겼다. 그래서 그냥 은사님의 말씀만을 재탕하는 것은 아닌지 두렵기도 했다. 다행히 은사님의 신상을 알 수 있는 각종 증빙문서를 통하여 새로운 사실을 알 수 있어서 보람을 느꼈다. 그러나 이 책으로 은사님의 생애와 빛나는 시적 성취에 누가 되지 않을까 두렵기는 하다.

김춘수 시인 탄생 100주년과
필자 탄생 79주년 날인
2022년 11월 25일
부산 해운대에서 양왕용 드림

contents

18 책머리에

23 **제1부, 통영(1922~1934)**
처용의 바다, 고향
유년기와 통영보통학교 시절

47 **제2부, 경성(1935~1939)**
불안과 서성거림의 공간
경성제일고보 시절

69 **제3부, 동경(1940~1944)**
라이나 마리아 릴케를 만나다
일본예술대 유학 시절

93 **제4부, 통영과 마산(1945~1953)**
청마와의 재회, '꽃'의 탄생
결혼과 광복, 통영중, 마산중고 교사 시절

123 **제5부, 부산(1954~1960)**
　　　떠돌이 시절의 이중적 글쓰기
　　　부산대, 해군사관학교, 해인대 강사 시절

151 **제6부, 대구(1961~1980)**
　　　명암이 교차된 시인과 교수의 길
　　　경북대, 영남대 교수 시절

203 **제7부, 서울(1981~2004)**
　　　역사의 소용돌이와 만년의 시적 열정
　　　국회의원, 방송심의위원장, 그리고
　　　오로지 시인 시절

244 김춘수 시인 연보

제1부, 통영(1922-1934)

처용의 바다, 고향
유년기와 통영보통학교 시절

'꽃'의 시인 김춘수가 태어난 통영을 찾다

　　김춘수(1922~2004) 시인은 경남 통영시 남망산 기슭 지금은 동피랑으로 알려진 마을 아래쪽인 동호동 61번지(당시 경남 통영읍 서정리 61)에서 아버지 김영팔(1903~1968) 옹과 어머니 허명하(1901~1968) 여사의 3남 1녀의 맏이로 1922년 11월 25일(음력 9월 24일) 태어났다. 본관은 광산光山이다.

　　김 시인이 태어난 통영은 앞바다에 있는 크고 작은 섬과 아름다운 해안선 때문에 동양의 나폴리라는 별칭으로 널리 알려진 아름다운 항구도시이다. 뿐만 아니라 통영에는 임진왜란 이후부터 삼도수통제사가 근무하던 통제영이 있었기 때문에 특산물을 임금에게 진상하기 위한 12개 공방을 비롯한 공예품 만드는 장인과 예인들이 많이 몰려들었다. 그리고 2년마다 통제사의 교체로 한양의 문물이 이입되기도 하였다. 그러나 1910년 일제 강점기가 시작되기 직전부터 통영이 지리적으로 일본과 가까워 일본인들의 진출과 수산물 일본 수출의 전초기지가 되었다. 일본인들의 진출은 일제강점기 직전인 1906년부터 통영해안 매축공사를 하면서부터이다. 통영항의 지리적 조건이 평지가 부족한 것을 바다를 매립하여 해결하기 시작한 것이다. 1931~32년 1년 4개월 동안 미륵도와 통영항을 연결하는 길이 483m의 동양 최초의 해저터널이 건설되기도 하였다. 미륵도에는 1907년부터 일본인들이 많이 거주하였다. 주로 이들은 오카야마岡山현 어부들로 일본정부로부터 장려금을 받고 이주하였다. 남포동과 도남동 190번지 일원에 거주 하였는데, 1910년에는 일본인 자녀교육을 위한 강산촌심상소학교(현재의 남포초등학교 자리)가 설립될 정도였다. 말하자면 충무공 이순신의 얼이 깃든 통영이 일제강점기 수산물 공출을 위한 도시가 되는 아이러니가 발생한 것이다.

그러나 이러한 수산기지적 측면과는 다르게 통영의 근대화에 기여한 벽안의 외국인들이 있었다. 1894년 호주 장로교 출신 선교사 무어$^{Elizabeth\ S.Moore}$(한국 이름 모라사백) 부산선교부 여선교사가 통영을 방문하여 통영과 인근 육지와 섬 지역 선교의 필요성을 절감하게 된다. 그래서 9년 동안 본국과 부산선교부에 호소하여 1913년 통영지역 선교부 설치를 관철시킨 것이다. 그의 노력으로 24명의 호주 선교사들이 통영은 물론 이웃 거제, 고성, 진해 등지에 교회를 개척하고 문화, 의료, 교육, 사회사업 등을 하였다. 1914년 통영에 진료소를 세우고 진영학원 등 5개 교육기관을 세웠다. 1941년 일제에 의하여 강제 추방되기까지 47년간 통영근대화의 주춧돌이 되었으며 김춘수 시인의 시에 나오는 호주선교사 유치원이 바로 진명학원 유치원이다. 그리고 유치진, 유치환, 김상옥, 박경리 등 문인과 윤이상, 정윤주 등 음악가와 전혁림 화가를 길러낸 자양분이 되었다. 2016년부터 통영의 뜻 있는 인사들이 호주선교회 기념사업회를 발족시켜 선교사 유적지 복원사업을 하고 있다.

김 시인의 할아버지 김진현 옹(생몰년 미상)은 김 시인의 회고에 의하면 인동고을(경북 구미)의 원을 지낸 분으로 통영군 산양면 남평리에 정착하면서 광도면 안정리의 들판을 기반으로 만석꾼의 소리를 듣는 대부호였다. 아버지 김영팔 옹은 할아버지의 첫째, 둘째 부인의 연이은 상처로 세 번째 부인 차신기(1881~1960) 여사 사이에 난 10남매의 막내 아들이었다. 김 시인의 할머니가 60세 할아버지에게 시집을 오니 맏며느님이 시어머니 같았다고 한다. 김영팔 옹은 결혼 후 산양면에서 분가하여 있다가 동호동에 직접 집을 지어 이사를 하였다. 동호동으로 1918년 8월 3일 전적되었다고 통영시청의 제적부에 나타나 있으나 산양면에서 분가한 기록이 1921년 4월 3일로 되어 있기도 하여 결혼한 후에 집을 지어 이사한 것으로 보아야 할 것 같다. 이러한 호적부의 기록은 통영 차영한 시인의 자료발굴로 알려진 사실이다. (차영한; 김춘수 시인과 유치환 시인의 관계, 《통영문학》 2017, 36호. p243~244)

　김영팔 옹은 분가 후 상속받은 농토로 농사를 잘 지어 삼천석꾼의 부호가 되었다. 자녀는 김춘수 시인 밑으로 동생 규수, 형수. 딸 연경을 두었다. 그리고 자녀에 대한 교육열도 대단했다. 김춘수 시인을 어린 시절 여항산 기슭에 있는 호주선교사가 운영한 유치원에 보내기도 하였다. 이때의 유치원 보모가 청마 유치환(1908~1967) 시인의 아내가 되는 권재순 여사이다. 청마와 권 여사의 결혼식(청마 호적에는 1929년 4월 5일 결혼한 것으로 돼 있으나 1928년 가을이나 겨울로 추측됨. 1929년 4월은 김 시인의 초등학교 1학년 시절이고 청마의 장녀 유인전 여사가 10월 21일 태어난 것으로 보아 그렇게 추측됨)에 화동으로 김 시인이 발탁되어 고향 선배이자 평생의 멘토가 되는 청마 시인과 운명적으로 만나게 된다. 김영팔 옹은 김춘수 시인이 8세가 되는 1929년에는 1908년 조선조 말에 개교하여 1920년에는 6년제 정식학교가 된 통영읍내 유일한 한국인 학교인 통영보통학교에 입학시키려 했다. 그러나 그 동안 입학하지 못한 과연령 취학생으로 자리가 생기지 않자 광도면 안정에 있는 친지 집에 의탁하여 1922년에 개교한 광도면의 4년제 광도보통학교(현재의 벽방초등학교)로 입학시켰다가 1학년 초에 통영초등학교에 결원이 생긴 자리에 전학을 시켰다. 통영초등학교의 김춘수 시인의 학적부에 의하면 입학전 경력에 광도보통학교 1년생이라 기록되어 있으나 1학년 성적부터 기록되어 있는 것으로 보아 학년 초에 전학 온 것이 분명하다. 그리고 이 글을 쓰기 위해 혹시 벽방초등학교에 김 시인의 재학 기록이 있는가 확인해 보았으나 전혀 찾을 수 없다는 연락을 받았다.

　김 시인의 회고기에도 종종 보이고 있지만 1학년 때에는 타학교에서 온 탓으로 학기말 성적이 71명 중에 10위였으나 2학년과 3학년에는

7위와 6위를 하다가 4,5,6학년은 1위가 되어 우등상도 받고 두뇌가 명석하다는 기록도 남기고 있다. 김 시인은 '국어'라는 이름으로 일본어, '조선어'라는 이름으로 국어를 배웠으며, '수신', '산술', '지리', '이과', '도화', '창가', '체조', '수공' 등 모든 과목에 재능을 보이고 있다. 그래서 졸업식 때에는 졸업생을 대표로 답사도 하게 되고 도내 몇 학교만 받는 도지사상을 받게 된다. 1935년에는 김 시인은 통영시내에서 몇 안 되는 경성공립고등보통학교(4학년 때 경기공립중학교로 교명 변경)에 입학하는 영광을 누린다. 경기고등학교 학적부에 의하면 가회동 외척 고명수 씨가 보증인으로 기록된 것으로 보아 가회동에 있다가 2학년 때에는 4남매의 교육을 위하여 통영에서 종로구 명륜동 3가 72~6에 집을 사서 이사를 하면서 본적도 통영에서 서울로 옮기고 아래 동생들은 통영초등학교에서 서울로 모두 전학을 시킨다. 선친 김영팔 옹은 서울과 통영을 오르내리고 고향에는 조모를 비롯한 일부 가족들이 살게 되었다. 그리고 김 시인의 두 동생들도 모두 경기중학교에 입학하여 동아일보에 수재 집안으로 화제기사가 나기도 한다. 김 옹은 3형제를 법관, 의사, 정치가가 되기를 소망했다고 한다. 그런데 그 가운데 김 시인만 그 소망을 들어주지 못하고 차남 김규수 씨는 서울대 의대에 진학하여 의사의 길을 걷다가 6·25 전쟁기에 부산에서 일찍 돌아가시고 삼남 형수 씨는 서울대 정치외교과를 나와 외교관이 되어 네팔 대사까지 하다 병에 걸려 조기 은퇴하여 있다가 돌아가셨다. 여동생은 숙명여대 약대를 중퇴하고 부산 사람 백무학과 결혼하여 대구에서 살다가 돌아가셨다. 그 후손들은 대구와 서울 등지에 살고 있다.

　그 후손 가운데 통영을 지키고 있는 유일한 사람이 있다. 김 시인의 바로 아랫동생 김규수(1925~1954) 씨의 둘째아들 김용일(1951~)씨이다. 김규수 씨는 젊은 나이에 돌아갔으나 일찍 결혼하여 두 아들을 두었다. 큰아들 김용준(1948~1975) 씨는 일찍 죽고 둘째 아들 용일 씨는 조부모

밑에서 김 시인의 고향집을 지키면서 자랐다. 그래서 필자가 최근에 통영을 방문한 길에 만나 할아버지와 할머니를 통해 들은 김춘수 시인의 집안 이야기와 할아버지와 할머니 두 분 다 1968년에 돌아가셨는데 그때까지의 통영에서의 삶에 대해서도는 이야기를 들었다. 해방 이후 김 시인의 부모들은 농지개혁 때문에 3,000평을 제외하고는 모두 소유권이 상실되었다. 그리고 생가의 길가 쪽에 방앗간을 하기도 하였다고 한다. 그러다가 1968년 봄과 가을에 조부모가 돌아가시고 1973년 생가 가운데 길가 쪽 아랫채 부분을 매각하고 1978년에는 윗채까지 유지하기 어려워 김춘수 시인의 주도로 매각하였다고 한다.

동호동 생가는 원래 61~1과 2 두 필지로 300평에 가까운 넓은 곳이었다. 바다도 멀지 않은 곳으로 그 당시에도 도로를 끼고 있는 요지였다. 지금은 소유권이 1978년 넘긴 이와는 다른 이에게 이전되고 길 쪽은 도로확장으로 상당수가 들어가고 남은 부분은 두 가구가 살고 있다고 한다. 길가 쪽에 김 시인의 나무로 된 입상이 서 있고 입구에 '대여 김춘수 시인'이 살았던 곳이라는 표지석이 있다. 그리고 몇 해 전과 비교하면 초등학생들과 통영화가들이 그린 김춘수 시인의 〈꽃〉 시편과 다른 벽화들이 그려져 있었다. 2020년 7월 8일 통영을 방문하였을 때 김용일 조카와 필자를 안내한 통영문협 부회장(현재 회장) 유영희 수필가 그리고 차영한 시인 모두 한결같이 생가의 모습이 부끄러워 안내하기를 주저했다. 그리고 접근이 용이하지 않았고 살고 있는 사람들 때문에 정확히 볼 수도 없었다. 남은 평수도 김용일 조카의 말을 빌리면 두 가구가 살고 있기 때문에 160,70평은 되지 않겠냐고 했다. 원래 아래 위에 ㄷ자 형의 집이 마주 보고 있었는데 그 집들이 어디어디로 뜯겨 팔려갔다고 하였다. 그래서 그대로 복원하기는 곤란해도 그 자리를 활용한 '김춘수문학관'의 건립은 충분히 가능할 것 같은 생각이 들었다. 물론 남망산 입구 생가 근처에 김 시인의 「꽃」시비가 세워져 있고, 항남동 5거리에 김춘수 시인의 전신 입상이 세워져 있다. 그리고 해평 5길 바닷가에 예전 한려해상공원관리사무소 건물에 '김춘수유품관'이라는 이름으로 김 시인이 만년에 생활하던 소품들이 여러 점 전시되어 있다. 그러나 그 시설에 몇 번 가보았지만 임시 보관처라는 생각을 떨칠 수가 없었다.

　김춘수 시인이 교육받았던 호주 선교사들이 세웠던 유치원 자리는 서피랑 건너편 여항산 중턱에 눈짐작으로 바라볼 수밖에 없었다. 통영초등학교는 예전에는 문화동 세병관 옆이라 일제 강점기는 세병관을 칸으로 막아 교실을 사용하기도 하였다. 그리고 해방 이후에도 그 자리에 있다가 통영본영 복원 사업 때문에 밀려 2005년 무전동으로 이전하였다. 원필숙 교장의 안내로 역사관에 전시된 김춘수 시인을 만날 수 있었다. 앞에서도 잠시 열거 했지만 통영시의 유명 문인을 비롯한 예술가들이 대부분 이 학교를 졸업하였다. 9회 유치진(1905~1974) 극작가, 12회 유치환(1908~1967) 시인, 20회 전혁림(1915~2010) 화가, 22회 윤이상(1917~1995), 정윤주(1918~1997) 작곡가, 23회 김상옥(1920~2004) 시조시인, 25회 김춘수(1922~2004) 시인, 31회 박경리(1926~2008) 소설가 등 한국문학사와 예술사에 이름을 남긴 기라성 같은 분들이 이 학교 출신이다.

　이들 가운데 유치환 시인은 문학관이 진작부터 있었고 생가도 최근에 복원되었다. 윤이상 기념관 역시 그 규모가 대단하다. 박경리 작가의 경우는 묘소 주변의 기념관과 유적들이 대단하다.

　2008년 11월 1일 시의 날에 1908년 11월 1일 《소년》 창간호에 실린 최남선의 「해(海)에게서 소년에게」로부터 100년이 되는 '신시 100주년 기념행사'의 하나로 KBS1TV가 개최한 〈시인만세〉를 위한 인터넷, 우편엽서, 면접설문 등의 국민여론조사에 참여한 1만8천298명의 국민 애송시를 순위별로 발표한 바 있다. 김소월의 「진달래꽃」이 1천557표로 1위, 윤동주의 「서시」가 1천377표로 2위, 그 다음 김춘수 시인의 「꽃」이

677표로 3위를 차지한 바 있다. 일제 강점기에 데뷔하여 활동한 서정주, 박목월, 조지훈, 박두진, 김현승 등의 작품을 제치고 3위를 한 것이다. 그리고 김 시인의 대표작인 장시「처용단장」을 비롯한 여러 작품들과 자전적소설『꽃과 여우』를 비롯한 여러 산문들에 김 시인의 유년 시절인 통영이 나타나 있다. 심지어 김 시인이 작고하기 직전에 쓴 유일한 동화집 『통영소년 김춘수』(2003, 2018년『통영시인 김춘수 이야기』로 재판)도 그의 유년 시절 이야기이다. "통영 출신 문인들 가운데 이렇게 통영에 집착하고 통영을 사랑한 사람이 김춘수 시인 말고 누가 있는가?" 하는 질문을 던져본다.

「꽃」의 시인을 사랑하는 통영 사람들

　통영에는 아직까지 제대로 기념되지 못하고 있는 동호동 61번지 김춘수의 생가 말고는 김춘수 시인을 기념하는 기념물들이 여럿 있다. 그것을 건립 혹은 제정된 순서대로 나열하면 김 시인의 생가 근처 동호동의 「꽃」 김춘수 육필 시비(2007년 11월 29일 건립), 봉평동 '대여 김춘수 시인 유품 전시관'(2008년 3월 28일 개관), 항남동 오거리 김춘수 전신 조각상(2010년 6월 14일 건립) 등과 그리고 김춘수 시문학상 시상(2010년10월1일 제정)이 그것들이다.

　김춘수 시인은 청마문학회(청마4주기 1971년에 발족, 초대회장 박종우,(1971~1976) 2대회장 이석(1976~2000) 3대 회장(2000~ 문덕수)와 통영시(당시 시장 고동주)가 제정한 청마문학상 제1회 수상자로 결정되었으며, 2000년 2월 14일에는 청마의 생가 복원 및 청마문학관 개관식에 맞추어 통영시민문화회관 대강당에서 그 시상식이 개최되었다. 그 뒤 2회 (2001, 수상자는 김윤성 시인) 3회(2002, 조영서 시인), 4회(2003, 서우승 극작가), 5회(2004, 허만하 시인) 등의 시상식에 참석하면서 고향 통영 나들이를 자주 하였다.

　그러다가 2004년 8월 4일 분당 자택에서 가슴이 결린다면서 병원에 다녀온 후 미음 한 숟갈을 드시다가 기도폐색으로 분당 서울대 병원에 입원하여 무의식 상태에서 투병을 하게 된다. 이러한 경과가 신문과 방송에 보도되자 그를 사랑하는 가족들과 제자들과 시인들, 그리고 고향 통영 사람들과 「꽃」의 시인을 사랑하는 독자들은 쾌유를 기원하며 가슴을 애태웠지만 11월 29일 영면하게 된다. 그 때부터 12월 1일 경기도 광주 공원묘지 사모님 곁으로 떠나기까지 서울 삼성병원 영안실에 가서 문상 못하는 통영 시민들과 통영문인들을 위하여 통영시민문화회관 남망갤러리에 분양소가 차려졌다. 이렇게 김춘수 시인은 만년에 통영 사람들의 사랑을 받았다. 그리고 '통영예술의 향기'와 통영문인협회 회원들은 해마다 김 시인의 서거일 11월 29일에는 추모제도 가진다.

김춘수 시인이 작고한 2004년은 어업도시 통영을 문화도시 특히 유명예술가의 유적과 기념관과 문학상과 축제 등이 많은 도시로 변모시킨 별칭 문화시장이라는 진의장 통영시장(1945~, 민선 3기, 제5대 2003.11.1 ~민선 4기, 제6대, 2010.6.25)의 초기였다. 그래서 관 주도의 문화 프로젝트들이 많이 시작되는 시기였다.

그렇지만 김춘수 시인의 추모 열기는 관 주도가 아니라 민간 운동으로 시작되었다. 대표작이자 국민 애송시「꽃」시비를 김 시인의 3주기인 2007년 11월 29일 세우자는 시민운동이 발의된 것이다. 이러한 시민운동은 그 당시 문화담당 공무원이던 김순철 수필가의 발의로 시작되었다.「꽃」시비라는 점에서 꽃집 경영자들과 문인단체를 찾았으나 뜻을 한데 모으는 게 어려워지자 '꽃과 의미를 그리는 사람들'(약칭 꽃과 의미)이라는 단체를 조직하였다.

2007년 8월 첫 발기인의 명단과 나이 그리고 담당 영역을 가나다순으로 열거하면 다음과 같다.

김명순(당시 나이 40, 꽃집운영, 재무), 김순철(48, 시청 문화담당 공무원, 수필가. 기획 및 행정사무), 김영대(52, 건축공무원, 음악애호가), 박우권(48, 공간 디자이너, 한산대첩제 디자인 감독, 시비 디자인, 홍보, 총무), 유용문(44, 통영오광대 전수자, 문화운동가), 이주익(48, 둥원중 국어교사, 교내 섹스폰 합주단 지도교사, 야외공연담당), 이지연(47, 뒷날 시의원 지냄, 회장), 최원식(30, 한산대첩 기획과장, 간사), 허도한(48,

문화운동가, 섭외) 등이다. 이들은 2007년 9월 8일 지역신문인(한산신문)에 "우리는 김춘수의 〈꽃〉 시비를 세우고 싶습니다"라는 홍보성 취지문을 게재하고, 매주 토,일요일 통영항(강구안) 문화마당에서 야외음악회를 열면서 꽃 한송이(일금 1만원) 모금운동을 시작하였다. 그리고 음악회는 지역 뮤지선들의 자발적인 참여로 이루어졌고 '한산신문'도 적극적으로 후원하였다. 간혹 진의장 시장이 지나다가 시 한 수, 노래 한 곡을 열창하기도 하였다. 한 번은 시장실에 관계자가 불려가니 봉투에 꽃 30 송이 액수가 들어 있어 너무 많아 열 송이만 받아 왔다고 한다.

이렇게 「꽃」의 시인 김춘수를 사랑하는 많은 통영 시민들의 자발적 참여로 2개월 만에 450여명의 1,504여 송이 즉 15,046,000원 액수가 모금되어 시비 제작경비가 충분하게 모였다. 이러한 통영시민들의 아름다운 운동에 동참하는 뜻에서 김 시인의 3남이자 5남매의 막내인 김용삼(1952~2016, 조각가, 이태리 유학)씨가 투병중임에도 불구하고 유족을 대표해서 꽃 200 송이 즉 2,000,000원을 보태기도 하였다. 2007년 11월 29일 항남동 네거리 현장에서 유족들과 전국의 문인들과 동참한 시민들이 모여 제막식을 올렸다. 「꽃」 시비 전면에는 시 전문이 김춘수 시인의 자필로 새겨지게 되었는데 이것은 김 시인의 고향 후배(통영시 욕지도 출신)이자 한국일보 주필을 지낸 김성우(1934~) 원로 언론인이 김 시인으로부터 선물 받아 보관하고 있던 김 시인 친필 액자를 기증함으로써 이루어진 뜻깊은 일이었다.

김성우 씨는 시낭송의 대가이다. 1987년11월1일 시의 날 행사에서 한국시인협회와 한국현대시인협회가 공동 추대한 대한민국 명예시인 1호이며 〈시낭송교실〉(재능교육, 2016)이라는 저서도 발간하였다. 한국일보 재직할 때 '시인만세'라는, 전국적으로 순회하는 시운동을 주재하기도 하였으며 고향 욕지도에는 그의 기념물이 조성되어 있다. 시비 뒷면에는 기금 모금에 참여한 시민들의 이름이 새겨져 있다. 그리고 이 시비는 지금은 김 시인의 생가 근처 남망산 입구 쌈지공원(「꽃」 시비 쌈지공원으로 불림)으로 이설되어 있는데, 그 경위는 다음과 같다.

시비가 세워진 항남동 네거리는 초정 김상옥 시인의 생가 초입이었는데, 2009년 경 이 일대가 '초정거리'로 제정되면서 항남동 오거리 자투리 공원에 김춘수 시인 전신 동상이 건립(2010.6.14)되고 시비 자리에는 김상옥 시인의 좌상이 세워지는 등 기념물 재배치 계획이 수립되었다. 그래서 지금의 자리로 2011년 5월 27일 통영시청 관계자가 이설하였다. 그런데 그 과정에 이 시비를 세운 주체인 민간단체(당시의 명칭은 '통영예술의 향기')측과 소통이 없이 행정당국의 일방적 결행으로 문제가 생겼다. 그러나 양측이 서로 양보하여 이설 장소가 남망산 공원 입구이고, 김 시인의 생가와 가까워 앞으로 생가 자리에 문학관이 건립될 경우 더 뜻깊은 자리가 될 것이라 생각하여 2011년 7월 1일 '통영문학제' 개막일에 이설 행사를 하였다.

「꽃」 시비 제막은 통영의 순수한 민간 주도 행사로는 처음이자 전국에서 드문 일이라 40여 언론에 화제가 되었고, 아직까지 전국의 관심 있는 지자체들이 민간주도 문화운동의 모범으로 문의해 오기도 한다고 한다. 그리고 이 시비를 세운 주체인 '꽃과 의미를 그리는 사람들'은 2006년 2월11일 그 당시 친일 시비에 휘말려 있던 청마 유치환 시인을 지키기 위하여 발족한 '청마를 지키는 사람들'과 2009년 2월 13일 전격적으로 통합하여 '통영문화예술인기념사업회~통영예술의 향기'로 발전적으로 전환하게 된다. 지금은 디자인 전문가 박우권 씨가 회장을 맡고 있고 그들이 기념하는 예술인은 김춘수 시인 외에 청마 유치환 시인, 음악가 윤이상, 정윤주, 시조시인 김상옥, 소설가 김용익, 극작가 주평 등이다. 발기인 가운데 허도환 씨는 2017년 별세하여 그 동안 많은 세월이 흘렀음을 실감나게 한다.

이 모임의 결실은 물론 김춘수, 유치환 시인과 윤이상 작곡가의 통영

시민의 사랑과 전 국민의 인기와도 관계가 있다. 이들을 선양함으로써 통영을 문화도시로 탈바꿈시켜 문학과 음악 등 예술을 사랑하는 국내외 관광객들이 통영을 찾아오게 하는 관광 효과도 있을 것이다. 그러나 통영 시민들이 가지고 있는 예술에 대한 품격 있는 사랑과 진의장 문화시장 재임 8년 동안의 열정적 문화행정도 영향력을 끼쳤을 것이다.

다음으로는 봉평동 해변가에 마련되어 있는 '대여김춘수선생유품전시관'의 설립과정에 대하여 살펴보기로 한다. 시비 건립이 민간 주도로 시행된 데에 비해 유품기념관 설립은 통영시청, 즉 관 주도로 이루어졌다고 볼 수 있다.

김춘수 시인이 2004년 11월 29일 돌아가시자 통영 시민들과 문인들이 분양소를 통영에 설치하는 관심을 보이자 문화시장인 진의장 시장으로서도 김춘수 시인 기념관을 짓는데 열정을 보였고 그 장소는 동호동 61번지 그의 생가가 검토되면서, 그 당시의 생가 소유주들과 접촉했다고 한다. 뿐만 아니라 김춘수 시인과 연고가 있는 마산이나 대구 등지에서 선점하면 어쩌나 하는 조바심도 있었을 것이다. 그래서 통영시청 문화정책 담당자와 거주인들 사이에 여러 행정 절차를 거쳐 접촉하는 한편, 유족들과도 유품 인수절차를 의논하였다. 주로 삼남 김용삼 조각가가 의논 당사자였다. 유족들도 처음에는 망설이다가 생가를 매입해 기념관을 짓는다면 적극적으로 협조하겠다는 데에 합의하게 되었다. 2006년 7월 22일 김용삼 조각가와 통영 출신이며 김 조각가 윗동서인 김호 전 국가대표축구감독이 유족 대표로 통영시와 통영문인협회 관계자가 만나 "선친의 생전 뜻도 그렇고 유족인 우리도 아버지 유품이 당연히 고향 통영에 있어야 한다고 생각한다. 통영시가 원하면 모든 유품을 기증하겠다"는 입장을 밝혔다고 2006년 8월 18일 '한산신문'에 김영화 기자가 보도하고 있다.

그 당시 유품은 분당 김용삼 조각가 집과 큰따님 김영희 여사가 보관하고 있었다. 그런데 생가 매입은 거주자의 터무니없는 가격요구로 담보 상태에 빠졌다. 이러한 상태임에도 불구하고 3주기인 2007년 11월 29일 「꽃」 시비 건립 운동이 통영 시민들에 의하여 순조롭게 진행되자 가족들이 감동하여 통영시청에 유품을 가져가라고 연락을 하였다. 11월 13일 일차적으로 4톤 트럭 한 대분의 유품을 인수하였다. 생가 구입은 담보하였지만 통영시에서는 봉평동 현재의 유품전시관(구 한려해상국립공원동부 사무소, 3층에는 예비군 사무실이 있었음)을 생가를 구입해 기념관을 짓기 전까지 임시 전시관으로 사용하기로 결정하고 있었다. 2007년 12월 13일 유족들이 기증한 유품이 통영에 모두 도착하였다.

중요 유품을 열거해 보면 다음과 같다.

육필 원고 126종, 유명 서예가가 시인의 시 구절를 쓴 8폭 병풍, 10폭 산수화 병풍 2점, 탈, 문방사우, 통영 투석장과 침대를 포함한 가구류, 필기구, 안경, 도장, 훈장 등 330점, 김 시인의 생전의 멋스러운 옷차림을 반영한 의류 76점, 수필집과 사전류를 포함한 서적 550점 등이었다.

통영시는 서둘러 유품전시관 건물 4층을 2천여만원의 예산으로 리모델링해 마련하고 2008년 3월 23일 개관하였다. 막상 서둘러 개관하고 보니 많은 유품에 비해 전시공간이 좁고 4층이라 오르내리기 불편하다는 통영 시민들의 여론을 수렴해 건물 1,2층을 예산 1억으로 리모델링하여 2009년 5월 재개관하였다.

그러나 이 건물은 어디까지나 임시 전시관이다. 오랫동안 통영 문화 행정에 종사한 김순철 수필가의 저서 『통영 르네상스를 꿈꾸다』(2014, 도서출판 경남)의 글을 인용해 보기로 한다. 이 책은 '2015년 세종문학나눔' 도서로 채택되어 전국의 도서관에 보급되었다.

말 그대로 이곳은 시인과는 아무 관련이 없는 임시 유품전시관일 뿐이다. 앞으로 시인이 나고 자란 옛집을 구입하여 기념관으로 꾸미겠다는 약속은 유효하다. 지금도 유족들은 통영시가 아버지의 생가를 구입하여 기념관으로 조성해줄 것을 요구하고 있다. 건물주 또한 마음이 바뀌어 통영시에 매각할 의사가 있다 하니 이 약속이 오래지 않아 이루어지리라 믿는다. (김순철 『통영 르네상스를 꿈꾸다』 p.70)

그리고 김순철 수필가의 이 책 말고 통영의 문화도시로 다시 태어나 문화관광의 욕구를 채워줄 공간으로 변화되어 가는 과정을 학술적으로 접근한 진금주 박사의 서울대학교 지리학 박사학위 논문 〈장소마케팅을 위한 통영시 예술인 기념공간의 조성과정〉(2015년 서울대학교 대학원) 역시 소중한 저작물이다. 필자의 통영 탐사는 이 두 사람의 저작물에 많은 도움을 받았다.

김춘수 시인은 앞에서 살펴본 많은 통영 사람들의 사랑을 받았고, 앞으로도 받을 것이다. 그리고 만년에 김춘수 시인을 고향 통영에 다시 집착하게 만든 사람은 그가 유치원 원아시절 결혼식 화동으로 만난 청마 유치환 시인이라고 볼 수도 있다. 즉, 2000년 제1회 청마문학상 수상이라는 사건이 있었기 때문에 김 시인은 고향 통영을 자주 찾았던 것이다. 이러한 사실을 통하여 대어 김춘수 시인과 청마 유치환 시인의 인연의 끈은 정말 질기기도 하다고 확신하면서 두 사람의 인연에 대한 탐사는 계속될 수밖에 없다.

유년기의 충격과 부끄러움의 근원

　김춘수 시인의 집안이 통영에 정착한 것은 증조부가 전라북도 남원에서 통영으로 이거한 때부터이다. 그리고 조부 김진현(생몰년 미상) 옹은 두 번의 상처를 거쳐 김 시인의 할머니 차신기車新리(1881.6.24~1960.6.29) 여사와 60이 넘는 노인으로 결혼하여 김영팔(1903.9.20~1968.6.24)을 낳았다. 따라서 김영팔 옹은 김진현 옹의 세 부인에게서 본 10남매 중의 막내였다. 나이 많은 아버지 탓인지 김영팔 옹은 16세이던 1918년 12월 20일 그 보다 3세나 많은 허명하(1900~1968) 여사와 조혼을 했다. 이러한 사실은 양가의 제적부를 통하여 확인된 바이다. 결혼 당시 김영팔 옹의 호적은 통영군 산양면 남평리 921번지였고 허명하 여사의 호적은 통영군 통영면 서정(현재의 동호동) 62번지였다. 두 사람은 결혼하자말자 김영팔 옹의 처가이자 김춘수 시인의 외가 근처인 서정 61번지(현재 동호동)에 꽤 넓은 대지를 마련하여 직접 집을 지어 이사를 한다. 이러한 사실은 통영에 있는 김춘수 시인의 조카 김용일 씨가 어린 시절 할머니로부터 집짓는 목수들에게 밥을 지어 날랐다는 이야기를 들었다고 회고한 데서 확인되었다. 두 사람 사이에 자녀는 조혼 탓인지 바로 생기지 않았고 그 첫째인 김춘수 시인이 결혼 4년만인 1922년 11월 25일 태어난다. 아마 이 때에 할아버지는 돌아가신 것 같고 김춘수 시인의 회고기에 자주 등장하는 할머니 차신기 여사는 그 당시에는 장수한 편인 1960년 80세로 동호동 61번지에서 돌아가신다. 그러나 부모들은 역시 동호동 61번지에서 장수했다고는 볼 수 없는 1968년 6월에 아버지가 66세로 그 해

12월에 어머니가 69세로 돌아가신다. 그 때가 김춘수 시인의 나이 47세인 경북대학교 교수 시절이었다.

김춘수 시인의 생가와 외가인 허명하 여사의 집은 지금은 넓은 대로의 이쪽과 저쪽이지만 그 당시는 좁은 신작로를 사이에 둔 이웃이었다.

여기서 김춘수 시인의 외가에 대하여 살펴보기로 한다. 김 시인의 외증조할아버지 허은^詩(1864~1922) 옹 역시 통영 지방의 지주로 많은 자녀를 두고 있다. 제적부에 의하면 7남 2녀를 두고 있으며 허명하 여사는 장남 허성완^{性完}(1882~1920)의 장녀였다.

그런데 이 집안은 통영에서 독립지사를 배출한 집안으로 이름 나 있다. 우선 허명하 여사의 막내 삼촌인 허장완^{璋完}(1899~1919) 열사를 들 수 있다. 막내 삼촌이라고 해도 허명하 여사와는 1세 차이이다. 그의 공적은 〈통영시지〉(2018, pp525~526)에 자세히 나아 있다. 그는 서울에서 벌어진 3.1운동의 영향으로 3월 13일 1차 통영 시위를 하기 위한 사전 모의 과정에서 탄로가 나 3월 10일 체포되어 부산 감옥에서 6개월형을 복역하다가 마산 감옥으로 이감되어 복역하였다. 그러나 옥중에서도 대한독립만세를 외치다가 모진 고문으로 1919년 10월 9일 당 21세로 사망하게 된다. 김영팔 옹과 허명하 여사가 결혼하기 불가 2개월 11일 전에 이런 일이 일어난다. 마산에서 허 열사의 시신이 객선에 실려 통영에 도착하는 날 남녀노소의 많은 주민들이 비분강개하여 "대한독립만세"를 부르며 소요를 일으키자 일경이 출두하여 진압하고자 했다. 그러나 주민들의 위세에 눌려 순조롭게 8일장을 치려 통영군 용남면 선영에 묻히게 된다. 이러한 공적으로 허 열사는 1991년 건국훈장 애족장이 추서되었다.

다음으로 허 열사의 형인 5남 허승완^{承完}(1895.9.27~1938.6.29) 열사가 있다. 허 열사의 활약상은 『통영시지』 608페이지에 간략하게 서술되어 있다. 허 열사의 독립운동은 주로 만주와 연해주에서 이루어졌으며 직접적인 기록은 남겨져 있지 않으나 여러 독립운동가의 '회상기'에 많이 등장하고 있다. 허 열사는 1910년 신흥무관학교를 졸업한 의열단의 일원이었다. 1922년부터 24년까지 고려혁명군 조직 독립대장, 결사대장, 대한신정부 혁명군 임시2중대장 등과 1923년 12월에는 중국 길림성 돈화현 황토요자에서 개최된 독립군 대표자 회의에 의열단 대표로 참석하는 등 그 활약상이 대단하였다. 그러나 그 기록이 직접 남아 있지 않아 통영시의 향토사학자들의 노력으로 재구 되어 2012년 그의 동생과 같은 건국훈장 애족장이 추서되었다.

이상과 같은 애국열사 집안을 김춘수 시인은 외가로 가졌다. 그의 자전소설 『꽃과 여우』(1977. 민음사) 66페이지에 나오는 경성제일고보(현재의 경기중고등학교) 1학년의 입학 초기 그의 하숙집을 방문하여 불편한 처지를 보고 하숙집을 옮겨준 외사촌 형은 그의 할머니 큰 오빠 허창용昌湧(1897년5월 25일생)의 큰아들 허지오鉳佐(1915년 9월 21일생, 통영보통학교15회)로 말하자면 외가의 장자장손이었는데 그는 독립운동가 집안이었기 때문에 명석한 두뇌에도 불구하고 김춘수 시인이 다닌 경성제일고보 즉, 공립학교를 갈 수 없어 보성고보를 다녔다고 한다. 그는 전문학교를 거쳐 동경제대 의학부에 다니다가 병으로 일찍 죽었다. 김춘수 시인은 이러한 외가에도 불구하고 친가는 통영 지방의 대지주이고 그의 아버지의 능력으로 재산을 증식한 3000석의 부자였으며 초등학교 시절부터 명석한 두뇌로 수석을 하였기 때문에 그의 동기생 가운데는 유일하게 경성제일고보를 다닐 수 있었다. 이러한 부잣집 큰 아들이라는 점과 독립운동가 집안의 큰 외손자라는 점이 그의 유년기의 의식형성에 어떻게 작용하고 있는가 하는 점에 대하여 살펴볼 필요가 있다.

김춘수 시인이 자신의 유년 시절에 대한 최초의 문학적 글쓰기는 시가 아닌 소설이었다. 그 자신은 그의 자전소설 『꽃과 여우』(1977, 민음사) 서문에서 "1950년대 초 나는 〈처용〉이란 제목으로 100매짜리 소설 한 편을 써서 발표한 일이 있다."라고 밝히고 있으나 이 작품은 사실 1963년 6월호 '현대문학'에 발표되었다. 이 때 필자는 1963년 3월 경북대학교 사범대학 국어교육과에 입학한지 얼마 되지 않은 때였다. 필자가 보관하고 있는 이 잡지는 1963년 5월 31일 경북대 구내서점에서 구입한 것이라 적혀 있다. 이 작품은 오규원 시인이 편찬한 문장사판 전집(1983년) 3권 〈수필〉 말미에 수록되어 있다.

다음으로 장시『처용단장處容斷章』제1부에서 유년기의 체험이 단편적으로 등장하고 있다. 이 시는 1969년 4월호 '현대문학' 창간호부터 1년 남짓 연재되어 로마자가 붙은 13편의 연작시이다. 이 장편 연작시는 모두 4부로 나누어져 있는데, 1부를 제외하고는 유년기의 체험이 집중적으로 나타나지는 않는다. 1부와 2부는 '현대시학'에 계속적으로 연재되었다. 3,4부는 한참 지난 80년대 후반과 90년대 초반 '현대문학'(1991년5월호에 마침)에 연재되었다. 이 4부작 장편 연작시는 1991년 10월 15일 미학사 사장 박의상 시인의 배려로 신국판 176페이지의 단행본으로 출판되었다. 단행본으로 출판되면서 제1부는 〈눈, 바다, 산다화山茶花〉라는 소제목이 붙여졌다. '현대시학' 창간호는 전봉건(1928~1988) 시인 주도로 발간되었는데, 김춘수 시인은 박두진, 박목월, 박남수, 구상, 전봉건 시인들과 함께 편집위원 겸 추천위원으로 참여하였다. 물론 비슷한 시기에 유년시時(1)(2)(3)이라는 단시 3편도 있다. 이 작품은 1969년 대구의 문화 출판사에서 발간된 제5시집『타령조打令調·기타其他』에 수록되어 있는데 이 시집은 문화공보부 작가 기금으로 출간한 것이다. 이상이 김춘수 시인의 유년체험이 시적 제재로 등장하는 시편들이다.

다음으로는 다시 소설 형식을 빌린 자전소설『꽃과 여우』(1997, 민음사)가 있다. 이 책은 월간 '현대시'에 1년 동안 연재된 것을 그대로 단행본으로 엮은 것이다. 이 책은 〈꽃의 장〉과 〈여우의 장〉으로 나누어 각각 (1)~(5)와 (1)~(11)부로 되어 있다. 그 가운데 유년기 부분이 〈꽃의 장〉(1)

유년<(3~4)세 때의 기억, (2)유치원 시절(1926~28년), (3)보통학교 시절 (1929~1934년) 세 곳으로 나누어져 있다. (4)는 경기고보 시절과 일본대학 시절(1935~39년과, 1940~43년)이고, (5)이삭줍기가 더하여져 있다. <여우의 장>은 1950년대까지의 이야기들이다. 김춘수 시인은 '책머리에'에서 자전소설을 일단 1950년대에 그치기로 한다고 밝히고 있다.

마지막으로 김춘수 시인이 남긴 유일한 동화집『통영소년』(2003년 노루궁뎅이)이 있다. 이 동화집은 2018년 『통영소년 김춘수 이야기』로 개제되어 다시 발간되었다. 이 동화집은 <귀신이 쫓아오던 날>과 <꽃님이 떠난 날> 그리고 <철조망 앞에서 눈싸움 하던 날> 등 세 이야기로 나누어져 있는데 김춘수 시인의 어린 시절 아명인 '수야'가 주인공이다. 이 동화집은 앞의 소설 두 군데 나오는 유년시절의 기억들 가운데 가장 대표적인 세 가지 즉, 어린 시절부터 지배하고 있던 김춘수 시인의 의식 세계의 대표적인 세 가지 사건이 제재가 되고 있다. 특히 작고하기 직전 80 노인의 기억 속에서도 사라지지 않는 세 사건은 앞의 소설 속에서도 반복적으로 나오고 있기 때문에 이 동화집 역시 김춘수 시인의 의식구조 연구에 중요한 단서를 제공할 수 있을 것이다.

그리고 웅진출판사에서 나온 『김춘수 문학앨범』(1995, 이남호 편)에 수록되어 많이 읽히고 있는 『통영 바다, 내 마음의 바다』 등과 같은 자전적 에세이 등에서도 무수히 유년 시절의 느낌을 밝히고 있다. 이렇게 김춘수 시인은 살아생전 그의 유년시절에 대하여 다양한 장르의 문학적 글쓰기로 밝혀 놓았기 때문에 연구자나 다른 사람들이 그의 유년기에 대하여 언급하는 것은 어쩌면 부질없는 일일 수도 있다.

김춘수 소년은 남망산 기슭 생가 동호동 61번지 2호에서 아름다운 동호만 해안선을 따라 여항산 기슭의 유치원도 다녔으며 세병관 인근 보통학교도 다녔다. 동호만 해안선은 항남동 근처와 미륵산 근처의 해안들이 일제강점기 초기부터 매립공사로 변형된데 비하여 그 원형을 간직하고 있었다. 실제로 동호만 매립은 1988년에 이루어졌기 때문에 이때까지 통영에서 유년시절을 보낸 사람들은 남망산 공원 뒤편의 김춘수 『꽃과 여우』 서두 (1)에 나오는 '조모님과 어머님의 손을 잡고 놀러 간 장개섬(장좌도)도 그 때까지 그 모습을 간직하고 있었다. 그래서 김춘수 시인에게 바다는 무한한 시적제재로 등장하고 있다. 뿐만 아니라 가장 오래된 유년의 기억으로 남아 있다.

다음으로는 (2)에 나오는 호주선교사가 경영하는 미션 계통의 유치원 체험은 나중에 예수에 대한 지적 호기심으로 확대되어 그 자신 크리스천은 아니나 후일 예수 시편을 쓰게 되고 우리가 모두 알다시피 대표작 가운데 하나인 「나의 하나님」(제5시집 『타령조·기타』 1969 수록)을 낳게 된다. 그리고 신작 에세이집 『하느님의 아들, 사람의 아들』(현대문학사, 1985)도 쓰게 된다.

그리고 그 다음의 사건은 유치원 시절 가랑이가 터진 옷으로 등원하여 보모로부터 가랑이 터진 옷으로는 미끄럼틀을 탈 때나 놀 때에 불편하다고 기워 오르라고 하여서 기워 갔다가 오줌을 싼 부끄러움도 소설 「처용」과 자전소설집 『꽃과 여우』 그리고 동화책 『통영소년』에도 반복적으로 나타나고 있다. 특히 <귀신이 쫓아오던 날>의 가장 중요한 기둥줄거리가 이것이다. 물론 어린 시절의 오줌싸개 에피소드는 김춘수 시인에게만 오래 각인되는 사건은 아닐 것이다. 특히 오줌싸개를 치유하기 위하여 키를 쓰고 이웃집에 소금 얻으러 가는 체험은 누구에게나 있는 체험일 수 있다. 그러나 김춘수 시인은 이러한 원초적 부끄러움에다 지나치게 가진 자, 즉 부자집 아들로서의 부끄러움이 더하여진다. 보통학교 운동회 때 점심시간임에도 불구하고 화려한 옷차림으로 머슴까지 동원하여 음식을 장만해온 할머니에게로 끝까지 가지 않은 에피소드(『꽃과 여우』 pp61~62)에서 그러한 부끄러움이 직접적인 행동으로 나타나고 있다. 이러한 부끄러움은 가난한 사람들에 대한 측은지심으로 그가 만년까지 지속적으로 가지고 있었다고 큰 따님 김영희 여사는 한 인터뷰에서 "드라이브 하시다가 없는 사람이 물건을 팔고 있으면 차를 세워 물건을 사주라 하시고 집에 일하는 사람들도 식구같이 대해주라는 말씀을 자주 하셨다"는 데서 밝혀지고 있다.(강현국 엮음 『우리 어느 둑길에서 다시 만나리』 ~시인 김춘수의 문학과 삶, 2019, 학이사. p.227) 김용일 조카의 증언에 의하면 조상 땅 찾기 운동이 한참 전개될 때에 막내 아드님이 우리도 찾아보자고 김 시인에게 이야기를 하니까 아들을 야단치시면서 그들 때문에 너희 할아버지 할머니가 편하게 살았다고 일축하는 모습에서 자신이 감동을 받았다는 점도 이러한 맥락에서 이해할 수 있을 것이다.

　하동에서 온 동생들 보는 아이에 대한 측은지심은 오히려 그 아이에 대한 언어폭력으로 나타나고 급기야 동생을 업은 채 넘어지게 만들어 아버지로부터 혼나게 된다. 이 에피소드는 소설에서는 간단히 나타나 있으나 동화에서는 〈꽃님이 떠난 날〉에서 한편의 아름다운 이야기로 형상화되어 있다. 실제로 조카 김용일 씨가 할머니에게 들은 일화로 김춘수 시인은 초등학교 시절 좋은 옷을 입혀 학교에 보내면 가정형편이 어려운 친구들과 옷을 바꿔 입고 오는 경우도 있었다고 한다.

　마지막으로 소설과 동화 속에 공통적으로 등장하는 에피소드가 눈 오는 날 일본 초등학교 아이에게 이유 없는 폭력을 당하는 이야기와 통영 보통학교 바로 이웃에 있는 일본인 소학교 학생들과의 눈싸움이 결국 눈 속에 돌멩이를 넣어 던지는 싸움이 되고 마는 이야기이다. 마지막 동화 〈철조망 앞에서 눈싸움 하던 날〉이 바로 이 부분을 한 편의 동화로 완성한 작품이다. 이 부분에서는 김춘수 시인의 선친의 일본인에 대한 못마땅함도 드러나 있다. 여기에서 김춘수 시인의 외가를 생각하지 않을 수 없다. 비록 김용팔 옹은 아들을 공립학교에 진학시키지만 독립투사를 길러낸 집안의 사위였다. 그리고 앞으로 다가올 동경 유학시절에 닥칠 김춘수 시인의 고난이 예견되기도 한다.

　여기서 김춘수 시인은 왜 그 자신의 유년시절부터의 페르소나를 '처용'

으로 했을까? 하는 의문을 던져본다. 어린 시절부터 이유 없이 당하는 폭력 그리고 자신의 의도한 바는 다르게 전개되는 소녀에 대한 언어폭력과 측은지심과는 다르게 전개되는 잘못을 제어할 수 있는 힘은 신라 향가에 등장하는 체질적 극기주의자 처용에게서 찾아야 되겠고 그렇기 때문에 그 자신이 바로 처용이라는 생각을 하게 되었다고 볼 수 있을 것이다. 이러한 생각은 유년기에는 다소 불분명하게 작용하나 소년기를 거쳐 청년기 특히 일본 유학 시절의 감방체험에서는 더욱 심화될 수 있을 것이다. 그의 유년 시절은 이렇게 지나고 드디어 일제 강점기도 말기로 달리게 되는 1935년 소년 김춘수는 경성제일고보에 입학하면서 조선총독부의 도시 경성으로 진입하게 된다.

제2부, 경성(1935-1939)

불안과 서성거림의 공간
경성제일고보 시절

경성제일고보시절의 김춘수

　김춘수 시인의 본적은 그의 출생지이자 생가가 있는 통영이 아니라 서울이다. 김춘수의 선친 김영팔(1903~1968) 옹은 김 시인이 경성제일공립고등보통학교(이하 경성제일고보로 약칭)에 입학한 이듬해인 2학년 때에 명륜동 3가에 집을 한 채 마련하여 그곳으로 본적(종로구 명륜동 3가 72번지 6)도 옮긴 것이다. 그러한 상태가 김춘수 시인이 돌아가신 지금까지 그대로이다. 그러나 김 시인의 글 곳곳에는 그가 열네 살 봄 경성제일고보 입학시험을 치르기 위한 경성 나들이 때부터 경성이 서먹서먹하고 마음에 들지 않았다고 하고 있다.
　이러한 서울을 탐사하기로 결정하고 그동안 여러 차례 상경의 계획을 세웠으나 코로나19로 서울 나들이가 쉽지 않았는데, 마침 11월 1일 제24회 시의 날 행사가 서울 목동에서 개최되고 필자가 한국현대시인협회를 대표하여 "포스트 코로나와 우리 시"라는 제목으로 특강 순서를 맡아 상경하게 되어 민윤기 시인과 연락하였다. 그래서 결국 그 다음날인 11월 2일 경성제일고보 시절(1939)에 김춘수 시인이 머물렀던 공간의 흔적을 찾아보기로 하였다.
　11월 1일 행사를 마친 후 마포에 있는 큰아들 아파트에서 하룻밤을 지내고 11월 2일 오전 10시 종로 민윤기 시인의 사무실로 갔다. 코로나19 때문에 어제부터 대중교통을 전혀 이용하지 않고 택시로 이동하였는데 다행히 큰아들이 승용차로 태워주어 10시 전에 도착할 수 있었다. 곧 도착한 조명제 시인과 같이 탐사를 시작하였다.

우선 김춘수 시인이 상경하여 하숙한 하숙집부터 찾아보기로 하였다. 김 시인은 「<지금 나는 여기서 왜 이러고 있는가?」라는 에세이(김춘수 신작 에세이『하느님의 아들 사람의 아들』(현대문학사, 1985. P.243)에서 다음과 같이 술회하고 있다.

4월에 입학식을 마치고 나는 가회동 꼭대기에 있는 그때 신개척의 주택지에 자리한 고향사람 집에 하숙을 하게 되었다. 거기서 학교까지는 한 10분 정도의 거리다. 가깝다고 거기다 하숙을 정한 것이지만, 나는 참 이상한 처지에 놓이게 되었다. 그 집은 하숙을 전문으로 하는 기역자 형의 방이 세 개뿐인 자그마한 기와집이다.

이 집의 주소는 다행히 경기고등학교에 보관되어 있는 김춘수 시인의 학적부에 가회동 33~31로 나타나 있다. 그래서 네이버 지도에 의존하여 가회동 33~31의 인근에 택시를 내렸다. 그러나 개편된 도로명 주소에 비하여 무질서한 가회동 옛날 주소를 찾자니 상당히 힘들었다. 한참 여러 골목을 헤매다가 경기고등학교(경성제일고보의 현재 명칭)가 있던 화동과 인접한 고개마루턱에서 가회동 33~31이라는 과거 주소가 병기된 북촌로 11나길 8~11이라는 문패를 달고 있는 한옥을 찾을 수 있었다. 앞에서 김 시인이 언급한 대로 북촌 한옥집들 가운데 하나로 기역자형에다 약간 개축한 흔적이 보이는 조그마한 집이었다. 그 집에서 고갯길을 따라 10분쯤 내려오면 지금은 정독도서관이 되어 있는 경성제일고등보통학교의 뒷담이었다. 거기서 한참 돌아야 정문이 나타난다. 그 집을 보는 순간 김춘수 시인의 서울 생활의 시작이 얼마나 갑갑하였을까 하는 생각이 들었다. 김 시인의 말(김춘수 자전 소설 <꽃과 여우> p.64)대로 고향집 몸채의 우람함과 한참 떨어진 사랑채의 단아함이 감도는 생가와는 비교할 수 없이 좁은 집이었다. 게다가 큰 방이긴 하지만 김 시인의 이 첫 하숙집에서는 독방이 미처 생기지 않아 중년 주인아주머니와 한 방을 썼다고 한다. 다행히 오똑하니 높은 그 집은 전망이 좋아 저녁을 먹고 나면 멀리, 그 당시 경성 중심가의 꽃밭처럼 불 켜진 야경이 내려다 보였다고 한다. 그러나 김 시인은 앞의 에세이에서 이곳에 왜 와 있는가 하는 회의를 느끼고 임시로 와 있으며 밑도 끝도 없는 불안감에 휩싸이곤 했다고 한다. 그래서 수업에 지각하기도 하고 수업도 빼먹고 시립도서관(경성부립도서관은 1922년 명동에서 개관, 1927년 소공동으로 이전, 김 시인은 종로 2가로 기억하고 있음)에서 철학이나 문학에 대한 책을 읽기도 하였다고 한다.

그런데 이 하숙집에서 김 시인의 처지를 딱하게 여긴 전문학교 다니고 있던 외사촌형(허지오〈1915년생, 통영보통학교 선배〉)에 의하여 근처의 외사촌 형의 친구네 집으로 하숙을 옮겨 독방을 쓰게 되어 다소 편안해졌다고 회고하고 있으나(김춘수 자전소설 『꽃과 여우』p.66) 그곳은 확인할 길이 없었다.

우리 일행은 하숙집을 배경으로 사진 몇 장을 찍고 지금은 정독도서관으로 변해 있는 화동 2번지 옛 경기고등학교 자리를 찾아갔다. 1976년 강남구 삼성동으로 옮겨 간 경기고등학교 자리에다 그 당시 국내 최대 규모의 도서관으로 교사를 리모델링하여 1977년 1월 4일 개관한 정독도서관이 자리 잡았기 때문에 1938년 신축한 신관의 모습과 1976년까지의 경기고등학교 교정의 운동장은 비록 정원으로 조성되었지만 그 원형은 유지되고 있는 곳이기도 하다. 정독도서관은 처음에는 서울시립으로 서울시청에서 관할하였으나 지금은 서울특별시 교육청에서 관할하고 있다. 한국 중등교육의 요람이 정독도서관으로 변형되었기 때문에 1976년까지의 경기고등학교의 모습을 엿볼 수 있는 것은 정말 다행이라는 생각이 들었다.

경기고등학교는 고종이 국호를 대한제국으로 선포한 1897년으로부터 3년 뒤인 1900년 10월 3일 화동 언덕에 신학제에 따른 4년제 관립 한성중학교로 설립되었다. 따라서 우리나라 최초의 공립 중등교육기관이다.

1904년에는 1회 졸업생 20명이 배출되었다. 이 부지는 개교 당시 개화파 관료들의 거주지로 첫 본관은 김옥균의 주택지였고, 뒤에 서재필, 박제순의 집이 합쳐지면서 넓은 부지에 자리 잡게 되었다. 1906년 한성고등학교로 개편되었고 1911년 경성고등보통학교로 개칭되면서 1906년 설립한 일본인 교육기관인 경성중학교(옛 경희궁 터에 세움, 광복 후에는 서울고등학교로 개편됨)와 차별 교육을 받게 된다. 1921년에는 현재의 경복고등학교가 경성제2고등보통학교로 개교되면서 경성제일고등보통학교로 교명이 변경되고 5년제가 된다. 1925년에는 경기도로 이관되면서 경성제일공립고등보통학교로, 1938년 4월 경기중학교로 교명이 변경된다. 김춘수 시인이 1935년 4월에 입학하였으니 경성제일공립고등보통학교에 입학한 것이다. 이 교명은 김 시인의 학적부에 나타나 있다. 김 시인이 입학할 때의 본관건물은 1938년 신축한 본관 뒤의 사료관동(1927년 완공)으로 낡아 있었다. 이 건물과 1938년 신축한 본관(현재 도서관 1,2동)과 도서관(현재 휴게실)은 등록문화재 2호로 보존되고 있었다.

  1938년에는 신축 본관은 구 본관 바로 앞의 현재의 자리에 완공된다. 이 건물은 철근 콘크리트 구조에 벽돌로 쌓아올린 3층 건물로 전체적으로는 좌우 대칭으로 전형적인 학교 건물이었고, 그 당시 스팀 난방 시설이 갖추어진 최고급 시설이었다. 김 시인은 입학 당시인 1935년 본관 건물은 낡은 목조 건물로 2층 계단을 밟으면 소리가 났다고 기억하고 있다.(김춘수 앞의 책, p64) 그러나 아마 4학년과 5학년 때에는 신관에서 공부하였을 것이다. 그리고 신관 옆에 붙어 있는 지금은 정독도서관의 휴게실로 사용하고 있는 강당에도 드나들었을 것이다. 그리고 한쪽에 서 있는 수령이 300년의 회화나무 밑에서는 누워서 고뇌에 잠기기도 했을 것이다. 김 시인은 1학년 때에는 난생 처음으로 하는 하숙생활과 서울의 낯선 도시 환경으로 지각도 하고 학교도 종종 빼먹는 학업에 부적응하는 학생이 되었다고 볼 수 있다.

겨울방학에 귀성하여 나는 선친으로부터 심한 꾸지람을 들었다. 2학년이 되자 선친께서는 명륜동 3가에 집을 한 채 마련하시고 고향에서 보통학교를 다니던 동생 둘을 다 전학 시키셨다. 그때 뭣 때문인지 선친께서는 본적을 경성으로 옮기셨다. 지금도 내 본적은 그때 옮긴 그대로 서울로 돼 있다. 우리 형제들의 공부를 위하여 선친께서는 경성에 집을 마련하시고 어머님을 경성에 계시게 하셨다. 당신께서는 경성과 고향을 자주 오르내리시곤 하셨다. 고향집은 조모님이 지키고 계셨다.(김춘수 자전소설 『꽃과 여우』 p.66)

이렇게 김춘수 시인이 직접 회상하고 있는 것처럼 김 시인의 선친 김영팔 옹은 자녀 교육에 열성이었다. 정독 도서관을 나선 우리는 다시 택시를 타고 성균관대학교 근처인 김 시인의 경성 집이자 본적지인 명륜동 3가 72번지의 6을 찾아 나섰다. 택시 기사는 성균관 대학 정문 근처에다 우리를 내려 주었다. 이곳을 찾는 것도 쉽지 않았다. 성균관대학교 왼쪽 편에 있었는데, 우리는 오른쪽으로 내려가 한참을 헤매다가 결국 학생을 만나 지도를 내놓고 문의하니 성균관대 정문으로 들어가다가 철문이라는 쪽문이 있다는 것이었다, 그곳으로 나가면 거리가 단축된다는 안내를 받아 한참 돌아와 성균관대 정문 들어가기 전 쪽문을 발견하고 나갔다.

그곳에서 우리 일행은 오늘 탐방의 하이라이트라고 할 수 있는 의외의 인물을 만나게 되었다. 골목에 들어가 72번지 근처를 한참 두리번거리고 있는데 길 가운데 성춘복(1936~) 시인이 서 있는 것을 발견한 것이다. 우리는 반갑게 인사를 했다. 그의 자택이자 계간 《문학시대》를 발간하는 도서출판 '마을'(성균관로 5길 39~16)이 바로 그 근처에 있는 것이었다. 우리는 김춘수 시인의 서울 옛집을 찾고 있다고 하자 성 시인도 깜짝 놀라며 그러냐고 했다. 우선 집을 찾고 성 시인의 댁을 방문하겠다고 한 후 골목을 내려와 편의점 '세븐엘레븐' 옆에 있는 붉은 벽돌의 5층의 원룸에서 명륜동

3가 72~6(성균관로5길 31)의 주소를 발견하였다. 둘러본 결과 72~6은 그렇게 넓은 부지는 아니었다. 그러나 그 당시로는 새로 개척한 주택가의 자그마한 기와집이며 김 시인 선친께서 직접 김 시인과 동생들의 공부를 위해서 집 한 채를 마련하였다고 말씀하셨다고 한다. 따라서 2학년 때에는 김 시인의 집 명륜동에서 화동 경성제일고보까지 통학하게 되어 학습 분위기가 안정되었는데도 불구하고 김 시인의 느낌과 신변에 대한 감각은 조금도 달라지지 않았다고 회고한다.(김춘수 〈지금 나는 여기서 왜 이러고 있는가〉, 김춘수 신작에세이 『하느님의 아들 사람의아들』 p.245) 이렇게 김춘수 시인의 서울 집은 그 형체도 없이 사라지고 원룸 1층에는 "당기세요"라는 안내 표시와 함께 입주자를 구하는 '원룸 010-××××-××××'라는 흰 종이만 붙여저 있었다. 그러나 멀지 않은 뒷편이 창경궁과 창덕궁 부지이고 그 안 인근에 관덕정과 집춘문이 있었다. 앞으로는 성균관과 명륜당 그리고 대성전이 있는 비교적 조용한 주택가였다. 이 집은 이미 오래 전에 다른 사람의 손에 넘어갔다. 김 시인의 선친은 이 집과 서울의 다른 곳에 있던 토지를 해방 직전의 혼란기에 헐값으로 처분하고 김 시인 일가는 완전히 통영의 본가로 돌아왔다고 한다.

우리 일행은 이곳에서 역시 사진 몇 장을 찍고 성 시인의 댁에 들러 부인 우희정 수필가가 타주는 커피를 마시며 성 시인이 서명한 신간 시집을 얻고 성 시인과 담소도 나누었다. 김춘수 시인의 옛집 인근에 성춘복 시인이 살고 있었다는 사실을 김 시인은 생전에 알지 못했을 것이다. 그러나 이러한 인연은 예사롭지 않다는 생각으로 성 시인과 우 여사에게 김 시인의 옛집 위치를 자세히 알려 주었다.

다시 우리 일행은 종로 중심가로 와서 점심을 먹고는 서울역사박물관을 찾았으나 월요일이라 개관하지 않아 자료에는 접근하지 못했다. 그래서 교보문고 광화문점으로 가서 『사진으로 보는 서울2~일제 침략 아래서의 서울』(1910~1945)〉(서울역사편찬원, 2015)을 주문하고 일단 서울 탐방을 끝냈다.

    1980년대 정치에 관여하면서 거주한 잠원동, 그리고 만년을 보낸 명일동과 분당의 자택 탐방은 다음으로 미루고 우선 경성제일고보 시절의 거주와 학업 그리고 생활공간의 탐사만 하기로 하고 필자는 부산으로 돌아왔다. 정말 세월은 많이 흘렀으나 80여년 전에 김춘수 시인이 존재하고 있었던 공간에서 그 때의 변하지 않은 곳과 변해버린 두 곳을 방문하였다는 점에서 뜻깊은 탐사였다.

운동장과 도서관과 영화관이 더 큰 위안이었다

　김춘수 시인의 경성에서의 하숙생활은 1년 만에 끝났다. 경성제일고보 2학년 때인 1936년 김 시인의 선친은 명륜동 3가 72~6의 신흥주택가의 조그마한 기와집을 사서통영에서 보통학교(초등학교)를 다니던 김 시인의 두 남동생(김규수, 1925년 생. 김형수, 1927년생)을 서울로 전학시켜 함께 공부하게 만들었던 것이다. 그러나 가회동의 하숙집에서는 학교까지 10분밖에 안 걸렸지만 명륜동은 걸어서 40분(김춘수 자전소설 『꽃과 여우』〈민음사, 1977. p.73)이 넘게 걸리는 먼 거리였다. 그 당시는 교통이 복잡하지 않아 걸어서 다닐 수 있었겠지만 2학년으로 160Cm(학적부에 기록되어 있음)의 키였기에 다소 힘들어도 걸을 수 있었을 것이라는 생각이 든다. 사실 지금의 네이버 지도에 의하면 가회동은 699m로 10분 거리고 명륜동은 2.9 Km에 창경궁과 창덕궁의 담 근처를 따라 건널목을 다섯이나 건너는 47분 거리이다.
　2학년 때 비록 하숙생활을 청산하고 서울 집에서 학교를 다녔으나 김춘수 시인의 정신적 방황은 끝나지 않았다. 그것을 단적으로 보여주는 글은 다음과 같다.

　한때 성적이 급피치로 뛰어오르는가 하더니 일 년이 채 못 가서 도로 아미타불이 되고 말았다. 나는 책상머리에 앉기만 하면 머리가 멍해지고 안정을 찾지 못했다. 나는 사춘기를 슬기롭게 넘기지 못한 듯하다. 생리 문제를 잘 조절하지 못하고 나는 우울하기만 했다. 다른 학우들은 어쩌고 있는지? 나는 좀 특별한 체질을 타고난 것이 아닐까 하고 혼자서 고민도 많이 했다. 지내놓고 보니 열댓 살 난 남자애란 누구나 다 그런 건데 나는 너무 민감했다. 학교 대신에 어디로 갔던가? 도서관과 극장이다. 도서관에서는 읽고 싶은 책을 읽을 수가 있었고 극장에서는 어둠 속으로 내 몸을 감출 수가 있었다. 남과 나를 차단할 수가 있었다는 말이 되겠다.(김춘수 자전소설 『꽃과 여우』pp.66~67)

김 시인은 앞의 책에서, 가끔 첫 번째 하숙집이 있는 가회동 언덕길을 찾아 갔다고 한다. 뿐만 아니라 어느 날에는 40분 넘게 걸어서 학교로 가 다음날의 체육시간에 대비하여 철봉대의 매달려 턱걸이 연습을 했다고도 기억하고 있다. 턱걸이 연습을 하다가 숙직을 하던 로이드안경을 쓴 젊은 일인 한문 선생에게 들켜 도망쳤으나 다음 날 체육시간에 서툰 턱걸이에 대하여 크게 야단치지 않은 까닭은 젊은 한문 선생이 체육선생에게 연습사실을 알려주어 그러했을 것이라 여겨 그 한문 선생에게 호감을 표시하고 있다. 이렇게 그는 체육에 대한 열정도 가지고 있었다. 어느 대담(강현국 엮음 『우리 어느 둑에서 다시 만나리~시인 김춘수의 문학과 삶』, 2019, 학이사. p.175)에서 중학 시절 육상 100m 선수였다고 회고하고 있으며, 구기로는 중학 시절 농구, 대학 시절 야구선수를 한 것을 밝히고 있다. 그 가운데 농구 선수의 흔적은 김 시인이 오랫동안 간직한 사진으로 알 수 있다. '남선농구대회 우승기념' 소화14년(1939년 8월 13일)이라는 설명이 병기된 농구부 해양훈련 사진에 우승컵을 든 학생 뒤에 선글라스로 멋을 부린 김 시인이 앉아 있는 사진이 바로 그것이다. 그 당시의 김 시인은 170Cm에 가까운(학적부 3학년 키가 164Cm이고 4학년 때는 기록되어 있지 않음) 키로 농구선수를 하였다고 볼 수 있다. 경북대 교수 시절 교직원 체육대회에서 농구 선수의 면모가 다소 보였다고, 시인이자 제자인 동시에 동료였던 권기호(1937~) 경북대 명예교수는 회고하고 있다.

1939년 당시 일본은 1937년 7월 일제에 의하여 조작된 세칭 '노구교 사건'(북경 근교의 작은 돌다리에서 일본 군인이 행방불명됐다는 조작)을 빌미로 1937년 7월 중국과 전면전을 중국영토에서 벌이고 있었다. 그래서 우리나라 남녀중학생까지 근로보국이라는 미명으로 노력동원에 투입하였다. 김 시인의 사진 가운데 경기중학 근로보국대 사진도 있다. 이 사진 역시 1939년 사진이라 짐작된다. 왜냐하면 1939년 4월 경기중학교로 교명을 바꾸었기 때문이다.

   김춘수 시인은 문학과 철학에 대한 책은 주로 부립 도서관에서 이 책 저 책 닥치는 대로 읽었으며 그에 대한 지식은 또래에 비하여 월등하다고 자부하고 있다.(김춘수, 앞의 책 p.77) 그러다가 일종의 필화 사건에 휩싸이게 된다. 5학년 때라고 하는데, 담임선생은 이토라는 키가 땅딸막하고 얼굴이 늘 벌겋게 상기되는 다혈질이었으나 마음은 크게 나쁘지 않은 호인이었던 40대 중반의 영어 선생이었다. 그때 김 시인은 일본어로 일기를 써서 매주 한번 씩 담임의 검사를 받았다고 한다. 일본어로 일기 쓰기는 일본어의 상용 정책의 방법이고 이 때 수업은 모두 일인 교사에 의하여 일본어로 했으며, 유일한 한국인 교사가 하는 조선어 수업은 이미 3학년 때에 끝났다.(학적부에 그렇게 되어 있고 김 시인도 그렇게 기억하고 있다.) 그런데 도서관에서 김 시인이 샤미소의 『그림자 없는 사나이』를 일어판으로 읽어 그 소감을 일기로 적은 것이 문제가 되었다.

   여기서 샤미소의 『그림자 없는 사나이》』(1813년)를 소개하기로 한다. 이 작품의 원작자 아델베르트 폰 샤미소(1781~1838)는 프랑스 귀족 출신으로 프랑스 혁명으로 귀족의 특권이 박탈당하자 독일로 망명하여 베를린에 정착하면서 독일인이 된다. 북극 탐험선을 타고 여행을 하여 여행기를 남기기도 했다. 또한 낭만주의 작가와 시인으로 알려져 있다. 식물학자로도 유명하여 베를린 식물원 원장에 임명되기도 하였다.

   이 책은 우리나라에는 2005년 윤효은 번역으로 『그림자 없는 사나이』로 처음 소개되었으나 크게 주목을 받지 못했다. 2019년에는 열림원에서 최문규 번역으로 『그림자를 판 사나이』라는 제목으로 다시 발간되었다. 그러나 원제를 직역하면 『페터 슐레밀의 이상한 이야기 Peter Schlemihls wundersame Geschichte〉』이다. 김영하의 『여행의 이유』(2019.문학동네)와 김현경의 『사람, 장소, 환대』(2015,문학과지성사) 등에서 언급되면서 사람들이 많이 찾게 된 책이다. 심지어 창작 뮤지컬로 2019년 제작되어 많은 관객을 확보하기도 했다. 주인공 페터 슐레밀이 자신의 그림자를 악마에게 팔아 부와 명예를 얻게 되지만 점점 고독해지고 결핍을 느낀다는 내용의 작품인데, 작자인 프랑스 출신이 독일인으로 살아가는 고뇌가 상징적으로 표현되어 있다고 볼 수 있다.

우리나라의 경우 요즈음 다시 문제의 작품으로 대두되는 것은 급변하는 우리나라의 다문화적 환경과 다국적자로 살아가는 사람들이 많아지는 우리 교민들의 현실과도 관계가 있고, 공간 이동이라는 여행에서의 정체성의 혼란과 글로벌화로 인한 문화의 충돌과 교집합 등과도 관계가 있을 것이다.

그런데 김 시인은 이 작품을 1939년에 일역판으로 읽고 일기장에 조국을 잃은 사나이의 비애와 절망을 유치하고 객기 어린 어조로 도도하게 늘어놓았다고 회상하고 있다.(김춘수 앞의 책 p.78) 김 시인은 담임에게 불려가서 호되게 꾸지람을 들었다. 그러나 담임은 그것을 크게 문제 삼지는 않고 앞으로 주시하겠다는 태도로 나왔다고 기억하고 있다. 그리고 이어 이토 교사와 2학년 때의 악연 즉, 수업을 까먹고 학교 뒷산의 정상에 드러누워 멍하니 하늘을 올려보고 있다가 아침 등굣길에 사온 계동의 유명 호떡집의 호떡을 꺼내어 먹는 순간 들킨 기억도 되살리고 있다.

이러한 방황을 반영하듯이 2학년 학적부 조행평가란에 '사상적 요주의'라는 기록을 찾을 수 있다. 그리고 4학년 때에는 '문학소년'이라는 평가도 적혀 있다. 도대체 불과 15세의 소년에게 무엇 대문에 '사상적 요주의'라는 표현의 기록을 남겼는가는 알 수 없으나 어쩌면 김 시인의 일본제국주의에 대한 반감은 하루아침에 형성된 것이 아닐 것이라는 필자의 주장이 맞아 들어간 것이 아닌가 하는 생각을 하게 된다.

　다음으로 김춘수 시인이 자주 찾은 극장(영화관)과 관련된 것을 언급해 보기로 한다. 김 시인은 비교적 어린 시절부터 대학시절까지의 영화 편력을 자세하게 언급하고 있다.(김춘수 앞의 책 pp.110~118) 김 시인의 영화관 출입은 중학 시절에 시작한 것이 아니다. 그는 보통학교 상급반 시절부터 극장 출입을 했다.(김춘수 앞의 책 p.110) 그의 친구 중에 미국영화 배급권을 가진 사람의 아들이 이웃에 살고 있어 그 친구와 함께 가끔 무성영화를 봤다고 기억하고 있다.

　여기서 일제강점기 초기부터 급변하는 통영의 문화 환경을 주목할 필요가 있다. 필자는 이미 일제강점기가 시작되기 전부터 오카야마현 어부를 중심으로 일본인들이 이주하기 시작했다는 사실을 언급한 바 있다. ('꽃의 시인 김춘수가 태어난 통영을 찾다') 그런데 통영에 '봉래좌'라는 극장이 강점기가 시작된 4년 뒤인 1914년 일본인 하시모토를 대표로 하는 일본인 40여명의 출자로 대화정 159~25(현재 문화동159~25)에 건립되었다.(이하의 설명은 김남석 〈일제 강점기 해항도시 통영의 지역극장 '봉래좌' 연구〉, 동북아문화연구 제48집〈2016〉 pp209~224 참조) 이 때의 통영거주 일본인은 남자 806명, 여자 805명 총 1,611명 471가구였다. 이웃 도시 부산이나 마산과 비슷한 시기에 주로 풍성한 어획고와 그것의 해외 수출로 경제적으로 풍요로운 도시 상황이 반영된 건립이었다. 극장 형태는 일본 본토의 가부키공연장과 비슷하였으며 2층 시설이 딸린 정원 380명의 다목적 공연장이었다. 그러나 일본인 전용극장으로 운영되지는 않았고 일본인뿐만 아니라 조선인의 문화창달의 주요한 밑거름이 되었다. '통영청년단 활동사진대'나 '선일영화부'가 이 극장을 이용하였다. 심지어 통영의 유일한 실내 공회당 역할까지 하여 1920년대 전국 지역극장의 위생 관련 활동사진 상영, 유명 극단의 전국 순회공연, 시민대회장, 각종 사안의 토론 장소, 각종 강연회, 음악회 등의 장소로 통영시민의 사랑을 받았다. 1930년대 말까지 다목적 공연장이자 영화상영관을 겸하다가 1939년에는 영화관으로 개축되었으며, 해방이후는 소유주도 한국인으로 바뀌고 봉래극장으로 개명되어 영화전용 극장으로 사용되다가 2005년 통제영 조성 사업으로 인한 대대적 시가지 개편 사업으로 폐쇄되고 그 자리에 주차장이 들어섰다. 그 당시의 진의장 시장은 공무로 해외출장 중이었는데, 90년의 역사를 가진 문화유산을 보존 못한 점에 많은 아쉬움을 가지고 있었으며 지금도 주차장 자리에 봉래극장을 복원해야 한다는 의견도 있다고 한다.

김춘수 시인의 초등학교 상급 학년은 1930년대 중반에 해당되는데 '봉래좌'는 1930년 직전 영화상영의 휴면기를 거쳐 1930년 10월부터 본격적 영화 상영을 시작한다. 이 시기 아마 미국 영화 상영권을 김 시인의 친구 아버지가 가지고 있었기 때문에 비록 무성영화이지만 친구와 함께 자주 관람하였을 것이다. 김 시인의 회고에 의하면 이때에 이미 미국 배우 여럿을 알고 있었으며 나론 나바르와 바스터 카튼은 김 시인의 우상이었다고 한다. 이러한 김 시인의 영화 관람 취미는 경성제일고보 입학과 동시 경성의 다양하고 통영에 비하여 화려한 극장 시설(단성사 1907년 개관, 우미관 1912, 조선극장 1922, 명치좌 1936 등)에 대한 호기심이 더하여졌다.

김 시인은 프랑스 영화를 특히 좋아했다고 한다. 그가 열거한 작품은 다음과 같다. 〈파리의 지붕 밑〉, 〈페페 르 모코〉, 〈하얀 처녀지〉, 〈아름다운 청춘〉, 〈아가씨의 호수〉, 〈무도회의 수첩〉 등인데, 그 가운데 가장 감명 깊은 작품은 〈무도회의 수첩〉으로 들고 있다. 그리고 경성제일고보 시절부터 동경에서 발행하는 영화잡지 《영화지우映畵之友》를 구독하였고 그것을 통하여 영화지식과 정보를 습득하였으며 그 잡지에 수록된 좋아하는 미남미녀 배우의 사진을 오려서 자기 방의 벽에 붙어두고 싶었으나 선친이 두려워 오래 참다가 일본 동경 대학시절에는 그것을 결행하였다고 한다. 일본 사무라이 영화와 미국 서부영화도 보통학교 때부터 좋아했다고 한다. 일본 영화나 서부 영화 모두 주인공은 정의의 화신이었으며 그들의 초인적인 능력을 닮고 싶었다고 한다. 이러한 초인에의 동경은 결국 그 당시의 답답한 심경과 현실을 뛰어 넘고 싶은 처지에서 왔으며 이러한 현실을 초월하고 싶은 어린 시절의 소망은 시인이 된 뒤에 초인으로서의 예수를 만나고 절망적인 현실을 뛰어 넘는 무의미의 세계와 연결되었다고 술회하고 있다.

 김춘수 시인이 중학 시절 심취한 운동이나 도서관에서의 독서 체험 그리고 영화관 체험은 답답하고 불안한 경성이라는 도시의 분위기와 습관화되지 않는 학습욕구로부터의 탈출구였다고 볼 수 있다. 그러나 이러한 자유분방하면서도 현실 저항적인 자세는 그의 일본유학 시절과 그 뒤 청장년으로서의 삶과도 연결이 된다고 볼 수 있다.

죽도와 봉천 체험, 그리고 자퇴로 떠난 경성제일고보

경성제일고보 시절의 김춘수 시인의 체험 가운데 경성이 아닌 다른 공간에서 그의 만년까지 뚜렷이 남아 있는 기억의 공간은 그의 고향에 있는 섬 죽도와 만주의 봉천이다. 이 두 공간은 우연히 바라보게 된 여인과 관계가 있다. 말하자면 사춘기 소년으로서의 이성에 대한 호기심과 관련된 기억들이다. 그런데 이 기억들은 김 시인의 뇌리를 오랫동안 떠나지 않아 뒷날 시 속에 변용되어 등장하기도 한다.

김춘수 시인은 부친이 서울에 집을 마련해 학교에 다니게 해주어도 경성보다 그의 마음속에는 항상 고향 통영이 자리 잡고 있었다. 명륜동 집에 온 할머니와 함께 인천 나들이에서 그의 고향에 대한 그리움이 무심결에 드러나기도 하였다.(김춘수 자전소설 『꽃과 여우』, 민음사, 1997. p.67) 그는 방학이 되면 언제든지 고향에 내려갔다. 2학년 여름방학 때 매일이다시피 바다에 가서 살았다고 한다.(앞의 책 p.95)

통영 앞바다에는 죽도라는 섬이 둘 있다. 모두 한산도와 가까운 섬인데, 하나는 통영 내항 쪽에 있다. 예전의 충무관광호텔 자리에서 2km 떨어진 무인도이다. 하나는 한산도 면사무소에서 4.4km 떨어진 한산도 바깥쪽에 있는 섬으로 현재에도 51가구 70명(2015)이 살고 있으며 예전에는 한산초등학교 분교장(1945년 5월 개교, 1994년 3월 폐교)이 있을 정도로 사람이 살았다. 김 시인의 다음 인용 글에서 말하는 무인도는 내항 쪽에 있는 것으로, 충무관광호텔에서 섬을 매입하여 해수욕장으로 이용하고 일반인에게도 개방하였다. 그러나 지금도 사람은 살지 않고 낚시꾼이 드나들기는 한다.

이 섬에서 김 시인은 어느 여름날 친구와 함께 가지고 간 도시락을 먹고 난 직후 똑딱선에서 내린 챙이 넓은 하얀 파나마모자를 쓴 하얀 원피스의 여인을 발견하게 된다. 그 여인은 잠시 어디로 갔다가 하얀 수영복 차림으로 나타난다. 그녀의 살갗은 주위의 다른 사람들과는 달리 치자꽃처럼 하얗기 때문에 돋보였다. 그때만 해도 여자가 수영복 차림으로 해수욕장에 나타나는 것이 드물었기 때문에 누군지 궁금했다고 한다. 그녀는 일본인 읍장의 딸로 도쿄의 어느 여자전문대학에 다니는, 김 시인보다 서너 살 위로 방학 동안 와서 머물고 있다는 것을 알게 되었다. 그녀는 매일 오후 한 시쯤 똑딱선을 타고 와 서너 시간 섬에 머물렀다. 김 시인은 그 시간에 맞추어 섬에 갔지만 다가가 말을 건네기는커녕 멀리서 바라보며 여름을 보냈다고 한다. 그리고 그 이듬해에는 읍장이 바뀌었는지 그녀의 신상에 변화가 생겼는지 나타나지 않았다고 한다. 김 시인은 이러한 감정을 '연정'이라고 그의 만년의 자전소설에서 규정하고 있다.(앞의 책 p.96). 이러한 공간인 '죽도'가 그에게는 유의미한 공간이라 아니할 수 없다.

이 지명은 1976년 9월에 정음사에서 엮은 정음문고 148 『김춘수시선』 160페이지에 「죽도竹島에서」라는 시의 제목으로 등장하고 있다. 이 시는 다른 시집에는 수록되지 않고 이 시집에만 '근작시초' 편에 수록되어 있다. 따라서 「죽도에서」는 1976년 직전에 쓰여진 작품으로 그가 무의미시에 집중하던 시기의 작품이다. 이 작품은 표면적으로는 전혀 죽도와는 상관없는 내용이다. 그런데 이 시의 전문이 1980년 문장사에서 나온 김춘수 수상집 『시인이 되어 나귀를 타고』에 수록된 산문 「시인이 되어 나귀를 타고」(pp.134~138)에 인용되고 있다. 이 산문의 제목은 이 시의 첫 행과 마지막 행이기도 하다. 이 산문에서 죽도에 대하여 간단히 설명하고 있다. 그 부분을 인용하여 보기로 한다.

태평양으로 면한 남쪽 바다에 죽도라는 섬이 있다. 일제 때 거기는 사람이 살지 않았다. 뭍에서 가까운 거리에 있었기 때문에 해수욕장으로 이용되곤 했었다. 뭍으로 면한 섬의 한쪽이 백사장을 이루고 있었고 그 모래는 그야말로 밀가루처럼 부드러웠다. 얼마 전에 가보니 거기도 유원지로 개발이 될 모양으로 그 준비와 계획을 세우고 있다는 소문들이었다. 몇 년 전만 해도 필자는 그 섬을 염두에 두고 다음과 같은 시 한 편을 쓴 일이 있다.

시인詩人이 되어 나귀를 타고
돌아가리,
새는 하늘을 날고
길가에 패랭이꽃은 피어 있으리.
보라,
마크로네시아의 붉은 입술.
보라,
마크로네시아의 가는 허리.
돌아가리,
시인詩人이 되어 나귀를 타고

이 시 「죽도에서」는 '월간 시' 2020년 9월호 200페이지에 〈문학~역사 기행시선35〉의 경상도편 맨 첫 작품으로 소개되기도 하였다. 그리고 그 다음호인 2020년 10월호에는 그렇게 구체적 공간의 시로 보기는 어렵다는 일종의 반론인 이기철 시인의 글 「김춘수의 〈죽도에서〉에 대한 조언」(pp.148~151)이라는 글이 발표되기도 하였다. 이 교수는 이 글에서 '죽도'가 포항시의 어시장 '죽도'가 아니라는 주장을 하고 있다. 물론 이 교수의 포항의 '죽도'가 아니라는 것은 분명히 옳은 주장이다. 포항의 죽도를 태평양과 면한 남쪽 바다에 있는 섬이라고 보기는 힘들기 때문이다. 그러나 통영 앞바다 한산도 옆에 붙어 있는 '죽도'라면 그 사정은 달라진다. 즉, 태평양을 면해 있고 김춘수 시인의 자전소설에 나오는 서술과 앞의 인용이 유사하기 때문에 단정적으로 말할 수 있다. 이 시는 앞에서 잠시 언급했듯이 무의미시의 중요한 기법이라고 볼 수 있는 자유연상에 의존한 작품이라서 구체적으로 김춘수의 죽도 체험이 형상화되었다고는 보기 힘들다. 그러나 이 시의 중간 부분 "보라./마크로네시아의 젖은 입술/보라./마크로네시아의 젖은 허리"의 관능적인 표현은 이 시를 쓰기 근 40년 전에 본 일본인 읍장 딸의 하얀 해수욕복 입은 이미지가 무의식적으로 연상된 것이 아닐까 하는 주장을 해본다. 물론 이 시를 쓰고 나서 20년이 지난 뒤에 쓴 자전소설이기는 하지만 김춘수 시인의 의미 있는 삶과 체험의 공간을 시의 비밀과 연결시키는 일은 분명히 유의미한 일일 것이다.

김춘수 시인은 경성고보 4학년 때인 1938년에 만주로 수학여행을 떠났다. 예나 지금이나 졸업반 때에는 상급학교 진학에 집중해야 하기 때문에 4학년 때에 간 것이다. 그 당시의 만주는 1931년 일본이 만주사변을 일으켜 1932년 3월1일에 독립한 일종의 일본의 괴뢰국가였다. 청나라의 마지막 황제 푸이를 집정으로 앉히고 신경(현재 장춘)을 수도로 정하여 1932년 일본이 정식 국가로 승인한데 이어, 독일, 로마 교황청, 스페인, 헝가리, 폴란드 등이 승인하여 국가 형태를 갖추고 있었다. 국토는 동북 삼성인 요녕, 길림, 흑룡강성을 포괄하였고 인구는 3,000만 명 가량이었다. 1934년 제정帝政이 수립되어 독자적 연호도 강덕康德으로 정하고 일본, 조선, 중국, 몽고, 만주의 '오족협화'를 내세웠지만 실권은 신경에 사령부를 둔 관동군사령관이 잡았고 경제개발권도 독점하였다. 만주국 수립 이후 중국이 국제연맹에 제소하자 조사단을 파견하여 일본군 철수를 권고하나 일본은 거부하고 1933년 3월 국제연맹을 탈퇴한다. 1945년 2차 대전 끝 무렵 소련군에 의하여 관동군이 궤멸되고 푸이가 민중에 잡히자 만주국은

망하고 만다. 이로 미루어볼 때 만주국 중반기인 1938년 일본의 의도대로 어느 정도 근대화된 모습을 엿볼 수 있는 만주로 김 시인으로서는 생애 처음의 해외여행을 한 것이다.(김춘수 자전소설 『꽃과 여우』 pp.90~94 참조)

  김 시인은 한반도보다 광활한 국토에 놀라기도 하고 신경의 넓은 도로와 고층 건물 그리고 활발한 토목, 건축공사로 경성과는 다른 느낌을 받았다. 그러나 김 시인은 신경보다는 청나라의 유적과 일본이 건축한 근대적 건물이 공존하는 봉천에 더 매료되었다. 한 학년 전체인 200명 (1935년 입학생은 200명이 넘었으나 36회로 졸업한 졸업생은 175명으로 되어 있음)의 학생들이 봉천에 있는 일본인이 경영하는 여관에서 작은 방의 방문을 임시로 제거하여 만든 큰 방 두 개에서 100명씩 잤다고 기억하고 있다. 김 시인의 기억에 남아 있는 장소는 일본군에 의하여 패퇴한 중국 국민군의 이 지역 지도자 장학량(1898~2001)의 아버지 장작림(1875~1928)의 분묘를 한 바퀴 도는데 한나절이 걸리는 거대한 분묘를 마차로 돈 것을 기억하면서 그 분묘 안을 구경 못한 것에 대하여 아쉬워하고 있다.

  그러나 정작 이보다 인상적인 것은 김 시인 자신이 '충격적 만남'(앞의 책 p.91)이라고 하는 백화점 2층 한 코너에서 발견한 점원 아가씨의 모습이었다. 그는 그때까지 수랍水蠟 같은 하얀 얼굴빛이 돋보이는 여인을 발견하지 못했다고 한다. 그는 그 점원의 얼굴빛과 모습을 "희기는 희되 그 흰 빛은 처음 보는 흰빛이다. 상아빛보다는 더 희고 종잇장보다는 상아빛에 가깝고 더 아련하다. 게다가 옻칠을 한 듯 새까만 머리채가 어깨까지 드리워져 있다."라고 아름답게 묘사하고 있다.(앞의 책 p.91~92) 뿐만 아니라 그 백화점을 샅샅이 다 둘러보고 여관으로 돌아올 때까지 그의 뇌리에서 그 점원 아가씨의 모습이 지워지지 않았으며, 그는 백화점에서 사온 안에 위스키가 든 초콜릿을 깨물며 눈은 멍하니 넋을 잃고 있었다고 기억하고 있다. 그리고 그 뒤로도 가끔 그녀의 모습이 떠올랐다고 한다. 그러나 김 시인은 그것을 '죽도' 사건과는 다르게 연정이 아닌 다른 어떤 감정이라

보고 있다. 이 체험은 그의 장시 「처용단장處容斷章」 1부의 〈32〉의 뒷부분으로 다음과 같이 나타나 있다. "봉천奉天에서 수랍水蠟 같은 하얀/양귀비꽃을 봤다. 거기가/만몽 백화점滿蒙百貨店이던가," 그리고 그의 자전소설에도 〈32〉를 전문 인용한(앞의 책 p.89) 후에 만주 수학여행 체험을 서술하고 있다. 이 시는 김 시인 자신이 언급하고 있듯이 그의 나이 70세에 쓴 시이다. 이렇게 젊은 날의 미묘한 감정이 50년도 넘게 기억되어 시로 형상화 된 것이다. 김 시인의 시가 비록 순수시, 혹은 존재론적 시, 나아가서 무의미 시로 변화되어 갔지만 그의 유년기의 체험을 비롯한 갖가지 체험이 중요한 시적 제재가 되고 있는 것이다.

이렇게 지낸 그의 경성제일고보 시절은 1939년 4월 드디어 졸업반에 이르게 된다. 그리고 앞에서 언급한 샤미소의 『그림자 없는 사나이』의 일역판을 읽고 그 소감을 일기장에 적은 것으로 일어난 일종의 필화 사건에 휩싸이게 되어 2학년 때부터 악연이 있는 5학년 담임인 이토 교사로부터 요주의 인물이 되고 말았다. 이러한 요주의 인물이 될 소지는 2학년 때 이미 그의 학적부에 언급한 대로 '사상적 요주의'라고 기록되어 있었던 것이다. 그러다가 그로부터 한참 지난 뒤 담임은 상급학교 입학시험을 치기 위해서는 소견표 작성을 위하여 일종의 모의 소견표를 배부하고 학생들 각자에게 기입할 사항을 기입하여 제출하라고 하였다. 그 모의 소견표에 사상을 기입하는 난이 있었다. 그러나 담임은 그 난은 본인이 기입하지 않아도 된다고 하였다. 그러나 김 시인은 그 난에다 스스로 '불온'이라고 기입하여 제출하고 말았다. 지난번 일기장 사건도 있었기 때문에 당연히 담임에게 불려갔다. 그리고 그는 그 때의 상황을 실감나게 다음과 같이 적고 있다.

"너 이게 무슨 짓이냐? 불온이라는 뜻을 알고 쓴 거냐?"라고 다그쳐 물었지만 나는 솔직하게 내 입장을 적었을 뿐이라고 말하고, 물론 불온의 뜻을 잘 안다고 했다. 그는 "쇼가 나이 야쓰다네!"(이거 정말 어처구니

없구만)라고 한 마디 내뱉듯이 하고는 고개를 돌렸다. 나는 그의 허락도 받지 않고 교무실을 빠져 나왔다. 그 길로 나는 자퇴서를 써가지고 가서 어이가 없어하는 그의 면전에 내던지듯 하고는 발길을 돌린 다음 학교에는 두 번 다시 발을 들여 놓지 않았다.(앞의 책 p.79)

김춘수 시인의 경성제일 고보 시절은 이렇게 끝났다. 그의 학적부 5학년 부분은 모두 공란으로 처리되어 있고 '퇴학 소화 15년(1940년) 1월 말일'로 기록되어 있다. 3월이 졸업이니 실질적으로 5년 과정을 거의 다 다녔으나 중퇴자가 된 것이다. 그 뒤 담임으로부터 졸업하고 가라는 권유도 받았으나 그는 돌아가지 않았다.

그러나 경기고등학교 동창회에서 편찬한 『경기인백년사』(2000년)에는 김춘수 시인을 36회의 인물로(정계; p34,/문학계; p686) 소개하고 있다. 그의 동기 가운데 유일한 국회의원이고 시인으로 그의 선배는 신석초(24회)가 유일하다. 그의 동기 가운데 유명 인사로는 한국 고고학의 태두 김원룡(1922~1993), 역시 한국경제학의 초석이 된 임원택(1922~2006)을 들 수 있다. 그 외 법조계에 장순용(광주고검장 역임), 한만춘(서울가정법원장 역임), 정치학 고문석(한양대 교수 역임), 기계공학 박영조(한양대 교수, 한국 베어링 사장 역임), 의료계에 권영국, 서광륜, 방숙 등 14명으로 가장 많은 동기생이 수록되어 있다. 금융계 이태호(한국수출입은행장, 대우증권 회장 역임), 한완수(새한종금 사장 역임), 이문탁(경기은행장 역임), 음악계 곽상수(연세대 명예교수) 등이다.

김 시인의 바로 밑의 동생 김규수(1925~1954)는 서울의대를 졸업한 의사로 39회이나 일찍 작고하여 수록되지 못하였고, 서울대 정치외교학과를 나온 막내 김형수는 41회로 네팔 대사를 역임하여 외교계 인사로 수록되어 있다.

제3부, 동경(1940-1944)

라이나 마리아 릴케를 만나다
일본예술대 유학 시절

라이너 마리아 릴케와의 운명적 만남

　김춘수 시인이 자신의 유학시절과 시인이 된 경위를 언급하기 시작한 것은 오래 되었다. 그의 시론집 『의미와 무의미』(1976, 문학과지성사)에 수록된「두 번의 만남과 한 번의 헤어짐」(1976.1.1 '현대문학' 발표)이라는 글에서 처음 언급하고 있다. 또한 김 시인은 시를 쓰고 시론과 시 비평을 발표하면서도 수필을 많이 썼다. 그는 수필이라 하지 않고 에세이라는 용어를 썼다. 생전에 에세이집도 많이 엮었다. 그 첫 번째가 1976년 5월 예문관에서 나온 『빛 속의 그늘』(4.6판 228면)이다. 그리고 두 번째가 1979년 4월에 근 역서재에서 낸 신국판 234면의 『오지 않는 저녁』이다. 이 책에 〈나도 모른다〉라는 짧은 글이 있다. 이 글에서는 보다 구체적으로 일본 유학 경위와 시인이 된 계기를 밝히고 있다. 그 후에도 여러 곳에서 밝히고 있으며 마지막으로 자전소설 『꽃과 여우』(1997, 민음사)에서는 길고 자세하게 언급된 대학시절(p.97~145)의 서두(pp.97~98)에 등장한다. 처음 언급과 마지막 언급의 사이는 20년이라는 세월이 흘렀다. 그래서 다소의 차이는 있으나 경위의 큰 줄거리는 변함이 없다.

　김춘수 시인이 언제 일본으로 건너갔다는 사실을 구체적으로 밝힐 자료는 없다. 다만「두 번의 만남과 한 번의 헤어짐」의 서두(『의미와 무의미』p.24)에서 그는 다음과 같이 언급하고 있다.

　18세 때의 늦가을이다. 나는 일본 동경 간다(神田)의 대학가를 걷고 있었다. 그 거리는 한쪽편이 온통 고서점으로 구획져 있었다. 나는 그 때 서울의 경기중학을 5학년에서 졸업을 불과 몇 달 앞두고 자퇴하고, 북경으로 갈까 하다가 동경으로 건너가 어딘가 적당한 고등학교를 목표로 영수학원에서 수험 준비를 하고 있었다. 선친께서도 그런 생각으로 계셨고 나도 법과를 생각하고 있었다. 그런데 운명은 드디어 나에게로 다가왔다.

경성제일고보 학적부에 의하면 '1940년 1월 31일 자퇴'라고 적혀 있는데 김 시인은 위의 글처럼 1939년 늦가을에 일본에 가 있었다고 회고하고 있다. 이렇게 된 사정은 「나도 모른다」(『김춘수전집3 수필』, 문장사, 1983. p.136)라는 글에서 짐작할 수 있다. 그는 경성제일고보 4년 수료 자격이면 고등학교나 대학 예과 지원 자격이 있다고 생각하면서 자퇴한 것인데, 막상 고등학교를 지원하자니 중학의 최종 학년 담임선생 소견표가 필요하여 연락하였으나 담임은 소견표는 써주지 않고 1년 늦더라도 다시 졸업하고 가라고 하였다고 한다. 이렇게 밀고 당기기를 하다가 1940년의 고등학교와 대학 예과 입학 시기를 놓치고 말았다. 이런 과정을 겪고 학적부에 1940년 1월 31일 자퇴로 기록되었다고 볼 수 있다. 그러면서 1940년 봄을 맞이하였으며 4월 초순 간다의 대학가에서 사각모를 쓴 그의 고향 벗 B군을 만나게 되었다. 그는 N대 예술과 전문부 예과에 다닌다는 것이었다. 김 시인의 사정을 들은 B군은 김 시인에게 함께 다니자고 권유했다고 한다. 지금 당장 소견표 제출하지 않아도 4년 수료자를 위하여 전문부 예과를 두고 있다는 것이었다. 그래서 그의 권유에 따라 소견표를 첨부하지 않고 간단한 테스트를 거치고는 입학하게 되었다고 회고하고 있다.

이 회고에서 B군은 통영에서 신문사 지국을 한 언론인 배종혁 씨라는 것을 통영의 여러 경로를 통하여 확인할 수 있었다. 그는 1921년 생으로 김춘수 시인보다 나이는 많았으나 통영보통학교는 한 해 늦은 26회 (1936년 졸업) 졸업생이며 서울의 사립학교를 다녔다. 그 후 일본대학 예술학원 문예창작과에 다녔다. 아마 김 시인보다 먼저 일본대학에 다녔던 것으로 짐작할 수 있다. 그는 해방 직후 유치환 시인(회장)이 주도한 통영문화예술협회에서 시인으로 김춘수 시인(총무)과 같이 활동하였다.

여기서 N대라 한 곳은 일본대학日本大學, 즉 니혼대학을 말한 것이다. 니혼대학은 일본 동경에 위치한 일본 최대의 사립종합대학교(2010년 현재 전임교원 1,720명, 학생수 6만 8,817명)이다. 1889년 메이지 정부 첫 법무장관이었던 야마다 아키요시山田顯義(1844~1892)가 설립한 니혼법률학교가 전신이다. 1901년 고등사범과가 설치되었으며, 1903년 현재의 이름으로 교명이 바뀌었다. 1922년 사립대학으로 인가를 받았으며 현재 법학부, 문리학부, 상학부, 국제관계학부, 공학부,의학부, 약학부, 예술학부 외 7개 학부 즉 총 14개 학부 아래 83개 학과로 운영되고 있으며 대학원 20개 전공 24개 부속학교 1개 유치원, 원자력연구소와 종합과학연구소 등 29개 연구소가 있다.

예술학부의 경우 1921년에 창설된 미학과가 그 시초이다. 따라서 2021년이 100주년이다. 니혼대학의 다른 학부들보다 예술학부의 경우 학과 마다 랭킹 5위 안에 드는 명문이며, 니혼대학의 간판학부이다. 현재 사진학과, 문예학과, 영화학과, 미술학과, 방송학과, 음악학과, 디자인학과 등의 학과에 4,000여 명의 학생들이 다니고 있다. 캠퍼스는 세이부 이케부쿠로선·에코다 역에서 도보로 1분 거리에 있으며 '고타캠퍼스'라는 독립캠퍼스를 가지고 있다.

일본대학 예술학부 문예학과의 한국인 졸업생 가운데 선두 주자는 김기림(1908~?)시인이다. 그는 서울 보성고보를 중퇴하고 1925년 동경 메이쿄중학교名敎中學校 4학년에 편입하여 1년 공부 후 1926년에 문부성에서 치르는 대학입학 검정시험에 합격하면서 5년 졸업자격을 획득하였다. 그리고 그는 명문대학보다 빠르게 졸업할 수 있는 다른 대학에 비하여 학사 운영과 학습 분위기가 자유로운 일본대학 전문부 문예창작과에 입학하여 1929년 3월, 3년 만에 졸업을 했다. 그는 문예창작과의 주야간

강좌를 오가며 저학년 때에 학점을 다 채우고 고학년 때에는 문학과 예술전반에 대한 기초교양과 서구의 모더니즘의 제 사조에 대한 폭넓은 관심을 쏟았다. 1921년 개교된 예술학부에 1926년에 입학하였으니 초창기 입학생이다. 그는 그 당시의 일본 근대시단의 중견 시인인 하기와라 사쿠타로 萩原朔太郞(1886~1942)로부터 프랑스 상징주의 시와 일본의 전통시와 그 당시의 시적 경향에 대한 강의를 들었다. 이로부터 정확히 15년 후인 1940년 김춘수 시인은 대가가 된 하기와라 사쿠타로의 자유분방한 강의를 들었다. 그러나 하기와라 사쿠타로는 김 시인이 이 대학을 떠날 무렵 사망하였다. 김 시인은 이 사실을 모르고 해방 직후인 1948년 첫 시집 『구름과 장미』를 내어 그에게 한 권 보내려고 하니 이승을 뜬 뒤라고 술회하고 있다. (『꽃과 이유』 p110)

다음으로는 앞의 인용 끝부분 "선친께서도 그런 생각으로 계셨고, 나도 법과를 생각하고 있었다. 그런데 운명은 드디어 나에게로 다가왔다"라는 부분에 대하여 살펴보기로 한다. 여기서 운명이라는 것은 간다 고서점에서 라이너 마리아 릴케 시집을 사게 되어 그 속의 시에 감동되어 시인의 길로 들어서게 되었다는, 신비롭고 운명론적인 이야기이다. 앞에서 인용한 뒷부분은 다음과 같다.

즐비한 고서점들의 어느 하나의 문을 들어서자 서가에 꽂힌 얄팍한 책 한 권을 나는 빼어들었다. 서책들에서 풍기는 퀴퀴한 냄새와 크고 부피 있는 유럽의 사전류에 압도되어 나는 그 책을 몇 10전으로 사들고는 무안을 당한 사람처럼 상기된 얼굴을 하고 어서어서 밖으로 빠져 나왔다는 그런 기억이다. 하숙집에서 포장을 풀고 내가 사온 책을 들여다 보았다. 라이너 마리아 릴케라는 시인의 일역 시집이었다. 내가 펼쳐본 첫 번째 시는 다음과 같다.

사랑은 어떻게 너에게로 왔던가

햇살이 빛나듯이
혹은 꽃눈보라처럼 왔던가
기도祈禱처럼 왔던가
~말하렴!

사랑이 커다랗게 날개를 접고
내 꽃피어 있는 영혼靈魂에 걸렸습니다.

이 시는 나에게 하나의 계시처럼 왔다. 이 세상에 시가 참으로 있구나! 하는 그런 느낌이었다. 릴케를 통하여 나는 시를 (그 존재를) 알게 되었고 마침내 시를 써보고 싶은 충동까지 알게 되었다.

좀 긴 인용이나 자전소설『꽃과 여우』97쪽과 98쪽에도 앞의 인용과 대동소이한 글이 있다. 다만 시 번역에서 '사랑' 대신 '그리움'이라는 어휘를 사용하는 점이 다르다면 다르다. 그런데 김 시인을 매료시킨 이 시는 라이너 마리아 릴케(1875~1926)의 연작시 〈사랑하기〉의 첫 번째 작품이다. 문현미(백석대학교 국어국문학과)교수가 번역한 시집『나의 축제를 위하여』(2001. 민음사) 110쪽에 수록된 작품에는 앞의 번역과 다소 차이는 있으나 '사랑'이라는 어휘를 사용하고 있다. 물론 위의 김춘수 시인의 번역은 일본어로 번역된 것을 중역한 것이다. 이 번역본은 릴케가 1899년에 엮은 『MIR ZUR FEIER』의 1966년판을 번역한 것이다. 이 시집은 릴케 자신이 시집이라 했으나 시선집에 가깝다고 볼 수 있다. 〈사랑하기〉연작시는 그의 제3시집『꿈의 관을 쓰고』(1897)에도 수록되어 있다. 두 시집은 2년의 차이가 있을 뿐이지만 김춘수 시인이 간다 고서점에서 산 것은 1899년판『나의 축제를 위하여』번역본일 가능성이 크다. 왜냐하면 앞의 시집은 릴케가 베를린 대학 재학 초기에 엮은 것이고 뒤에 것은 그가 어느 정도 기성문인들과 교류하면서 명성을 얻어가던 시기에 엮은 것이기 때문이다.

이렇게 라이너 마리아 릴케의 시에 매료된 김 시인의 라이나 마리아 릴케 작품에 대한 독서는 비록 일본어로 번역된 것이지만 전집 전체의 독서는 일본대학 시절의 가장 중요한 일이라고 보아도 큰 무리는 아닐 것이다. 김춘수 시인의 시를 라이너 마리아 릴케의 시와 비교하고 릴케의 산문이 그의 작품 세계와 세계관 형성에 끼친 영향 등을 규명하는 다양한 작업이 비교문학적 연구 방법으로 더욱 천착될 필요가 있다.

사실 김춘수 시인의 시인으로의 길은 김 시인의 말처럼 라이너 마 리아 릴케의 시가 그 결정적 계기를 마련하였지만 오랜 그의 문학작품 독서와 글쓰기를 통하여 정해진 운명이라고 볼 수 있다. 그는 이기철 교수의 저서 『김춘수의 풍경』(2021,문학사상사) 55쪽에서도 인용하고 있는 것처럼 통영보통학교 시절부터이다. 보통학교 시절 H선생이 학교 뒷산인 여항산에서 따온 교우지 《여황의 푸른 빛》에 김 시인의 글을 자주 뽑아주고 글 쓰는 방법과 태도에 대하여 말씀해주었다고 한다.(『꽃과 여우』 p74) 그리고 경성제일고보 학적부 4학년 시절에는 '문학소년'이라고 적혀 있다. 뿐만 아니라 대학 창작 실기 시간에는 일본어로 글쓰기를 시늉만 내면서 일본어로 쓰는 것은 중학 시절 일기장으로 인한 필화사건이 생각나 매스껍기도 했다고 한다. 그러나 서툰 한글로는 시인지 수필인지 분간이 안 되는 습작 뭉치가 쌓여갔고 그 가운데 두 편을 골라 경성 신문사에 투고 했다고 한다. 그러나 김춘수 시인으로서는 제목도 잊어버렸다고 했다.(앞의 책, p.109)

그 두 편 가운데 하나를 발굴할 수 있었다. 부산외국어대학교 한국어문학부 박경수 교수가 발굴한 다음 작품이 바로 그것이다. 그 작품 전문을 인용하여 보기로 한다.

시詩

성도聖徒와 밤

일본예술과 日本藝術科 김춘수 金春洙

십자가 十字架는 눈압헤보인다~

두팔 양손에 전쇄 錢鎖*가 잇다

나무에머리를매고 두쪽허리에간수 看守의창검 槍劍이반작거린다
달도업섯다 별도죽엇다성도 聖徒의눈은 희미~하게도
한송이백화 百花를보앗다

성도 聖徒는 입엇더**외투 外套를버서두고 살작이백화 百花의덩에안젓다

백화 百花의머리우에참새가노래하고백화 百花는일직선 一直線으로천국 天國에향 向
했다

칠십사 七十四 어동경 於東京

(출전 '매일신보' 1940.11.3.)

*전쇄 ; 쇠로 만든 고리를 여러 개 이어서 만든 줄
**'입었던'의 오식으로 보임

　　이 작품은 일제강점기 말 조선일보와 동아일보가 강제 폐간된 1940년 8월10일 이후에 발표된 작품이다. 그 당시로는 유일한 한글신문인 총독부 기관지 '매일신보'의 '학생란'에 발표된 것이다. 같은 날에 발표된 글 가운데는 조연현(1920~1981)의 글「대학의 혁신을 읽고」가 혜전 惠專 조연현 趙演鉉이라는 이름으로 보이고, 경성제국대 출신으로 서울대 교수를

지낸 원로 경제학자 고승제(1916~1995)의 글 「현대인의 과제」라는 글이 문대文大 고승제高承濟라는 이름으로 보인다.

  지은 날짜가 1940년 7월 14일이면 김 시인이 일본대 예술과에 입학한 4월로부터 3개월이 지난 시점이다. 그런데 그 시적 공간이 예상을 벗어나고 있다. 마치 서양화가들이 자주 그리는 십자가에 달린 예수를 연상하게 하는 작품이다. 이러한 작품을 창작하게 된 배경을 설명할 길이 난감하다. 다만 유학생 초기의 예수 체험이나 하나님 체험을 짐작되는 부분은 김 시인이 읽은 라이너 마리아 릴케의 글 가운데 러시아 첫 번째 여행 체험이 바탕이 된 단편소설이자 기행문이라고도 볼 수 있는 「사랑하는 하느님 이야기」(1904)가 들어 있다는 점이다.(『꽃과 여우』 p.104) 이 책은 "1899년 11월10부터 20일 사이에 단숨에 쓰인 것이며 13편의 단편이나 하느님이 하나의 실로 연결된 동화 형식의 소설"(송영택 번역 릴케 단편선 『사랑하는 하느님 이야기』, 2018, 문예출판사 p168 해설)이다. 그러나 앞으로 김춘수 시인이 쓸 예수를 제재로 한 시편들과 에세이들의 전조라고 볼 수 있는 작품이다. 이 시기에 투고한 다른 작품 한 편을 찾는 작업은 뒤로 미루고 우선 김 시인 자신은 제목도 잊어버린 이 작품을 어쩌면 활자화된 최초의 작품일 것이라 생각하면서 소개한다.

자유로운 대학 분위기와 독서체험 그리고, 아나키즘

김춘수 시인이 다닌 일본대학의 일제강점기 시절의 학적부는 제2차 세계대전 때 전화로 소실되었다고 알려져 있다. 그래서 필자도 이 사실을 확인하고 싶었다. 동북아기독교작가회의 일본측 멤버로 필자와 친분이 있는, 서울대학교에서 한국소설 연구로 박사학위를 받은 니쇼가쿠샤대학二松學舍大學 세리카와 테츠요芹川哲世 명예교수에게 이 메일로 문의한 결과 다음과 같은 회신을 받았다.

말씀하신 김춘수를 비롯하여 그 시기에는 일본대학에서 공부한 작가들이 많은 줄 압니다. 그래서 여러 사람이 학적부 등을 찾으려고 학교에 문의해 봤지만, 전쟁 때 타 버렸다고 합니다. 이 건에 관해서는 저도 찾아보려고 합니다만, 지금은 대학에 들어갈 수 없어서, 나중에 상황이 좋아지면 다시 알아보려고 합니다.

여기서 지금의 상황은 코로나19의 상황이다. 사실 필자도 김춘수 시인이 일본 동경에서 유학하던 시절에 머물렀던 유의미한 공간 곳곳을 탐사하고 이 글을 쓰고 싶었다. 그러나 탐사는 코로나19가 호전된 뒤로 미루고 일제강점기 당시의 글들과 김 시인이 밝힌 글들을 토대로 글을 쓸 수밖에 없는 현실이 안타깝다.

일본대학의 자유로운 분위기는 이미 1930년대에 밝혀지고 있다.(설의식 『신문연구』《동광》 1931.2. pp.79~80) 김 시인의 경우는 그 당시의 분위기를 다음과 같이 자세히 기억하고 있다.

나는 학교를 자주 까먹기는 했으나 중학 때 모양으로 자퇴서를 내던 지는 그런 따위 무모한 짓은 하지 않았다. 대학이란 어느 정도는 자유가 보장돼 있는 곳이다. 학생을 성인 취급하는 곳이니까 말이다. 그리고 내가 다닌 대학이 예술대학이다. 일제 말이기는 하나 그런대로 학교 분위기는 갑갑하거나 답답하지는 않았다. 어떤 교수는 수업 시간에도 담배 피는 것을 못 본 체 해주었을 정도다.(김춘수『꽃과 여우』, 민음사, 1997, p.109)

김 시인은 학과 전체에 흥미를 느끼거나 학업에 충실하지는 않았으나 앞에서 소개한 시인인 하기하라 사쿠타로 교수, 소설가 쿠노 토요히코^{久野豊彦} 교수와 이토 세이^{伊藤整}(1905~1969)교수의 강의는 빠짐없이 들었다.(앞의 책 pp99~103)

쿠노 토요히코 교수는 한때 나프에 가담했다가 전향한 작가답게 강의명은 〈문학특강〉으로 돼 있으나, 소설을 텍스트로 하여 형식이나 기교보다 소재나 주제를 사회나 문명비평적 시각에서 풀어 나갔다고 한다. 강의의 방식은 노트를 치밀하게 준비해 와서 그것을 불러주며 받아쓰도록 하고 간간이 설명해주었으며 논리가 아주 정연하고 꼼꼼했다고 한다. 김 시인은 쿠노 교수의 모습을 훤칠한 키와 깡마른 체구에 목소리가 카랑카랑하였으며 입술은 흑인의 입술처럼 두툼했다고 기억하고 있다. 그리고 그의 학점은 잘 받았다고 기억하고 있다.

이토 세이 교수는 영어를 담당했으나, 교재는 에드가 앨런 포우의 단편소설을 대상으로 소설론을 펴는 투의 강의를 했다고 한다. 그의 강의는 쿠노 교수의 소설론과는 대조적으로 소설의 형식과 기교의 파악에 집중하였다고 한다. 그의 용모는 작은 키에 몸도 가늘었으나 찬찬이 가라앉은 목소리로 지반을 다지듯이 강의하였으며, 김 시인은 명강의였다고 기억하고 있다. 그리고 그로부터 액자소설, 스프라이스 앤딩, 플롯과 스토리 등의 용어를 이때에 이미 들었다고 한다.

이토 교수는 북해도 출신으로 도쿄상대(현재의 히토쓰바시一橋대학을 중퇴한 소설가로 전후에 도쿄공과대학 교수가 되었다. 그는 제임스 죠이스의 『율리시즈』를 공동 번역하였으며, D.H 로렌스의 『채털리 부인의 사랑』을 번역하였다가 1950년 외설문서의 혐의로 기소당하여 벌금형을 받기도 했다. 그는 이 경위를 기록한 기록문학 〈재판〉(1952)을 남기기도 했다. 『일본문단사』로 기쿠치칸상菊池寬賞을 받았으며 1968년 예술원 회원이 되었다. 그는 유럽의 20세기 문학의 일본 정착에 기여하였으며, 성의 죄악감을 심리주의적 수법으로 추구하는 소설을 썼으며 그러한 경향의 대표작으로 「도시와 마을」(1939), 「불새」(1953) 등이 있다.

마지막으로 하기하라 사쿠타로 교수는 이 두 교수와는 대조적으로 개성적인 강의를 하였다고 기억하고 있다. 강의 준비는 전혀 하지 않고 분필 하나만 달랑 들고 강의실에 들어왔다고 한다. 화창한 봄날이면 창문을 손수 열고 밖을 내다보다가 칠판에 〈구름에 대하여〉라고 판서한 후 구름에 대한 자기 소감을 늘어놓았다고 한다. 이러한 대상이 〈넥타이〉나 〈책상〉으로 변화무상했으나 이야기는 구수하고 좀 더 들었으면 하는 아쉬움이 있었다고 한다. 하기하라 교수의 시도 김 시인에게는 최상급으로 느껴졌으며 일본 상징주의 시의 정상이며 프랑스 상징주의 이론을 일본 시와 접목하였다고 한다. 그의 시집 『달에 짖는다』, 『청묘青猫』, 『향토망경시鄕土望景詩』 등은 물론이고 그의 시론과 에세이도 김 시인은 모두 섭렵했다고 밝히고 있다.

창작 실기를 가르친 교수는 도무지 생각나지 않는다고 덧붙이고 있다. 아마 이 세 람 가운데 한 사람이 가르쳤다면 김 시인 자신은 훨씬 일찍 열성적으로 창작 실기에 참여했을 것이라 술회하고 있다. 그러나 오늘날의 입장에서 보면 그 때에 일어로 된 시를 많이 남겼다면 그것 때문에 비난의 대상이 될 수도 있을 것인데 그렇지 않다는 점에서는 다행이라는 생각이 든다.

다음으로 김춘수 시인의 일본대학 시절의 독서편력에 대하여 살펴보기로 한다. 그의 독서는 릴케의 관심에서 출발한다.(앞의 책 pp.103~109) 릴케의 문헌을 섭렵하기 위해 학교도 까먹고 헌책방을 찾아다닐 정도로 릴케에 집착하였다. 릴케의 초기시집부터 만년의 시집에 이르기까지의 시집은 물론 앞에서 소개한 「사랑하는 나의 하느님」 「말테의 수기」 「로댕론」을 비롯한 산문들까지 다 읽었다. 그는 「말테의 수기」에 나오는 스페인 수녀 이야기, 「사랑하는 하느님 이야기」에 나오는 천사의 이야기에 충격을 받았으며, 「로댕론」에서는 로댕이 한 말인 '예술가는 예술을 위하여 행복을 버려야 한다'는 말을 깨닫지 못하고 있다가 1950년대에 비로소 깨달아 릴케는 이 말을 따라 갔으나 자신은 그러지 못하겠다는 결론에 다다랐다고 한다.

릴케에 대한 관심은 루 안드레스 살로메의 『릴케 전기』까지 구해서 읽었다. 러시아 기행문에서는 왜 릴케가 살로메를 따라 다녔는가를 이해하면서 김 시인 나름대로 러시아와 슬라브 민족에 대한 호기심이 부쩍 늘었다고 한다. 그 결과 김 시인의 독서는 러시아 문학과 사상을 탐색하는 쪽으로 나아갔다.

김춘수 시인은 도스토옙스키(1821~1881), 니콜라이 고골(1809~1852), 막심 고리키(1868~1936), 안톤 체호프(1860~1904), 이반 투르게네프(1818~1883) 등의 문학을 섭렵하였고, 레프 세스토프(1866~1938)와 니콜라이 베르댜예프(1874~1948) 등의 사상에 심취하였다. 그런데 두 철학자의 경우 도스토옙스키의 영향을 받았으며 기독교적 세계관이 바탕이 되고 있다. 특히 베르댜예프의 경우 기독교적 실존 철학자라고 볼 수 있으며 그는 『도스토옙스키의 세계관』(1941)이란 책도 저술하였다. 이 두 사람은 공산주의 소련에서 추방되어 독일과 프랑스에서 여생을 보냈다.

김 시인은 베르댜예프는 평생 그를 괴롭히는 사상가였다고 하고 있다. 그가 프랑스에 망명하여 쓴 책 『현대에 있어서의 인간의 운명』(1934)에 나와 있는 "여태까지는 역사가 인간을 심판했지만 이제부터는 인간이 역사를 심판해야 한다."는 말이 김 시인의 평생의 화두가 되었다고 한다. 왜냐하면 그 자신 개인으로서의 그는 역사의 이름으로 심한 시달림을 받으면서 이 명제에 대하여 회의하면서 살았기 때문이다. 이러한 관점에서 앞으로 다가올 김 시인의 일본 유학시절의 감방체험과 6.25 전쟁 체험, 3.15 마산의거 체험 그리고 만년의 정치참여 등은 그의 의지와는 상관없이 다가온 역사의 격랑으로 해석할 수 있는 것들이다. 세스토프의 책에 나오는 "천사는 전신이 눈으로 돼 있다."는 말 역시 그의 평생의 화두였다고 한다. 이 화두에 대한 질문은 그를 예수 탐구의 길(에세이집 『하느님의 아들과 사람의 아들』과 연작시)로 들어서게 만들었다고 볼 수 있다.

김 시인은 도스토옙스키의 작품도 이 시절에 낱낱이 읽었다고 한다. 그는 도스토옙스키의 작품을 읽으면 우리가 얼마나 왜소한 삶을 살았는 가를 절감한다고 보고 있다. 그에 대한 경도는 역시 많은 에세이와 토스토옙스키 연작시집 『들림, 도스토예프스키』(1997, 민음사)로 나타나고 있다. 그 외 니콜라이 고골의 소설 『디카니카근교야화近郊夜話』, 희곡 「시궁창」, 안톤 체호프 의 희곡 「벚나무 동산」, 「갈매기」, 투루게네프의 소설 『아버지와 아들』 등의 작품에 심취하였으며, 그것을 단순히 읽은 것이 아니라 앞에 언급한 베르댜예프와 세스토프의 일종의 작품론과 병행해서 읽음으로써 교양의 경지를 넘어 시인으로서의 길과 현대문학 교수로서의 길의 밑거름이 되었다.

이상의 독서체험과 함께 김 시인은 이 시기에 아나키즘에 관심을 기울게 되었다고 한다. 아나키즘에 기울게 된 계기에 대하여 그는 하나의 일화를 소개하고 있다.(앞의 책, pp.119~120)

대학에 들어간 2년째 되던 봄에 고향 후배가 그를 찾아왔다고 한다. 그는 경성의 사립중학에 다녔으며 학교는 달랐으나 서로 통하는 데가 있어 김 시인과 자주 만났다. 고향 후배는 고학을 할 작정으로 동경에 왔으며 맏형의 친구 분네에 당분간 신세를 지고 있다고 했다.

그날 저녁은 김 시인의 하숙에 그와 함께 묵고 뒷날 후배가 머물고 있는 맏형 친구 집을 방문했다. 동경 동북쪽 교외의 신슈 가도 한쪽 귀퉁이 다 찌그러진 방 한 칸에 부엌이 딸린 움막집에 맏형 친구 분은 7~8세 되는 아들과 함께 거주하고 있었다. 맏형 친구 분은 60세가 되어 보이는 볼이 움푹 팬 빈상의 얼굴이었다. 그가 점심을 대접하겠다고 찬거리를 사러 간 사이 김 시인은 후배에게 궁금한 것을 물어보았다. 맏형의 나이가 40인데 어떻게 친구냐고 하니 얼굴보다 나이가 젊다고 했으며 맏형과는 같은 무정부 사상 즉 아나키즘으로 통한다고 하였다. 그리고 그의 생계 수단은 거리의 쓰레기통에 버려진 양철과 마분지 같은 고물들을 수집하여 팔아 두 식구의 호구를 유지하고 있다는 것이었다. 말하자면 통영 부잣집 아들인 김 시인으로서는 상상할 수 없는 세계를 목도하게 되었던 것이다. 집 주인은 찬거리를 사와서 점심을 대접하였으며 음식 솜씨도 훌륭했다고 김 시인은 기억하고 있다.

이 일이 있고 나서 김 시인은 아나키즘에 흥미를 가지게 되었다고 한다. 우선 소련의 지리학자이자 아나키스트인 크로포트킨(1842~1921)을 알게 되었고 그의 저서 『상호부조론』(1902)을 읽고 감동하였다고 한다. 곧이어 러시아 무정부주의자 바쿠닌(1814~1876), 프랑스 무정부주의자 피에르 조제프 프루동(1809~1865), 의사이면서 행동주의자였으며 32세에서 53세까지 감옥에서 지낸 러시아 여자 아나키스트 베라 피크넬(1852~1942)에 매료되기도 했다. 이러한 감동들로 김 시인은 산문도 썼으며 「동지 푸루돈」「동지 바쿠닌」「동지 피그넬」이란 시를 발표하기도

했다.(1990년, 신원문화사, 『샤갈의 마을에 내리는 눈』에 수록)

　　김 시인은 이렇게 아나키스트들에게 매료되어 아나키즘에 대한 지적 호기심은 버리지 못하고 있지만 아나키스트는 될 수 없었고, 되려고 해 본 일도 없었지만 되려고 해 본들 되어지지 않았으리라는 것을 지금(1997년, 『꽃과 여우』를 엮은 시점)도 잘 알고 있다고 했다.(앞의 책 p126) 이렇게 단언하는 것은 그 자신의 출신 성분과도 관계가 있다고 볼 수 있다. 그리고 아나키즘에 쉽사리 빠져 들어간 지적 호기심은 앞의 일화에서처럼 어린 시절부터 만년까지 지속된 가난한 자에 대한 측은지심도 작용하였을 것이다. 그러나 그는 점점 역사 회의주의자가 되어 간 것은 사실이라고 볼 수 있다. 이러한 그에게 감방체험이라는 첫 번째 격랑이 다가오고 있었다.

예기치 못한 감방체험과 불령선인으로서의 삶

김춘수 시인이 일본대학 시절의 감방 체험에 대하여 에세이를 쓰기 시작한 것은 1970년대 후반이다. 그 뒤에 두 차례 더 썼으며 그것이 모두다 에세이집에 수록되어 있다. 그 첫 번째가 제2 산문집 『오지 않는 저녁』 (1979.4.20 근역서재)에 수록된 「달아나는 눈」(문장사, 『김춘수전집 3 수필』 pp170~173)이고, 다음은 예수에 대한 에세이집인 『하느님의 아들 사람의 아들』(1985.12.14, 현대문학사 pp95~103)에 수록된 「나를 스쳐간 그 〈Ⅲ〉」이다. 그리고 가장 길게 언급된 것이 자전적 소설 『꽃과 여우』(1997.1.25 민음사)의 「여우의 장 4」(pp185~202)이다. 그리고 대담에서도 간단히 언급하고 있다.(강현국 편저, 『우리 어느 둑길에서 다시 만나리』 2019. 학이사, pp191~193 수록) 이 네 군데가 각각 다소 차이가 있으나 주로 유학생으로 가장하여 가와사키 항구 하역장에서 그에게 접근하여 반일본제국주의 발언을 하게 한 후 그를 일본헌병대에 넘긴 한국인 헌병보조원에 대한 이야기와 감방체험의 고통에 대하여 자세하게 언급하고 있다.

이 네 가지를 바탕으로 그의 감방체험의 전말을 구성하여 보기로 한다.

1942년 12월 겨울방학이 막 시작된 어느 날(1940년 4월에 입학했으니 대학 3학년을 마친 시기이다.) 김춘수 시인은 동경 세다가야(世田谷) 하숙집에서 귀성할 짐을 꾸리고 있었다. 그 때 2층 그의 하숙방에 하숙집 아주머니가 올라 왔다. 그녀는 "오쿠니노 하도가 소도니 키데이마스"(고향사람이 밖에 와 있습니다)라고 일러 주었다. 김 시인은 누군가 싶어

곧바로 내려가 보았다. 키가 훤칠하니 큰 그 또래의 청년이 하숙집 현관 맞은편 길가에 서 있었다. 김 시인은 그를 알아볼 수 없었다. 명함을 내놓는데 야스다安田이라는 일본 성姓으로 돼 있었다. 그리고 요꼬하마橫濱 헌병대 소속 헌병보라고 새겨져 있었다. 그는 "참고로 물어볼 말이 있으니 잠깐 요꼬하마까지 갔다 와 달라."는 것이었다. 김 시인은 방에 다시 올라가 보지도 못하게 하여 꾸리던 짐을 그대로 두고 입은 옷차림으로 그를 따라 요꼬하마 헌병대까지 가기 위하여 끌려가다시피 성선省線에 올랐다. 40분 동안 가는 차안에서 비로소 그가 누구라는 것을 알게 되었다. 그는 명함에는 일본사람으로 돼 있지만 분명히 서북사투리를 쓰는 한국 유학생이었다.

동경과는 지척의 거리에 가와사키川崎라고 하는 항구가 있다. 화물선이 거기서 짐을 풀기도 하고 싣기도 하였다. 자주 석탄배가 들어왔다. 그 때 김 시인의 하숙집 근처 이웃에 전남 목포 출신 고학생 둘이 있었다. 그들은 토요일 오후 늦게부터 일요일 오전까지 석탄 하역 작업을 하면 한 주일의 생활비를 벌 수가 있었다. 그런데 사실 김 시인은 그들과는 친한 사이도 아닌데, 그해 겨울 그들과 함께 두어 번 하역작업을 하였다. 그럴 필요는 없었으나 귀성할 여비나 마련하고 화물선에 대한 호기심도 있고 해서 우연히 그 일을 하게 되었다. 야간 석탄 하역 작업은 상상외로 고된 작업이었다. 한 시간쯤 일하면 10~20분 정도 쉬게 되었다. 그때에 한국사람들끼리 모여 서로 한국말로 여러 가지 이야기를 나누게 되었다. 김 시인은 같이 간 고학생 둘을 포함하여 5~6인이 모여 천황제도, 모국의 총독 정치, 대동아전쟁 양상, 한국 유학생들의 처신 등에 대하여 이야기를 나누었다. 그 일행 중에 성이 안安이라는 평양 출신의 중앙대학 다닌다는 사람이 있었다. 그 학생이 이야기를 주도하면서 김 시인 일행은 제법 많은 이야기를 나누었다. 성선에서 김 시인을 끌고 가다시피하고 있는 야스다 헌병보가 바로 그 유학생이었다.

잠깐 물어볼 것이 있다는 것은 거짓말이었다. 김 시인은 보름 동안 지하의 독방에 수감된 채 아무 기척도 없이 지내야만 하였다. 한겨울의 헌병대 독방은 가만 앉아 있으면 당장 동상이 걸릴 정도로 차가웠다. 그래서 자의반타의반으로 엉덩이를 들었다 놓았다 하면서 보름을 지내자 김 시인을 불러내어 심문을 시작하였다. 그 자리에 헌병 보조인 안가는 보이지 않았다. 헌병군조의 첫마디가 "넌 오오모노^{巨物}이야."였다. 김 시인 앞에는 그 동안 수집한 그의 편지, 습작 뭉치, 심지어 신문에 한 낙서까지 오려놓고 있었다. 그러면서 심문과 갖가지 고문이 이어졌다. "너는 노동판에 나갈 필요가 전혀 없는 형편인데 유학생과 노동자를 선동하기 위하여 일부러 나간 배후"라는 것이 심문의 요지였다. 갖가지 고문을 하면서 무슨 결사조직 같은 것을 가지고 있거나, 두 고학생들에게 돈을 주면서 조종하고 있다고도 하였다. 각각 다른 장소에서 같이 간 두 사람도 김 시인과 같은 심문과 고문을 당했다. 김 시인은 이 과정에서 고문을 견디지 못하여, 하기는 고사하고 생각하지도 않은 일을 시인하게 되었다. 이 사실은 그의 평생을 따라다니는 트라우마가 되었다. 이런 일이 보름 동안 계속되어 한 달 동안을 헌병대 감방에서 지낸 후 그들 셋은 석방되어 하숙으로 돌아왔다. 그러나 다음 날 아침 전광석화처럼 세다가야 경찰서 고등계 형사 세 명이 와 그들을 모두 붙들어 갔다.

세다가야 경찰서 유치장도 지하에 있었다. 콘크리트 바닥이었는데 얇은 군용담요가 한 사람 앞에 한 장씩 배당되었다. 그러나 그것도 밤에 잠 잘 때뿐이었다. 아침에는 거둬갔다. 헌병대와 달리 독방은 아니었다. 유치장의 방은 여남은 개 되었다. 한 방에 칠팔명 수감되는 것이 보통이었다. 지하 감방의 하나뿐인 사방 20cm 정도의 창문으로 내다뵈는 언덕배기에 어린 벚나무가 한 그루 서 있었는데, 그것이 얼어 있다가 꽃이 피었다가 지고 녹음이 짙어가는 때에 석방되었던 것이다. 즉 1월 중순에 수감되어 여름에 석방되면서 계절의 변화를 세 번 겪게 된 것이다. 이 감방에서도 헌병대 감방에서처럼 겨울에는 콘크리트의 냉기를 이기기 위하여 쉴 새 없이 엉덩이 운동을 했고 무릎 운동을 하여 엉덩이와 무릎이 벗겨지고 멍이 들었다.

이 감방에서 김 시인은 이러한 육체적 고통보다 더한 정신적 상처를 받게 되는 사건과 만나게 된다. 그 전말을 소개하면 다음과 같다.

김 시인이 영어의 몸이 된 지 서너 달 만에 어떤 풍채 좋은 한 노인이 수감되었다. 그는 수염을 길게 기르고 와후쿠和服(일본 웃)를 입고 있었다. 그 노인은 독방을 차지하고 있었다. 간수들도 그에 대해서는 특별 취급을 하였다. 나중에 안 일이지만 그는 동경제국대학 경제학 교수로 그때 한창 시끄러웠던 인민전선파의 한 사람으로 공산주의자였다. 어느 날 김 시인이 조서 작성을 위하여 불려나가 심문을 받고 있을 때였다. 그 노인이 거기 와 외톨이로 앉아 있었다. 조금 있자 사환이 쟁반에 갓 구운 듯한 빵 두 개를 얹어 들고 왔다. 노인 앞에 그것을 놓고 인사를 하고 잡수라고 했다. 노인은 아까부터 그것을 기다리고 있었던 것 같았다. 전시에 갓 구운 빵은 아무나 먹을 수 없었으나 그 노인의 집에서 사식으로 보내온 모양이었다. 김 시인은 계속 그를 주시하고 있었다. 이를 눈치 챈 김 시인을 심문하던 형사도 자리를 피했다. 김 시인이 계속 뚫어져라 노인을 주시하였으나 의식적으로 시선을 피하면서 끝내 빵 두 개를 다 혼자 먹어치웠다. 노인은 김 시인을 심문하는 과정에서 형사와 주고받은 대화를 통하여 식민지 유학생임을 짐작할 수 있었을 것이다. 그는 공산주의자이고 제국대학 교수이면서 교단에서는 식민지와 민족을 무시한 진보적 사상가였을 것이다. 그러나 그는 김 시인의 따가운 시선을 피하고 빵 두 개를 혼자 먹어치운 것이다. 김 시인은 이러한 표리부동한 공산주의자를 목도하면서 이데올로기를 혐오하게 되었던 것이다. 말하자면 공산주의도 배고픔 앞에서는 휴지 조각이 된다는 진리를 발견한 것이다.

이 회고담에서 김 시인의 뇌리에 박힌 또 한 사람은 유학생을 위장한 헌병보 안가였다. 생계를 위하여 영혼을 팔아 동족을 밀고한 그를 잊지 못하여 김 시인은 감방체험이 꿈에 나타날 때마다 그가 보였으며 그가 두고두고 어찌 되었는지 궁금하였다고 한다.

　김 시인과 두 유학생은 재판에 회부되지 않고 '불령선인'이라는 죄목으로 한국으로 강제 송환 되었다. 김 시인은 학생들이라 나이도 어리고 해서 재판에는 회부하지 않았으나 학교에는 연락이 가서 자신도 모르게 퇴학 되었다고 기억하고 있다. 동경에서 시모노세끼下關까지 수갑이 채인 채 형사 둘의 감시 아래 압송되었는데, 배 안에서는 화장실에도 따라 다녔다. 연락선이 부산에 닫자 부산수상경찰서 형사들에게 세 사람은 인계되었다. 부산 수상서에서 간단한 조서에 몇 마디 답을 해 주고 세 사람은 풀러났다. 그리고 나서 수상서 형사 한 사람이 근처의 여관으로 데려가 주인에게 귓속말로 뭐라고 당부를 했다. 그 여관에서부터 세 사람은 불령선인으로 남들의 외면을 받았다. 이틀을 부산에 머물고 각자 고향으로 떠나면서 헤어졌다. 그 뒤 두 사람은 한 번도 만난 적이 없다고 한다. 고향집에 들어서자 김 시인의 선친은 벌떡 일어나더니 아무 말도 안 하고 밖으로 나갔고, 할머니는 학마學魔야! 학마! 하고 소리쳤다. 그리고는 할머니와 어머니의 눈언저리가 젖기 시작했다. 김 시인은 목이 막혀 울지도 못했다고 기억하고 있다.

　이렇게 느닷없이 다가온 김춘수 시인의 감방 체험이 막을 내린다. 그는 해방이 될 때까지 불령선인의 딱지로 인하여 사람 구실을 전혀 할 수가 없었다. 심지어 배급제도가 실시될 때에는 그 몫의 배급은 없었.

　출감해서 달포가 지나자 김 시인의 몸에 이상이 나타났다. 온몸이 부석부석 붓고 각기입복脚氣入腹 증세까지 와 김 시인의 선친께서 용하다는 의원에게 진맥을 하게 하고 약을 짓게 해서 금강산으로 요양을 떠나게 되었다. 선친과 자당이 동행하여 장안사 근처의 큰 여관에서 한 달 가까이 요양생활을 하였다. 건강이 어느 정도 회복되자 주위의 경관을 탐방하기도 하였다.

불령선인으로 쫓기는 삶 속에서도 해방 이전인 1944년 한여름에 김춘수 시인은 마산의 명문가 집안의 규수 명숙경(1926~1999) 여사와 결혼을 하였다. 그 과정에 대해서도 김 시인은 자상하게 기록하고 있다.(김춘수, 『꽃과 여우』〈여우〉장 〈5〉 pp203~205) 결혼식은 처가의 마당에서 치렀다. 결혼식 사진에 보면 김 시인은 사모각띠를 하고 명 여사는 머리에 화관 꽃부리를 얹고 있다. 제적부에 의하면 1944년 10월 14일 혼인신고를 했으며 명 여사의 호적은 마산부 포정(중성동) 64의 2 호주 명도석으로 되어 있다. 여기서 김 시인의 처가에 대하여 언급하기 로 한다.

김 시인의 장인 명도석(1885~1954)은 마산 중성동 출신의 애국지사이다. 경남 창원시 마산회원구 봉암동 산 50~1 마산자유무역지역 2공구 건너편 산기슭에 '허당 명도석 선생 기념비'가 서 있다. 명도석 선생은 1919년 3월 21일 구마산 장날에 벌어진 마산 3.1운동 시위를 주도하였고 1920년에는 미국에서 독립운동을 하던 박용만의 밀사를 만주 안동(지금의 단동)에서 만나다가 체포되어 6개월간 구금되기도 했다. 1927년 7월 20일 신간회 마산지회 창립대회에서 간사를, 1929년 1월 28일에는 정기총회에서 지회장으로 선출되었다. 1940년 2월에 실시된 창씨개명을 끝까지 거부했다. 해방 직전인 1944년 8월에 여운형(1886~1947) 주도로 전국에 걸쳐 결성된 건국동맹 경남 조직책을 하였다. 1954년 별세했을 때에는 마산시민들이 주도한 사회장으로 장례를 치렀다. 정부에서는 선생의 공훈을 기려 1990년 건국훈장 애국장을 추서했다. 따라서 김춘수 시인은 외가와 처가 모두가 애국지사 집안이다. 그것도 보통 애국지사가 아닌 집안으로 통영과 창원에서 이름 나 있다.

명도석 선생은 자녀를 2남 6녀 두었는데 가운데 둘은 일찍 주고 네 딸은 성인이 되었다. 네 딸 가운데 명숙경 여사는 셋째 딸이었는데 일제 강점기말 마산여고를 졸업하고 얼마 지나지 않은 1944년 여름 19세의 나이로 김 시인에게 시집을 와, 가정사에 관여하지 않고 시와 산문 쓰기 그리고 학생들 가르치기에만 힘을 기울인 김 시인을 대신하여 가계를 주도 하였다. 김 시인과는 6남매의 자녀를 두었는데, 그 가운데 첫 자녀인 김영희(1945~) 여사를 해방 되던 해 5월 6일에 마산의 처가에서 출산하였다. 그 뒤를 이어 김영애(1947~), 김용목(1948~), 두 자녀는 통영 김 시인의 생가에서, 김용욱(1950~), 김용삼(1952~2016) 두 형제는 마산시 중성동 58번지에서 출생하였다.

   김 시인의 자녀들은 김 시인과 부인 명숙경의 보살핌으로 모두 잘 성장하였다. 장녀 김영희 여사는 필자와 경북대 동기(문리대 화학과)인데, 은행원 박준석과 결혼하여 서울에서 살면서 1999년 명숙경 여사가 별세하자 혼자된 김 시인을 2004년 별세할 때까지 5년 동안 지근거리에서 모셨다. 차녀 김영애 여사는 경북대 국문과를 나와 필자의 동기인 김원경(문리대 지리과) 신라대 명예교수와 결혼하여 부산에 살고 있다. 장남 김용목 씨는 영남대 공대 건축과를 나와 대기업에 근무하다가 건설회사를 경영하였다. 차남 김용욱 씨는 경북대 문리대 지질학과를 나와 대덕단지에 있는 한국지질자원연구소에서 연구원으로 있다가 은퇴하였다. 막내 김용삼은 영남대 미술과를 나와 이태리에서 조각을 전공하여 조각가로 활동하였다. 김 시인의 예술적 기질을 가장 많이 닮았고 김 시인의 기념 사업에도 관심이 많았는데 애석하게도 2016년 만성 신장질환으로 투병하다가 작고하였다

   김춘수 시인의 자녀들 가운데 김 시인의 문학적 재질을 이어 받아 문인으로 데뷔한 사람이 없다는 것은 아쉬운 일이다. 그러나 김용욱 씨의 두 딸, 즉 김 시인의 손녀 유미 양과 유빈양이『할아버지라는 이름의 바다』(2008, 위즈덤 하우스)를 내어 할아버지와의 추억을 기록하고 있다. 두 손녀는 모두 대학에서 국어국문학을 전공하였다.

제4부, 통영과 마산(1945-1953)

청마와의 재회, '꽃'의 탄생
결혼과 광복, 통영중, 마산중고 교사 시절

광복과 귀향, 청마와 다시 만나다

불령선인으로 낙인 찍혔던 김춘수 시인에게는 일제의 패망으로 인한 해방은 감격 그 자체였다. 그는 1944년 여름 결혼 이후 마산 중성동 64의 2번지 처가에서 징용을 피해 숨어 살다시피 하다가 1945년 8월 15일 그의 표현대로 진짜 해방의 날을 맞았다. 그날의 감격과 고향 통영으로의 귀향과 통영에서의 활동의 소회를 글로 남겼다.(김춘수 자전소설 『꽃과 여우』 1997, 민음사. pp.205~217)

8월 15일, 그날 마산 처가에서 김 시인은 러닝셔츠 바람으로 온 종일 거리를 쏘다니고 또 쏘다녔다. 그리고 속에 맺힌 응어리를 토해내듯 고함을 질러대기도 했다. 그해 가을 그는 처가에서 낳은 갓난 애기 큰 딸을 데리고 부인 명숙경(1926~1999) 여사와 함께 고향 통영으로 돌아왔다. 본가에는 부모님과 할머니 차신기(1881~1960) 여사가 고향집을 지키고 있었다. 김 시인의 아버지 김영팔(1903~1968) 옹은 서울의 명륜동 집을 김 시인이 결혼한 직후인 광복 직전에 시국도 어수선하고 오르내리기도 거북하여 처분하고 통영에 상주하고 있었다. 그래서 김 시인의 큰 딸까지 4대가 한 집에 살게 되었다. 집안의 웃어른인 할머니는 손주 며느리를 사랑스럽기도 하고 가엾기도 하여 며느리보다 더 사랑을 쏟았다고 조카 김용일(1951~) 씨는 할머니 허명화(1901~1968) 여사 생전에 들었다고 회고하고 있다. 이렇게 시할머니와 시어머니의 사랑 속에서였지만 층층시하의 시집살이를 하며 명숙경 여사는 둘째 딸과 큰 아들을 연년생으로 낳았다.

김춘수 시인이 고향에 돌아와 처음으로 한 일은 광복 직전 만주에서 귀향한 청마 유치환(1908~1967) 시인이 회장으로 광복 한 달 만인 1945년 9월 15일에 발족된 통영문화협회 회원으로 참여한 것이었다. 문화예술협회는 문화동 183번지 청마의 부인 권재순 여사가 일본사람들이 운영하던 유치원을 인수하여 '문화유치원'이라는 간판을 달고 운영하던 유치원과 그 옆 사택 2층 청마가 '영산장'이라 이름 붙인 서재에서 주로 활동하였다. 협회 산하에 문학부, 연극부, 음악부, 미술부 등 4개 부서를 두었는데, 회원 면면을 보면 그 명성이 대단하다. 회장 유치환, 간사 윤이상(1917~1995) 작곡가, 총무 김춘수(1922~2004) 시인을 중심으로 소설가 김용익(1920~1995), 시조시인 김상옥(1920~2004),시인, 배종혁, 극작가 박재성(1915~1947), 연출가 김용기. 허창언, 연극배우 서성탄, 작곡가 정윤주(1918~1997), 서양화가 김용주(1910~1959), 전혁림(1916~2010), 문화운동가 옥치정, 김용오, 박유홍, 정명윤 등 많은 젊은이들이 활동하였다. 그들은 향토 민속극 「민족의 밤」을 무대에 올리고 노래와 춤, 민요와 시낭송을 곁들인 잔치마당을 벌이고 향토연극의 부활을 외치고 나선 소인극단 '문인극회'를 창단하여 연극도 하고 이웃 도시에 원정 공연을 하기도 하였다. 문화운동가들은 '문화학원'을 개설하여 한글강습회를 열어 일제에 빼앗겼던 한글 되찾기 운동도 하고 문화재를 발굴하기도 했다.

　이 인물 가운데 필자가 주목하고자 하는 인물은 통영 최초의 서양화가 김용주 화백이다. 왜냐하면 그는 김춘수 시인의 할아버지 김진현 옹의 첫 번째 부인의 큰 아들 김홍수의 큰 아들 즉, 김 시인 가문의 종손이기 때문이다. 김 시인의 할머니가 세 번째 부인으로 시집을 오니 큰 며느리가 더 나이가 많았다는 그 며느리 고도선 여사의 손자인 것이다. 그래서 김 시인보다 손아래이지만 나이는 12세나 많다. 김화백은 어릴 적에 아버지 김홍수를 여의었으나 김진현 옹 종부인 할머니 슬하에 잘 자라 김 1926년 통영공립보통학교를 졸업하고 일본 명치학원 중학부로 유학을 떠나 소설가 김동인(1900~1951)이 다닌 적이 있는 카와바다 미술학교양화부를 졸업(1929~34)하였다. 졸업 후에도 그 학교 인체연구실에서 6년 동안 연구하면서 학생들도 가르치다가 1940년 통영으로 귀향한 정통 서양화가였다. 그는 유치진, 유치환, 유치상 형제, 시조 시인 장하보 등 주로 김춘수 시인의 선배 문인들과 교류하며 만석군의 손자였기에 항남동 9번지 산언덕에 별도 화실을 마련하여 그 당시의 문화사랑방 역할을 하기도 하였다.

김용주 화백은 술은 잘 하지 못했으나 술을 자주 샀으며 일본 유학 시절에 배운 유럽 역사와 신화에 대해서도 해박하여 좌중의 대화를 이끌었다고 한다. 그가 문화예술협회의 미술부 책임자였으며 해방공간의 경남미술교육을 주도한다. 그리고 6.25 전쟁기에는 이북에서 피난 와 고생하는 화가 이중섭(1916~1956)을 통영에 초대하고 거처와 화실도 마련해 주었으며 그 당시 김춘수 시인도 이중섭을 깊게는 교류하지는 않았지만 집에서 점심식사를 나눈 적이 있었다는 것을 김용일 조카는 가족들로부터 들었다고 회고하고 있다. 그래서 김춘수 시인이 나중에 〈이중섭 연작시〉를 창작할 기반이 이때에 마련된 것이라고 필자는 생각해 본다. 김 화백은 양달석, 박생광, 박득순, 이석우 화백들과 교류하였으며 통영 출신 서양화가 김형근, 이한우, 정창수, 박종석 등이 그의 문하생이다. 그러나 애석하게도 1959년 49세 되는 해에 작고하였다. 그는 300여점의 작품을 남겼으며 국리현대미술관, 호암미술관 등에 많은 작품이 소장되어 있다. 그가 김춘수 시인처럼 오래 살았다면 김진현 옹의 손자 김춘수 시인처럼 화단에서 이름을 떨침은 물론 국전 대통령상 수상작가 김형근을 배출한 통영 현대화단이 더욱 빛났을 것이다. 이러한 관점에서 김춘수 시인과 김용주 화백의 기념사업이 통영시의 더욱 중요한 과제가 된다는 생각을 하지 않을 수 없다.

2021년 6월 14일 필자는 2020년 7월 8일에 이어 두 번째 통영을 방문하였다. 2020년에 이어 역시 권오주 시인의 차로 아내와 함께 해방공간(1945~48년)에 김 시인이 머문 고향 통영의 흔적을 찾기 위해서였다. 찾아간 '문화유치원' 흔적은 찾을 수 없었다. 문덕수 시인이 쓴 『청마유치환 평전』(2004,시문학사)을 쓸 무렵에도 흔적을 찾을 수 있었는데, 2016년 복원공사가 마무리된 '통영통제영 복원공사'로 세병관부터 충무교회까지 확장된 도로와 광장 등으로 인하여 해방공간의 문화유산이자 문화사랑방인 문화유치원과 청마의 '영산장'은 사라지고 말았다. 다만 몇 장의 사진과 회원들의 유일한 단체사진인 용화사 계곡에서 찍은 사진으로만 남아 있다.

김춘수 시인은 이 시절을 비롯한 청마와의 만남에 대하여 여러 번 글을 썼고 심지어 시의 제재가 되기도 했다. 그 가운데 마지막 글이 2002년 9월호 《시문학》에 발표된 「행이불언行而不言하는 청마」라는 글이다. 이 글은 문덕수(1928~2020) 시인이 쓴 『청마유치환 평전』(2004, 시문학사)에 여러 군데 인용되어 있다. 그리고 총체적인 글은 1990년대 중반에 대구에서 나오는 계간지 《시와 반시》에 연재된 「나의 예술인 교우록」인데, 이 글은 강현국 시인이 엮은 〈시인 김춘수의 문학과 삶〉이라는 부제가 붙은 『우리 어느 둑길에서 다시 만나리』(2019, 학이사)에 전부 수록되어 있다.(pp235~338) 그 가운데 첫머리가 〈청마〉(pp235~242)편이다. 문덕수 시인의 앞 저서에도 〈김춘수와의 만남〉(pp143~148)이라고 하여 비중 있게 다루어져 있다. 김 시인이 7세 때 21세의 청마 유치환 시인과 권재순 여사의 결혼식 화동으로 참여한 1929년으로부터 16년이 지난 1945년의 만남은 통영문화예술협회 회장과 그 실무자 총무로 만났지만 그 만남은 예사로운 일이 아니라는 것이 곧 밝혀질 것이다.

1946년부터 1948년까지 김춘수 시인이 생애 최초의 직장인 6년제 통영중학교의 흔적을 찾아보기 위하여 수소문 끝에 그 기록이 통영 고등학교에 있다는 것을 짐작하고 도남로 11번지(봉평동) 통영고등학교를 찾았다. 통영고등학교는 1942년 4월30일 한국인과 일본인이 공학하는 5년제 1학급 공립중학교로 개교하여 해방된 이듬해인 1946년 1월 25일 북신리 현재의 유영초등학교 자리에 있던 일본인 전용 통영심상소학교 시설로 이전하여 그 해 9월1일 6년제 고급중학교로 개편되었다가 1951년 8월 31일 교육법 개정으로 통영중학교와 통영고등학교로 개편되었다. 김 시인은 1946년부터 1948년 마산고등학교로 전근하기 전까지 근무했다고 알려져 있으니 유영초등학교에서 6년제 통영중학교로 개교한 초창기 시절이다. 점심시간이 끝난 오후에 교장실로 갔다. 전화로 연락한 조카 김용일 선생이 먼저 와 있었다. 김용일 선생의 모교이기도 하고 사전에 연락을 해두어 김재수 교장의 친절한 설명을 들을 수 있었다. 그 당시의 직원 명단이나 근무기록은 보관되어 있지 않았다. 다만 개교 당시에 찍은 사진 몇 장과 1946년 9월 1일 입학생 학적부가 보관되어 있었다. 이 많지 않은 자료 가운데 김 시인의 족적을 찾을 수 있었다. 선명하지는 않지만 6년제 고급중학교로 개편되면서 당시의 교직원 단체 사진 앞줄에 해방 직후 일제에 의하여 시달린 모습이 엿보이는 24세의 김 시인이 앉아 있었다. 그리고 학적부에 1학년 담임으로 김 시인 특유의 단정한 필적의 한자 이름도 있었다. 김 시인이 보관하고 있던 '4281(1948)년 3월 통영문우회'라는 사진의 20대 준수한 청년으로 변한 모습에서는 해방공간의 김 시인의 면모를 충분히 엿볼 수 있었다.

김 시인은 이러한 와중에도 시를 열심히 창작하였고 경남지역 문학행사에도 빠짐없이 참여하였다. 맨 처음의 나들이는 1946년 8월 15일 진주의 설창수(1916~1998) 시인이 개최한 '해방기념예술제'에 참석한 것이다. 제주인 설창수 시인이 모시두루마기를 입고 행사를 주재하였으며 자작의 긴 축문도 읽었다. 더운 여름철이라 분지 진주의 폭염에 시달렸지만 밤에는 푸짐한 술잔치상이 차려졌다. 이 분위기에 대하여 김 시인은 「나의 예술인 교우록」~파성, 동기, 노석, 일영 편 (강현국 편 앞의 책, pp.289~299)에 밝히고 있다. 이 예술제는 전국 최초의 지역 종합예술제로 1949년부터 '영남예술제'로, 1962년에는 개천예술제로 명칭이 변경되어 10월 3일 개천절을 전후한 일주일간 오늘날까지 개최되고 있다. 이 행사에 김 시인은 청마의 권유로 참석했을 것이라고 문덕수 시인은 앞에 소개한 책(『청마 유치환 평전』 p.159)에서 언급하고 있다. 진주와는 이렇게 인연을 맺어 진주에서 나오는 연간지 《영남문학》(진주시인협회를 확대 개편한 영남문학회의 기관지) 5집(1948.6.5)에 시 「한 송이」를, 6집(1948.10.10)에 시 「무덤가에서」와 수필 「건건록초」를 발표하고 있다. 그리고 마산으로 직장과 집을 옮긴 1949년 이후에도 계속 기고하고 있다. 이 작품들 역시 전집에 수습되어 있지 않은데 이들에 대한 연구 논문 「김춘수 미발굴 시연구」(문옥영,『파성 설창수문학의 이해』 2011,경진, pp.247~270)를 읽어볼 필요가 있다.

다음으로는 1946년 초가을 부산에서 개최된 조선청년문학가협회의 경남지부에 통영 문인 대표격으로 청마와 같이 참석한 것이다. 해방공간에서 좌익측의 연합단체인 조선문학가동맹이 1946년 2월 8일에서 9일까지 '전국문학가대회'라는 명목으로 회장은 홍명희(1888~1968)였으나 임화(1908~1953)가 공산당을 등에 업고 장악한 단체가 먼저 결성되었다. 이에 대항하여 두 달 뒤인 4월 4일 3,40대 소장문인들이 자유민주주의 수호를 위하여 종로 YMCA에서 회장 김동리, 부회장 유치환, 김달진으로 결성되었다. 이렇게 결성된 청년문학가협회의 경남지부가 부산에서 결성된 것이다. 부산에서 이들을 처음 맞이한 시인은 김수돈(1917~1966)이다. 그는 후일 마산으로 이거하여 김 시인과 가깝게 교류하지만 이때에는 부산에서 중학교 교사를 하고 있었다. 그 외 마산의 조향(1917~1984) 시인, 부산에 머물던 이봉래(1926~1998), 탁창덕 등이었다. 그 뒤에 이 협회에서는 진주, 마산, 부산 등지를 순회하며 강연회를 개최하였다.

그리고 광복 1주년기념사업으로 국판 44쪽의 공동시집 『날개』(1946)를 발간한다. 수록 시인으로는 조향, 김수돈, 탁소성(탁창덕의 필명), 고두동, 오영수, 김달진, 유치환, 정지용, 이봉래, 조봉제 등이었다. 이 시집에 김 시인은 「애가哀歌」를 발표하였다. 그러나 이 시 역시 전집에는 수습되지 않고 있다.

다음으로는 '로만파魯漫派'라는 동인지를 마산의 조향 시인, 부산의 김수돈 시인과 함께 발간한 것이다. 이 동인지의 결성 과정과 내용 등에 대해서 필자는 「조향과 김춘수의 주고받기」(조향 탄생 100주년 추모문집 『초현실주의 맥과 지평』pp347~363 문학수첩,2017)라는 글에서 자세히 언급한 바 있다. 앞에서 언급한 조선청년문학가협회 경남지부 결성 행사에서 만난 세 시인은 조향 시인의 제안으로 동인지 '로만파'(낭만파의 별칭)를 발간하기로 하고 마산에 거주하고 있던 조향 시인이 편집 인쇄 비롯한 제작과 그 경비를 전부 부담하였다. 동인지는 3집(김춘수 시인은 3집으로 기억하고 있으나 조향 시인은 4집으로 기억하고 있다.)까지 내고 종간하였다. 그런데 그 가운데 수습되어 있는 것은 3집뿐이며 막상 그 제목은 '낭만파'이다. 이 3집에 김 시인의 「인형과의 대화」와 「잠자리와 유자」라는 시 2편이 수록되어 있는데, 이 작품들 역시 전집에는 수습되어 있지 않았다. 이 3집은 경남대학의 한정우 교수가 《지역문학연구》 5호(경남·부산지역문학연구회, 1999)에 「꽃 없는 낭만의 계절」이라는 제목으로 해제를 하면서 공개된 바 있다.

마지막으로 해방 공간의 통영 시절에 김 시인이 한 일로서 가장 중요한 것은 첫 시집 『구름과 장미』(1948.9.1 서울 행문사 발행, 국판 70쪽)를 청마 시인의 서문으로 발간한 것이다. 서울 행문사라는 출판사는 청마의 제2시집 『생명生命의 서書』(1947), 3시집 『울릉도』(1948) 4시집 『청령蜻蛉일기』(1949) 등을 출판한 곳이다. 따라서 청마의 주선으로 이 시집이 엮어졌을 것이라 충분히 생각할 수 있다. 우선 '서'라는 서문 가운데 일부분을 인용해 보기로 한다.

춘수의 시와 이름은 이미 시에 관심을 가진 이로서는 촉망하고 있는 바이지마는 그는 항상 시작에 있어서 개념적 용어 내지 표현을 피하고 말은 정련함으로써 그로 구성되는 분위기로서 음악이 음악의 세계를 이루듯 시의 세계를 이루려는 노력이 현저함을 알 수 있나니 그러므로 그가 그의 앞길을 스스로 버리지 않는 한 반드시 대성할 것과 시단의 유니크한 자리를 차지할 것을 우리는 믿어 좋으리라.

이 글에서 청마의 예견이 정확했다는 점을 필자는 인정하지 않을 수 없다. 이 시집은 서시 격인 「도상(途上)」(다음에 발간하는 『제1시집』〈1954, 문예사〉에서는 '서시'라고 제목을 바꿈)외 표제작 「구름과 장미」「소년」 등 28편이 수록되어 있다. 이 작품의 경우 다분히 청마풍이라는 필자의 생각을 1984년 대구에서 개최된 필자와 김 시인의 공개적인 '대담' 석상에서 밝혀 선생님을 당황스럽게 만든 바 있다. 그 전문을 인용해 보면 다음과 같다.

가자, 꽃처럼 곱게 눈을 뜨고, 아버지의 할아버지의 원한의 그
눈을 뜨고 나는 가자. 구름 한점 까딱 않는 여름 한나절, 사방을
둘러봐도 일면의 열사(熱沙), 이 알알의 모래알의 짜디짠 갯내를
뼈에 새기며 뼈에 새기며 나는 가자.
꽃처럼 곱게 눈을 뜨고, 불모의 이 땅바닥을 걸어가 보자
- 「서시」 전문(현대문학사 시전집, p.47)

천상병과의 만남, 그리고「꽃」의 탄생

통영중학교 교사를 하면서 청마의 영향권 안에 있던 김춘수 시인은 그의 처가가 있는 마산중학교로 직장을 옮기면서 일단 청마 곁을 떠난다. 김 시인의 기억과 연보에 의하면 1949년부터 1951년까지 마산중학교에 근무하였다 하고 있으나 그 기억의 정확성과 마산에서의 삶의 모습과 흔적을 찾아보기 위하여 2021년 7월 7일 장마 기간임에도 불구하고 역시 권오주 시인의 차로 아내와 함께 마산에 갔다. 마산고등학교와 마산문학관, 그리고 김 시인의 처조카인 명유진 사장의 안내로 중성동 58번지 김 시인의 집과 처가(중성동 64의 2번지)의 위치를 확인할 수 있었다. 방문 결과 지금까지 알려진 사실들과 다른 점을 몇 가지 발견할 수 있었다.

우선 임채환 마산고등학교 교장의 친절한 안내로 마산고등학교(경남 창원시 마산합포구 심온길 33) 해방 직후의 발령대장에서 김 시인의 이름을 발견할 수 있었다. 〈단기 4251년 9월 1일 8급4단계의 호봉으로 경남도지사의 명에 의하여 교사로 발령받아 마산공립중학교 근무를 명함〉(이 사실은 임미란 마산중학교 교장이 사진으로 보내온 마산중학교에 보관되어 있는 또 다른 기록에서도 동일하게 나타나 있음)으로 기록되어 있었다. 4251년을 서기로 바꾸면 1948년이다. 따라서 김 시인의 기억보다 1년 혹은 6개월 전에 통영중학교에서 마산중학교로 옮긴 것이다. 물론 그 당시는 아직 중학교와 고등학교가 분리되기 전이고 신학기 시작이 미군청청의 교육제도가 청산되기 전이라 9월 학기였다. 그 후 1951년 9월 1일에 학제가 개편된 시기에는 김 시인은 6년제의 하급 학년이 분리된 중학교 즉 마산서중학교(1955년 마산중학교로 개명)와 마산고등학교 겸무를 명하면서 14호봉으로 호봉이 개편된다. 마산고등학교 발령원부에는 다시 단기 4285년(1952년) 3월 31일 15호봉으로 마산고등학교 근무를 명하고 있다. 따라서 중학교와 고등학교로 개편된 1951년 9월 1일부터 마산서중학교에서 중학생을 가르치다가 7개월 뒤에 마산서중 겸무를 면하고 마산고등학교 발령을 받게 된 것이다. 이러한 사실을 정확하게 파악할 수 있게 된 데에는 마산고등학교 16회(1954~57) 졸업생인 윤재근(1937~) 평론가의 개편된 마산고등학교에 김 시인은 오래 근무하지 않았다고 알고 있다는 증언이 크게 도움이 되었다. 이 시기의 동료로는 이석(본명 이순섭)(1927~2000) 시인(1948~62년까지 근무)이 아직 시단에 데뷔하지 않은 채(『현대문학』 1955년 6월호, 7월호, 1956년1월호 3회 천료) 있었고, 김남조(1927~) 시인(1950년 '연합신문' 데뷔)이 1952년 6월 3일 14호봉 교사로 임명되어 1년 6개월 같이 있게 된다. 김춘수 시인은 1953년 9월15일 김남조 시인과 같은 날 〈교육 공무원법 제53조로 준하는 국가공무원법 제44조 제3호에 의한 일반적 감원에 의하여 그 직을 면함〉이라는 요건으로 마산고등학교를 떠난다. 김남조 시인은 서울의 숙명여고로 떠나고 김춘수 시인은 1960년 진주에서 마산으로 옮긴 해인대학(경남대학교 전신) 조교수로 발령 받을 때까지 부산대학교, 연세대 부산 분교, 해군사관학교, 진주의 해인대학 등에서 강사 생활을 하게 된다. 김 시인은 그 때 고등학교 교사를 그만 두게 된 경위와 심정을 다음과 같이 밝히고 있다.

중·고등학교 교사를 몇 년 하고 나니 진이 다 빠지는 듯 맥이 풀리고 한없이 권태가 왔다. 그래서 나는 대학에 진출하여 전공의 과목을 맡아 심신의 활기를 찾고 싶었다. 그런 생각이 들자 나는 한시도 교사라는 직책에 붙어 있기가 힘겨웠다. 나는 사표를 냈다. 그때 마침 부산대학에 시간을 얻어 출강하게 돼 있었다. 요산 김정한 선생께서 주선해 주셨다. (김춘수 자전소설『꽃과 여우』 p.235)

윤재근 평론가(1937~)와 부산에 있는 마산고 출신인 황하수(1933~) 시인 등에 의하면 이들 말고도 이원섭(1924~2007), 김상옥(1920~2004) 시인들에게도 수업을 받았다고 회고하고 있다. 그러나 발령원부와 마산고등학교 역사관에는 그 기록이 남아 있지 않다. 아마 이들은 경남도지사 발령의 교사가 아니라 학교장 발령의 강사로 근무한 것이 아닌가 추정해 본다. 이상과 같이 김 시인은 1948년 9월부터 1953년 9월까지 5년 동안 마산중고등학교에 근무한 셈이다. 아마 중간에 6.25 전쟁기라는 혼란기가 들어 이었기 때문에 정확하게 기억하지 못했을 것이라는 생각이 든다.

김 시인이 간직하고 있는 마산고등학교 시절의 사진으로는 4285(1952)년 3월 제1회(통산11회) 졸업기념 사진과 그 무렵의 교직원 사진이 있다. 졸업사진에는 1936년부터 2002년 개축하기 전까지의 마산고등학교 본관을 배경으로 앞에서 둘째 줄 왼편에 두 손을 깍지 낀 채 옅은 색의 양복 윗저고리와 검은 색 바지를 입고 김 시인이 단정하게 서 있다. 이 시절의 교장은 이상철(1913~1961) 교장으로 마산고등학교 교가의 작사자이다. 교가의 작곡자는 윤이상(1917~1995) 작곡가이다. 이상철 교장은 통영초등학교 17회 출신으로 윤이상(22회) 김춘수(25회) 두 분의 선배이기도 하다. 윤이상은 그 당시 부산고등학교 음악교사였는데, 김 시인과는 해방 직후 통영문화예술협회에서 막역한 사이였다. 마산에도 작곡가가 있었을 것인데 윤이상을 택한 것은 이상철 교장과 김 시인이 역할을 했을 것이다.

이 당시의 일화를 오래 전 노재봉(1936~) 총리(마산고 12회)의 글에서 읽은 적이 있다. 노 총리는 모 주간지에 훌륭하신 은사를 소개하는 글에서 이 교장을 소개하고 있다. 이 교장은 1950년 2월 16일부터 1956년 3월 27일까지 근무한 제9대 교장으로 1951년 9월 1일 중고등학교가 분리된 뒤의 첫 교장으로 마산고등학교를 명문고교로 만든 훌륭한 교육자로 알려져 있다.

노 총리는 1953년 마산고등학교를 졸업하고 서울대 정치학과를 진학하여 1957년 졸업하였다. 따라서 이 교장 시절의 우수한 제자이기도 하다. 그가 전한 일화의 내용은 이러하다. 이상철 교장이 어느 날 아침 교무회의 석상에서 지각이 잦은 교사들을 질책하자 어느 교사가 일어나 볼멘소리로 "김춘수, 이원섭 선생도 지각이 잦은데 왜 우리만 야단칩니까?"라고 항의하자 이 교장은 한 마디로 "그 사람들은 시인 아닌가!" 로 일축했다고 한다.

김춘수 시인의 마산고등학교 시절의 제자 가운데는 천상병(1930~1993) 시인과의 관계가 특별하다. 이 부분에 대해서도 김 시인은 직접 글로 밝히고 있다.

1949년 통영중학에서 마산중학으로 전근하여 나는 5학년 담임을 맡게 됐다. 그때는 중학이 6년제다. 고등학교로 갈라져 나가기 전이다. 내 반에 천상병이란 학생이 있었다. 한눈에 곧 인상에 남는 그런 학생이다. 어딘가 돋보여서 그런 것이 아니다. 그 반대다. 너무 못나고 하도 꾀죄죄해서 그렇다. 그런데 이 학생과 나는 이내 특별한 교분을 가지게 되었다.

어느 날, 수업을 마치고 교실을 나서는 나를 상병이 막아섰다. 뭐냐는 표정을 짓자 그는 절을 한번 꾸벅하고는 더듬거리면서 어렵게 어렵게 말을 끄집어낸다. 뭔가 나에게 부탁이 있는 모양이다. 그러면서 얄팍한 노트 하나를 내 손에 잡혀 준다. 읽어봐 달라는 눈치다. 일본말 억양이 가시지 않은 말솜씨다. 나중에 알았지만 그때 그는 일본에서 귀국한 지 얼마 되지 않았을 때다. 호왈 귀국동포다. 일본에서 중학을 다니다가 갓 전학했을 때다. 내가 시를 쓰고 있다는 것을 어디서 들었는지, 혹은 내 시를 어디서 봤는지 하여간에 나를 시인을 알고 나에게 습작들을 평가받고 싶었는 듯하다. 나는 교무실에서 그가 나에게 느닷없이 잡혀준 그 얄팍한 노트를 펴보며 첫 장부터 긴장하게 됐다. 그의 시구들은 날카롭고 신선했다. 열몇 편 되는 시들을 단숨에 다 읽어버렸다. 눈을 뗄 수가 없었다. 그건 하나의 발견이랄 수 있었다. 그처럼이나 어줍던 그의 말솜씨와는 전연 딴판이다. 나는 이들 시 중에서 몇 편을 골라 청마 선생께 보내드렸더니 곧 간단한 독후감과 함께《문예》에 추천하겠다는(본인만 승인한다면) 전갈이 왔다. 《문예》는 그 당시의 유일한 문예지다. 나는 곧 상병을 불러 청마선생의 뜻을 알렸더니 그는 흥분을 감추지 못하고 꾸벅꾸벅 나에게 몇 번이나 절을 다 했다. (강현국 편『우리 어느 둑길에서 다시 만나리』~시인 김춘수의 문학과 삶, 2019, 학이사. p310~311)

김춘수 시인은 마산중학 5학년 학생 천상병과의 만남을 그 때의 기억을 이렇게 되살려 실감나게 밝히고 있다. 이 글은 1990년대 중반 대구에서 발간된 계간지《시와 반시》에 발표된 글이라 김 시인이 50년 전의 체험을 밝힌 글이다. 그래서 다소 그 정확성이 문제가 될 수는 있다. 천상병은 1949년 대구에서 발간된 문예지《죽순》(통권 11호, 1949. 6월호)에「공상」「피리」 등이 추천되었고 마산중학을 졸업(1951년 7월 3일)한 직후인 1952년 1월호《문예》에「강물」이 청마의 추천으로 다음호인 5, 6월호에「갈매기」가 모윤숙의 추천으로 등단한다. 마산중학 시절에는《죽순》에 추천되고 그 뒤에 대학 신입생 시절《문예》에 추천되었으며 이 둘 다 김 시인과 청마가 관여한 것은 틀림이 없다. 어쩌면 작품은 마산중학 졸업 전에 보내졌을 수도 있다. 그러나 발표는 천 시인이 피난지 부산에 와 있던 서울대학교 상과대학에 입학한, 대학 1학년 시절이다. 어찌됐든 천상병 시인은 마산중학 5학년 시절 김춘수 시인을 담임교사로 만나 시단에 일찍 데뷔한 것이다. 김 시인의 앞의 글에 의하면 학생 천상병은 시를 인정받은 뒤에는 방과 후 교사 김춘수의 가방을 들고 중성동 58번지 김 시인의 집을 수시로 드나들었으며 졸업반 때에는 6.25 전쟁 중 마산에 주둔한 미군부대의 통역을 하면서도 자주 김 시인의 집을 찾았다고 기억하고 있다.

진주농림학교 재학 중인 1949~50년 10대 소년으로 《문예》(1949.12.「비 오는 날」, 1950.4 「코스모스」, 1950.6 「강가에서」)에 데뷔한 이형기(1933~2005) 시인이 데뷔 후 마산으로 김춘수 시인을 뵙기 위해 갔더니 마산중학 재학 중인 천상병 시인을 소개하여 만난 바 있다고 1980년대 초반 이 시인의 부산산업대학교(경성대학교 전신) 교수 시절 필자와 강은교 시인 셋이서 만난 사석에서 들은 바 있다. 이 시인은 그 때부터 천상병 시인의 천재적 기질을 발견하였다고 술회하였다.

  김 시인이 마산고등학교 교사 시절에 이룩한 성과로 문학사에 길이 남을 사건이 하나 있다. 그의 대표작이자 한국인의 애송시이기도 한 「꽃」을 이 무렵에 창작한 것이다. 이 작품의 창작 과정에 대하여도 역시 그가 글로 밝히고 있다.

  이 시는 1950년대 초에 씌어졌다. 내가 중학교(6년제)의 교사로 있을 때다. 군에 교사를 내주고 임시교사인 판자 교무실에서다. 그날은 남은 일거리가 있어 나 혼자 교무실에 늦게 남게 됐다. 해가 다 지고 책상머리가 어둑어둑하다. 저만치 누구의 책상일까, 책상 한쪽에 놓인 유리컵에 하얀 꽃 한 송이가 꽂혀 있다. 그 빛깔이 너무도 선명하다. 그러나 그 빛깔은 곧 지워질지도 모른다. 그런 생각이 들자 순간 시상이 떠오르고 시의 허두 한마디가 나왔다. (김춘수 자전 소설 『꽃과 여우』 p233)

  여기서 김 시인이 언급하고 있는 6년제 중학교 교사로 있을 때는 사실과 다소 차이가 있을 수 있다. 1950년 6월15일 개정된 교육법의 고등학교령에 고등학교가 3년제로 개편되고, 1951년 9월 1일 중고등학교가 분리되어 앞에서 살펴본 대로 김 시인은 1952년 3월 31일자로 마산고등학교 교사로 근무하게 된다. 그리고 이 무렵인 6.25 전쟁기에 마산고등학교 교사는 1950년 7월 15일부터 1955년 7월 16일까지 부상병 수용병원으로 징발되고

5년 동안 가교사에서 수업하게 된다.

이 시의 창작 경위에 대한 다른 이야기로는 그 당시의 동료인 여교사 책상에 문예반 학생들이 아침마다 꽃 한 송이를 컵에다 꽂아 두었는데, 그 꽃이 모티브가 되어 이 시가 탄생되었다고도 한다.

「꽃」의 첫 발표는 6.25전쟁이 끝나지 않은 1952년 11월 5일 대구에서 발간된 《시와 시론》에서였다. 이 책은 대구시 동인동 대학당이 인쇄하고, 삼덕동 전선문화사의 발행으로 돼 있다.(부산대학교 사범대학 국어교육과 이순욱 교수 자료 제공) 발행인은 유치환 시인이고 편집은 구상 시인으로 되어 있다. 이 책은 '시와 시론' 동인회의 동인지로 김 시인의 시에 대한 첫 산문인「시 스타일 시론試論」도 여기에 발표하였다. 이 동인회가 결성된 계기는 그 당시의 지방 유일의 종합예술제인 진주의 영남예술제(1959년 개천예술제로 개칭)에 모인 설창수, 구상, 이정호, 김윤성 등이 주축이 되어 결성되었고 대구에서 언론계에 종사한 구상 시인이 주도하여 동인지를 내게 된 것이다. 동인지에 시를 수록한 시인으로는 박두진, 이호우, 김윤성, 박목월, 김요섭, 조병화, 이설주, 유치한, 김춘수, 이원섭, 이덕진(게재 순) 등이었다. 이 동인지는 창간호가 종간호가 되고 몇 해 후에 같은 이름의 동인지가 다른 사람들에 의하여 나오기는 했다.

그런데 여기에 발표된 첫 작품 「꽃」은 뒷날 시집에 정착된 작품과는 다소 차이가 난다. 그 원형대로 소개하면 다음과 같다. 그 당시에는 세로 편집 체제였다.

1.
내가 그의 이름을 불러주기 전에는
그는 다만
하나의 물상에 지나지 않았다

내가 그의 이름을 불러 주었을 때
그는 나에게로 와서
꽃이 되었다

2.
내가 그이 이름을 불러준 것처럼
나의 이 빛깔과 향기에 알맞은
누가 나의이름을 불러다오
그에게로 가서 나도
그의 꽃이 되고 싶다

3.
우리들은 모두 무엇이 되고 싶다
너는 나에게 나는 너에게
잊혀지지 않는 하나의 의미意味가 되고 싶다

 이 시는 김 시인의 시집『꽃의 소묘素描』(1959.6)와는 몇 군데 다른 곳이 있다. 우선
　중간에 아라비아 숫자로 1. 2. 3. 번호를 매긴 것이 다르다. 그리고 다음으로는 2.에서 셋째 연과 넷째 연이 한 연으로 되어 있다. 이러한 현상은 다음 시집인『부다페스트에서의 소녀의 죽음』(1959.12) 이후부터 오늘날까지 한 연으로 정착되었기 때문에 시집『꽃의 소묘』에서 분리된 것이 잘못된 것이라고 보아도 될 것 같다. 마지막으로 가장 중요한 차이는 첫 연 셋째 행의 '물상'이라는 시어이다. '물상'의 사전적 정의는 '자연계의 사물의 형태' 혹은 '사물'이다. 따라서 꽃을 지극히 감정이나 정서가 배제된 자연계에 존재하는 물건으로만 보고 있다는 것을 한 마디로 표현한 것이

바로 '물상'이라는 시어이다. 그러다가 앞의 두 시집에 정착하면서 물상이 '몸짓'으로 개작되어 미세하나마 감정이나 정서가 개입될 여지를 보여준다. 달리 말하면 존재론적이라는 철학적인 시로만 이 시가 끝나는 것이 아닌 사랑하는 사람에게 전해주고 싶은 꽃, 혹은 사랑하는 사람으로부터 이름을 불리어지고 싶은 설레임의 시편으로 인식될 수 있다는 데까지 이른다. 그러다가 맨 마지막 연의 마지막 행에 있는 시어 '의미意味'가 '눈짓'(1974년 민음사 오늘의 시인총서 『처용』부터)으로 바뀐다. 1960년대 중반 연작시 「타령조」에서부터 시작되는 '무의미시無意味詩' 경향에서 볼 때 '意味의미'라는 이 시에 들어 있는 두 번째 한자어는 부담스러웠을 것이다. 그래서 시인 자신이 의도적으로 '눈짓'으로 바꾼 것이다. 이 시의 확정된 텍스트로 김 시인의 생가와 가까운 통영의 남망산 입구에 세워져 있는 시비의 「꽃」을 다시 인용해 보기로 한다.

    내가 그의 이름을 불러주기 전에는
    그는 다만
    하나의 몸짓에 자나지 않았다.

    내가 그의 이름을 불러주었을 때
    그는 나에게로 와서
    꽃이 되었다.

    내가 그의 이름을 불러준 것처럼
    나의 이 빛깔과 향기香氣에 알맞은
    누가 나의 이름을 불러다오.
    그에게로 가서 나도
    그의 꽃이 되고 싶다.
    우리들은 모두

무엇이 되고 싶다.
너는 나에게 나는 너에게
잊혀지지 않는 하나의 눈짓이 되고 싶다.

이렇게 '물상'이 '몸짓'으로 '의미$_{意味}$'가 '눈짓'으로 개작되면서 이 시는 본래의 주제인 사물의 존재에 대한 사유라는 존재론적 시로부터 사랑의 시편으로 확장되어 대한민국 국민의 애송시가 된 것이다.

그리고 그 창작 시기가 김 시인이 3년제 마산고등학교로 발령난 1952년 3월 31일부터 그 당시의 책의 출판 사정으로 보아 《시와 시론》이 발간되는 11월의 상당한 이전에 창작되었다고 볼 수 있다. 그리고 김남조 시인이 마산고등학교에 부임한 1952년 6월 3일과도 겹친다. 따라서 앞에서 제기한 동료 교사의 책상에 놓인 꽃병의 꽃에 등장하는 교사가 김남조 시인일 가능성도 있다. 필자는 대학원 시절 김 시인으로부터 김남조 시인과 옆 자리에 앉았으며 꽃병 이야기를 듣기도 하였다.

이상과 같은 정황으로 볼 때 마산고등학교는 본교사가 아닌 가교사에서 시가 창작되었지만 1936년 개교 당시부터 지금까지 그 자리에 있는 마산고등학교는 문학사에 남을 김춘수 시인의 「꽃」의 탄생지이고 김 시인의 제자인 천상병 시인이 시인으로 데뷔하게 된 곳이기도 하다. 그래서 마산고등학교 탐사를 마치고 나오면서 임채환 교장에게 2022년이 스승 김춘수 시인 탄생 100주년이니 그것을 기념하여 「꽃」과 제자 천상병 시인의 대표작 시비를 나란히 세우는 것도 뜻깊은 일이라고 건의하였다.

마산문단의 초석을 놓은 청년시인 김춘수의 열정

20대 후반에서 30대로 진입하는 1950년대 초반의 김춘수 시인의 열정은 그의 조용하면서도 차분한 어조와는 딴판이라고 하지 않을 수 없다. 앞에서 언급한 천상병(1930~1993) 시인 말고도 마산중고등학교 시절의 제자 문인들은 많다. 우선 천성병과 동기로는 부산의 시조시인 김두만(1927~2015)을 들 수 있다. 그는 천 시인과는 한반 급우로 생전의 유일한 시조집 『들국화 마지막 향기』(2014,세종출판사)의 머리말 「시조집을 내면서」에서 그 당시의 젊고 패기 있는 김 시인과 학생 천상병의 모습을 실감나게 표현하고 있다.

고교시절, 김춘수 은사님은 입지立志의 고개를 넘었을까? 패기 넘치는 젊은 교사였다. 선생님은 통영 부잣집 아드님으로 여름이면 날 세운 흰 바지를 입고 흰 구두를 신은 아주 멋쟁이셨다. 시를 창작함에 있어 직접 체험을 강조하신 선생님께서는 예를 들어 죽은 자에 관한 시를 쓰려면 직접 시신을 만져가면서 체험을 해야만 좋은 시를 쓸 수 있다고 가르치셨다. 말씀이 끝날 무렵이면 '체머리'를 약간 흔들면서 열변을 토하시던 모습이 지금도 선하다.

천군은 수업시간이면 고개를 숙이고 일본문학 서적을 뒤적이며 탐독에만 무아지경이었다. 그는 일본에서 귀국한 귀환동포였는데 '우환동포'라고 놀림을 받기도 했다. 나는 의령 산간오지에서 자란 전형적인 시골 촌놈이었다. 나와는 동병상련으로 우정을 나눴다.(김두만 『들국화 마지막 향기』)

pp5~6)

 '마산고등학교 역사관'에는 김두만 시조 시인(2005년 '현대시조' 데뷔)은 천상병 시인과 같이 10회 졸업생(1945년 입학 1951년 졸업) 문인으로 소개되어 있다. 그 외 11회(1947년 입학1952년 졸업)에 앞에 소개한 황하수(1933~) 시인이 있다. 그는 중학 시절 김춘수 시인에게 배웠다고 기억하고 있다. 그는 중학 6년의 전 과정을 졸업하지 못하고 6.25 전쟁기 군에 입대하여 육군 중령으로 예편하였으며 근년에 마산고등학교에서 명예졸업장을 받았다고 한다. 군에 있었던 1965년 12월호, 1966년 2월호,10월호 '현대문학'에 신석초 시인의 추천으로 등단하여 12편의 작품을 '현대문학'에 발표한 과작의 시인이며 현재 부산에서 오랜 투병생활을 하고 있다. 11회에는 역시 '현대문학' 출신 이중(본명 이명중) 시인, 12회(1950년 입학 1953년 졸업)에 최철로(1935~2012) 시인, 13회에 정재관(1931~1986) 평론가 등이 있다.

 1953년 9월 김 시인이 마산고등학교를 떠난 그 해 4월에 입학한 1학년 생(15회) 가운데는 유달리 문인들이 많다. 소설과 시를 쓰고 있는 이제하(1937~) 소설가, 송상옥(1938~2010), 시인 강위석(1937~), 숭실대 국문과 교수를 지내다가 근년에 작고한 권영진(1937~2017) 시인 등을 들 수 있다. 강위석 시인의 회고에 의하면 김 시인은 고학년 국어 담당이라 그들 자신은 직접 배우지는 못했으나, 그 무렵 성지여고에서 문학을 사랑하는 마산 시내 고등학생과 시민을 위한 마산문인들 강좌가 있었는데, 그 가운데 김 시인의 김소월과 정지용의 시에 대한 강좌에서 많은 감동을 받았으며 그 감동의 영향으로 시인의 길로 들어섰다고 한다. 김 시인은 마산고등학교 연극반도 지도하여 마산 연극의 발전에 기여하였다. (한정호「김춘수의 문학과 마산 살이」, 마산문학관 특별기획전5 〈시! 꽃의 이름으로. 김춘수 유품전〉 해설집(2006.11. p31). 아마 연극지도는 해방 직후 통영에서의 통영문화예술협회의 연극공연 참여의 체험이 크게 도움이 되었을 것이다. 이렇게 김 시인은 시 창작 지도뿐만 아니라 연극도 지도한 열정적인 교사였다.

마산고등학교를 나선 우리 일행은 비가 내리는데도 불구하고 마산문학관으로 차를 몰았다. 그곳에서 김춘수 시인의 마산 문단의 활약상도 알아보고, 오후에는 김 시인의 처조카 명유진 사장을 만나기로 약속해 두고 있었다. 시인이자 창원대학교에서 문학박사 학위를 받은 조재영 학예사의 배려로 전시실을 둘러보기 전 가까운 중국집에 전화를 걸어 배달해 온 음식으로 점심식사를 해결하였다. 조 학예사가 제공한 자료 가운데 주목할 것은 마산문학관 개관(2005) 이듬해에 개최된 '특별기획전5 〈시! 꽃의 이름으로, 김춘수 유품전〉의 해설 도록이었다. 이 도록과 전시기획은 지금은 경남대학교 국어국문학과 교수로 자리를 옮긴 한정호 학예사에 의하여 기획되었다. 한 교수는 1990년 '한국문학'에 시가 당선되어 시인으로 등단하였고, 경남대학교에서 박사학위를 받은, 지역문학 연구 전문가였기 때문에 이러한 기획전이 가능했다. 그 도록은 황철곤 마산시장의 발간사에 이어 1.김춘수의 삶과 문학, 2.김춘수의 문학과 마산 살이, 3.주요 전시 자료, 4.발굴작품(전집에 빠진 작품), 5.관련 자료 죽 보기 등으로 구성된 68페이지의 소책자이다. 그 가운데 한정호 학예사가 쓴 「김춘수의 문학과 마산 살이」는 김 시인의 마산 시절 전반의 작품 활동과 문단활동을 정확하게 서술하고 있어 필자의 '마산 탐사'의 안내서 역할을 제대로 하였다.

6.25 전쟁기인 1951년 6월 임시수도 부산에서 열린 전국문화단체 총연합회에서 마산지부로 승인받고, 7월에는 마산지부가 결성되면서 김 시인이 지부장으로 선임된다. 1953년 10월에는 이 단체가 발전적으로 개편되고, 3대 지부장에 김 시인이 다시 선임되면서 종합예술제, 음악회, 미술전, 시화전 등을 개최하고, 동인지 《낙타》(1953년), 기관지 《마산

문총》(1954) 등을 발간한다.(한정호, 앞의 글 pp.31~32) 이상으로 볼 때 김춘수 시인은 30대 초반의 나이로 마산문단 나아가서는 마산 문화예술계 전반의 대표자로 지역문단과 문화예술 진흥에 앞장섰다고 볼 수 있다.

한편으로는 후배 시인 지망생에 대한 동인활동의 지원도 앞장섰다. 그 가운데 특기할 만한 일은 국립마산결핵병원 환우들이 1952년에 창간하여 네 차례나 만든 동인지 《청포도》의 지도교사 격으로 참여한 점이다. 이 동인지와 동인들에 대하여 김 시인은 여러 차례 글을 쓰고 있다.

국립 사나토리움에 내가 처음으로 발을 디딘 것은 1952년 초춘初春이었다. 정문을 들어서자 현관 옆 마당에 키가 내 어깨에 닿을까 말까 한 어린 목련화 한 그루가 먼저 눈에 띄었다. 그것이 난형卵形의 단정한 꽃봉오리를 맺고 있었다. 화판花瓣은 이미 황백으로 물이 들어 있었다. 나를 맞아 준 사람은 이, 박, 김, 남, 민 등 제형諸兄이었다. 이 제형은 그 성자姓字가 각색이듯이 얼굴 모습도 모두가 각색이다. 그러나 꽃들이 제각기 다르면서도 한데 어울리면 그대로 아름답듯이 그들도 또한 그러했다. 양지바른 현관 앞에 나란히 나서는 그들은 그대로 난데없는 꽃밭이었다. 건강인인 나보다도 오히려 싱싱하니 참신했다. …중략… 그들이 나를 여기까지 불러낸 이유인즉 그 이름은 《청포도》라는 제호로 시 동인지를 저희들끼리 내겠는데 그것의 편집을 의논할 겸 문학담文學談으로 한때를 같이 지내자는 것이다.(김춘수, 「사나토리움과 '청포도' 제1산문집 『빛속의 그늘』 1976, 예문관. pp.168~169)

이 글은 앞에서도 여러 차례 소개한 1990년대 초반에 쓴 「나의 예술인 교우록」에는 「청포도 동인들」이라고 개제하여 소개되고 있다. 여기에 성들만 열거한 사람들은 결핵을 완치하고, 나중에 시단에 데뷔한 사람들이 여럿 있다.

이동준은 일찍 죽었고, 박철석(1930~2016)은 '현대문학' 1955년 7월호에 「까마귀」가 초회 추천된 뒤에 1958년 '자유문학' 8월호에 「순수시 비평론」으로 등단하여 시작과 평론을 겸하였다. 그 후 해동고 교사와 부산여대 교수를 거쳐 동아대학교 국어국문학과 교수로 정년하였다. 시집 『까마귀』 『하단의 바람』등 7권, 평론집 『한국현대시인론』 『한국현대문학사론』 등 5권의 저서가 있다. 김윤기는 1953년 9월호 '문예'에 「광야」 외 2편이 추천되기도 하였다. 그에 대해서 김 시인은 「나의 예술인 교우록」 가운데 <기인열전>이라는 항목을 설정하여 '김윤기' 편에서 그와의 인연을 길게 언급하고 있다.(강현국 편 『시인 김춘수의 문학과 삶~우리 어느 둑길에서 다시 만나리』, 학이사. 2019. p.305~307), 남윤철은 1955년 11월호 '문학예술'에 「고목枯木」이 추천되기도 하였다. 남윤철 역시 김 시인의 <기인열전>(강현국, 앞의 책 pp.302~305)에 소개되고 있다. 그는 의사였으며 한쪽 폐를 절제하였다고 기억하고 있다. 그리고 마지막으로 민웅식(1930~)은 동국대 국문과 출신으로 1955년 10월호 '문학예술'에 「거울」, 1957년 3월호에 「붕괴」가 추천되었으며 1958년 12월호 '사상계' 「달밤」 외 3편이 당선되는 등 제대로 데뷔하였다. 그는 고려대학교 경영대학원을 졸업하여 공인회계사로 조흥은행, 한국신탁은행 등에 근무하였고 시집 『붕괴』를 엮기도 했다. 또 다른 동인으로 김대규가 있다고 원로 독일문학 번역가이기도 한 송영택(1933~) 시인이 회고하고 있다. 그 역시 1954년 1월 《문예》통권 20호에 시 「상심·밤」이 추천되고 있다. 이들 가운데 만년까지 제대로 시작 활동을 한 사람은 한 사람뿐이라고 김 시인은 언급하고 있는데, 그가 부산에서 주로 활동한 박철석 시인이다. 김 시인은 《청포도》 제2집 1952, 12)에는 평론을, 제3집(1953.5)에는 발문을 쓰고 있다.

그리고 이 당시의 특이한 또 다른 일은 김세익(1924~1995) 시인의 시집 『석류』(1953)의 발문을 쓴 점이다. 김세익 시인은 1943년 함흥의 함남중학교를 졸업한 함경도 홍원 출신인데 연세대학교 영문과를 졸업하고

1949년 마산여자고등학교 교사를 하면서 마산에 정착하였다. 그는 《문예》 1953년 2월호에 「언덕에서」, 10월호에 「5월에」가 추천되었다. 그 해에 시집을 내는데, 김춘수 시인이 발문을 쓴 것이다. 김세익 시인은 1960년에 창립된 마산문인협회 초대 사무국장으로 회장인 김춘수 시인과 호흡을 맞추어 마산문단의 바탕을 마련하였다. 그는 1962년 이화여대 도서관학과 교수가 되어 마산을 떠났다.

이렇게 김춘수 시인은 다양한 후배들과 교류하고 그들의 작품에 대하여 관심이 많았으며 마산문단의 초석을 쌓았다. 뿐만 아니라 그 자신의 시창작 작업에도 열정을 쏟아 경향각지의 문예지들에도 활발하게 작품을 발표하였다.

우선 그 당시의 서울에서 발행되는 문예지에도 빈번하게 작품을 발표하였다. 그 첫 작품으로는 1945년 12월 1일 소설가 김송(1909~1988)의 주도로 창간한 종합지 《백민白民》 통권 17호(1949.1)에 「산악」을 발표한다. 이 잡지는 통권 21호(1950.3)부터 중앙문화협회가 발행소가 되면서 민족진영을 대변하는 문예지로 바뀌게 되는데, 그 호의 '시단 27인집'이라는 특집 형식에 김 시인은 「비탈」을 발표한다. 이 두 작품은 그의 두 번째 시집 『늪』(1950.3.20. 문예사)에 수록되어 있다.

다음으로는 그 당시의 유일한 월간 문예지인 《문예》(1949년 8월 창간 1954년 3월 통권 21호로 종간)에 3편의 시를 발표한다. 「사蛇」(1949.8 창간호), 「기旗」(1949.10, 제3호), 「모나리자에게」(1950.2, 제7호) 등이 그것인데, 앞의 두 편 역시 시집 『늪』에 수록되어 있으나 「모나리자에게」는 전집에 수습되어 있지 않다. 그런데 《문예》에는 시보다 평론류의 산문을 많이 발표하고 있다. 1949년 11월호(통권 4호)에 평론 「아네모네와 질풍노도기」를 발표한 후에 「릴케와 천사」(49년 12월 제5호), 「소묘집」(1950.3 통권 8호), 「릴케적 실존~시 「향수병」에 대하여」(1952.1. 통권13호), 「유치환론」(53.6. 통권16호), 「엣세이와 현대정신」(53.9. 통권17호), 「문학이란 괴물」(53.12. 통권19호) 등 6편의 산문을 발표한다. 이 가운데 가장 본격적인 시인론이라 할 수 있는 「유치환론」은 1958년 해동문화사에서 발간한 김 시인의 첫 시론집 『한국현대시형태론』(pp186~196)에 수록되어 있다. 이상의 《문예》 발표 양상으로 볼 때 이때부터 그는 시인이면서 동시에 시 비평 혹은 시 이론가로서 나아갈 그의 앞날에 대한 트레이닝을 시작하였다고 볼 수 있다.

김춘수 시인은 서울의 문예지 말고 이 시기에 발표한 다른 지방 문예지 혹은 동인지로는 우선 대구에서 발간된 《죽순》(1946년 5월 창간 1949년 제11집으로 종간)을 들 수 있다. 이 동인지는 대구의 이윤수(1914~1997) 시인의 주도로 김동사 ,박목월, 유치환, 이영도 ,이호우 등 여러 문인들과 함께 조직된 '죽순구락부'에서 임시증간호를 포함하여 12집이 발간되었다. 이 동인지에 시 「꽃」(대표작 「꽃」과는 다른 작품임, 제4호 1947.5), 「온실·춘심」(제8호, 1949.7), 「상아의 집~어느 시인에게」(제10호, 1949.4), 「노라에게」(제11집 1949.7) 그리고 산문 「시인에 대한 소묘」(제10호, 1949.4) 등을 발표한다.

다음으로는 시인 설창수(1916~1998) 주도로 개최된 '영남예술제' (1949년 창설, 1959년부터 개천예술제로 명칭 변경)의 기념호 격으로 진주의 영남문학회에서 발간한 《영문》에 다수의 작품을 발표하였다. 이 문예지는 1946년 진주시인협회 기관지 《등불》로 창간되어 4호까지 내고 1948년 5호부터 진주시인협회가 확대 개편된 영남문학회에서 《영남문학》으로 개제되어 6호를 내었으며, 1949년 4월에 발간된 제7집부터 《영문》으로 개제되어 1960년 11월 제18집으로 종간되었다. 김 시인이 통영 시절 여기에 발표한 작품에 대해서는 앞에서 자세하게 설명한 바 있다. 마산으로 이주 후의 작품으로는 시 「소묘 4제 ; 구름, 산악, 담, 혼」(제7집, 1949.4) 「거리에서」(제8집, 1949.11), 「위문행」(제9집, 1951.11), 번역시 「죽음」(R.M릴케)(제10집, 1952.11), 번역시 「고독」(R.M 릴케) 등이다.

그리고 마산고등학교를 떠난 이후에도 작품을 발표하고 있는데, 그 목록을 열거하면 다음과 같다. 시 「죽음」 「하늘」(제12집, 1954.11) 「나목」(제13집, 1955.11), 「가을」(제14집, 1956.11), 산문 「어떤 얼굴」(제15집 1957.11), 산문 「손」(제16집, 1958.11) 등이다.

이상의 열거된 작품 가운데는 시와 산문 모두 전집에 수습되지 않은 작품들이 많다. 그리고 그 가운데는 앞에서 언급한 한정호 교수가 발굴해 놓은 것들도 여럿 있다. 전집 미수록 작품들의 경우 많은 것들이 김춘수 시인 생전에 마음에 들지 않아 버린 작품들이다. 그러나 연구자들에게는 그것들도 소중한 작품이다. 후원자를 마련하여 전집 보유편으로 시와 산문을 엮어 보는 것도 의미가 있는 작업이라는 생각이 든다. 부산대학교 강사 시절이나 1961년 대구로 옮겨간 후에도 그 지역에서 찾아야 할 많은 미발굴 작품들이 있을 것이다. 그것들을 찾아내어 그 지역 연구자들과 공동으로 전집 미수록 작품집 발간과 그에 대한 연구를 수행하는 것이 앞으로의 큰 과제라는 생각이 든다.

이러한 작품 활동의 결과 김 시인은 제2시집 『늪』(1950.3.20. 문예사, 4×6판 75면 말미에 서정주 시인의 「서에 대하야」라는 글수록) 제3시집 『기(旗)』(1951.7.25.문예사, 4×6판 80면, 말미에 저자의 후기 수록), 제4시집 『인인(隣人)』(1953.4.6.문예사, 4×판 51면 말미에 후기 수록) 등을 이 시기에 엮게 되었다.

간단하게 중국음식으로 식사를 끝내고 마산문학관 사무실로 내려가니까 김춘수 시인의 처조카 명유진 사장(대현기업주식회사 대표이사)이 와 있었다. 마산문학관에서는 2020년 6월13일부터 7월 19일까지 명 사장의 할아버지이자 김춘수 시인의 장인인 허당 명도석 (1885~1954) 애국지사의 유작 한시 전시회를 창원통합 10주년 기념으로 전시회를 가졌기 때문에 이곳이 친숙하다고 명 사장은 말하였다. 우선 함께 마산문학의 역사가 전시된 상설전시실에서 앞에서 언급한 1950년대 초반과 60년대 초반의 마산문단에서의 김춘수 시인의 활약상을 눈으로 확인할 수 있었다. 그런 후 명 사장으로부터 김 시인이 1948년부터 1965년 솔가하여 대구로 이사한 16년 동안의 마산거주지 중성동 58번지의 설명을 들었다.

중성동 58번지의 현재의 지적도 상의 지역은 너무 광범위하고 자기가 기억하는 김 시인의 집 위치와도 일치하지 않는다는 사실을 알게 되었다. 그의 말을 빌리면 현재의 지적도 58번지 인근에 있는 50의 8번지가 자기 고모님과 고모부(명숙경 사모님과 김춘수 시인을 가리킴)와 고종사촌들이 살던 곳이 분명하다는 것이었다. 마산문학관의 조해영 학예사의 증언에 의하면 몇 해 전 마산의 원로 문인들이 김춘수 시인 댁을 찾지 못하여 표지석이라도 세울 기념사업을 못했다는 것이었다.

마침 다시 비가 내리기 시작하는 일기에도 불구하고 명 사장의 안내로 김춘수 시인의 마산 거주지와 그 근처의 명 사장 본인의 옛집이자 김 시인의 처가 집터(중성동 64의 2번지)를 찾아갔다.

큰길가에서 다소 떨어진 뒷골목에 사람은 거주하지 않은 것 같은 대문에 자물통이 잠겨져 있는 집 앞에 도착하였다. 여기가 김 시인이 거주하던 곳이라 하였다. 대문 사이로 들여다 보니 기와집이 있는 것 같고 나무들도 여럿 보였다.

이 집은 김 시인의 회고에 의하면 해방 직후 토지 개혁으로 몰락한 선친께서 정부로부터 받은 지가증권은 물론 갑자기 줄어든 재산을 회복하겠다는 의지로 착수한 고무신 공장, 멸치 어장 사업 등을 모두 사기꾼들에게 사기를 당하여 실패한 가운데 김 시인이 마산으로 직장을 옮기자 그 규모가 너무 작아 미안해하면서 구해준 고가에 가까운 기와집이었다.(김춘수 자전소설 『꽃과 여우』, 1997, 민음사 pp.234~235)

이 집에서 그는 마산중고등학교 교사, 1954년부터 1960년까지 부산대학교, 연세대 부산분교, 진해 해군 사관학교, 진주 해인대학 등으로 오가며 한 시간강사, 1960년 해인대학 조교수 발령 1년 만에 경북대학교 전임강사로 옮긴 미안한 마음 때문에 몇 년 동안 마산과 대구를 오르내리며 양쪽 학교 강의를 하던 시절을 보냈다. 그동안 부인 명숙경(1926~1999)은 제대로 고정적 수입이 없던 강사 시절, 요즈음과 비교되지 않는 박봉인 대학교수 봉급으로 가계를 꾸리고 2녀 3남의 자녀들을 길렀다. 6.25전쟁의 와중에 그의 바로 밑에 동생이자 경기고등학교를 나와 서울대학교 의대를 4회로 졸업한 전도가 양양한 젊은 의사 김규수(1925~1954)씨를 마산고등학교에 마련된 부상병원에서 군의관 복무를 마치고 부산의 가족을 찾아간다고 보낸 곳도 여기다. 그런데 김 시인의 6.25 상처 중 가장 충격적인 소식인 김규수 씨가 부산의 서대신 3가 294번지에서 부상병동에서 겪은 트라우마와 암울한 시대상황에 절망하며 스스로 목숨을 끊었다는 소식도 이곳에서 들었다.(김춘수, 앞의 책 pp.225~226) 물론 한참 뒤인 1960년 3월 15일 4.19혁명의 도화선인 3.15마산의거의 현장을 직접 겪은 것도 여기서이다. 한국문학사에 길이 남을 김춘수 시인이 1948년부터 1965년까지 거주한 공간이 아무 기념물 없이 버려져 있다는 것이 도저히 납득이 가지 않았다.

그러면서 한국문협 부이사장 시절인 2018년 5월 말 해외문학심포지엄 행사로 찾아간 영국문학기행 중 전국 곳곳에 흩어져 있는 작가 제인 오스틴)(1775~1817)의 유적이 생각났다. 그의 고향 햄프셔 주 스티븐슨은 물론, 중간에 5년 동안 머문 목욕탕의 도시 서미싯 주 바스, 만년에 머문 고향 인근 윈체스터, 그리고 묘지가 있는 윈체스터 대성당 등 곳곳이 각기 다른 이름으로 제인 오스틴을 기념하고 있었다. 마산도 분명히 김춘수 시인에게는 유의미한 공간이다.

김춘수 시인의 집을 나와 명 사장과 함께 대로변에 있는 그의 옛 집 성동 64~2번지를 비속에서 먼발치로 바라보고 사진을 찍은 후 명 사장과는 일기 좋은 뒷날 다시 만날 것을 약속하고 우리 일행은 부산으로 돌아왔다.

제5부, 부산(1954-1960)

떠돌이 시절의 이중적 글쓰기
부산대, 해군사관학교, 해인대 강사 시절

부산대학교 강사 시절과 그때 만난 사람들

김춘수(1922~2004) 시인은 1953년 9월15일 마산고등학교를 사임하고 1954년부터 3년 동안 부산대학교 국어국문학과에 시간강사로 출강하였다. 그 무렵에 대하여도 다음과 같은 글을 썼다.

1954년 무렵부터 나는 부산대학의 강사로 〈신문학사〉, 〈시론〉 등의 강좌를 맡아 출강하게 되었는데, 2~3년 계속되었다고 생각된다. 그때 영도에 있었던 연세대학 분교에는 전임대우로 출강하였다. 이리하여 매주 3일 정도는 부산에 있게 되었다. 마산서 집을 옮길 수도 없었고, 그렇다고 두 군데의 그 얄팍한 강사료로는 여관 생활을 할 수도 없어 이 친구 저 친구의 신세를 지게 되었다. 친구라고는 하지만 주로 후배들이다. 지금 생각하면 비위도 참 좋았다고 밖에는 할 수 없다. (부산시인협회 엔솔로지《남부의 시 Ⅱ》 1975. 12 pp. 126~131 김춘수 ;「나의 부산 시절」)

그러나 김 시인의 부산대학교 강사 시절의 공식적 기록은 부산대학교에 전혀 남아 있지 않다. 다만 1998년 발간된 『부산대학교 국어국문학과 50년』에 다음과 같이 김춘수 시인의 행적이 남아 있다.

1957년에는 부산대총학생회에 의해《효원》이 창간되었는데, 김정한, 이경선을 비롯한 교수와 황성록(54학번)을 비롯한 국문과 학생들이 필진으로 참가하는 등 국문학과가 중심축으로 활동하였다. 특히 이 때 유치환・김현승・

송욱·고석규 등과 함께 시동인지 《시연구》를 창간하기도 하였던 김춘수가 국문학 강사로 초빙되어 활발한 시작활동을 펼쳐 나감으로써 이에 힘입어 당시 학생들의 창작열은 고무되었다. (『부산대학교 국어국문학과 50년』, 부산대학교 국어국문학과 50년사 편찬위원회 pp. 55~56)

이 기록은 김 시인 출강 초창기 기록이 아니라 끝 무렵의 기록이다. 이러한 형편이니 그 당시 수강한 제자들의 회고와 김 시인이 쓴 자신의 글들에서 그 전말을 알 수 있을 뿐이다. 특히 앞에서 인용한 글에서 말하는 후배들 집에 머문 이야기 속에서 그 시기를 짐작할 수밖에 없다. 그 당시 부산대학교는 구덕운동장 뒤 지금의 대신중학교 자리인 서대신동 3가 96~2번지(현 서구 대신로 109번길10)에 1948년에 단과대학으로 개교하여 여러 해 동안 우여곡절을 겪은 후 1953년 3월에 종합대학으로 승격한 직후였다. 1952년 9월 그 동안의 전시연합대학 체제에서 벗어나 독자적인 대학으로 자리 잡으면서 목조 건물들이 백강당이라 이름한 강당과 더불어 지어져 사용되었다. 이로부터 2년 뒤인 1954년 신학기부터 김춘수 시인은 시간강사로 출강했던 것이다. 1948년 부산대학교가 단과대로 개교한 때부터 국어국문학과가 개설되어 있었으나 1951년까지 입학생은 6,1,4,11명으로 미미하였다가 1952년 22명, 53년 29명 김 시인이 출강한 54년 46명으로 유난히 많았다. 그러다가 1955년 24명, 56년 23명, 57년 21명으로 20명대로 정착되었다. 김춘수 시인 앞에는 6.25 전쟁기라 서울서 피난 온 마산 출신 김용호(1912~1973) 시인이 시 분야 강의를 한 흔적이 남아 있다. 휴전이 되자 그가 상경하여 빈자리에 그 당시 국어국문과 학과장인 김정한(1908~1996) 교수의 주선으로 출강하게 된 것이다.

김 시인이 앞의 글에서 후배들이라 언급한 가운데 맨 처음 사람은 재일교포 시인으로 알려진 강상구(1934~) 시인이다. 그는 부산 출신으로

1954년 당시 동아대학교에 다니는 시인 지망생이었다. 부산대학교가 있던 구덕운동장 뒤 지금의 대신중학교 근처에 집이 있었다. 그는 돈 많은 재일교포 형이 있어서 경제적으로 여유가 있었다. 강 시인은 집에는 자당이 계셨는데도 부산대학교 교사 옆에다 따로 방을 얻어 생활하였다고 한다. 그 방은 햇빛도 잘 들지 않는 골방이었는데, 강 시인은 김 시인을 낮에 시내에서 만나면 밤이 되어서야 거기로 데리고 가 재워주었다고 회고하고 있다. 강 시인은 내성적이라 말이 없고 문학이나 시에 대한 대화는 거의 나누지 않았다고 한다.

강상구 시인은 '현대문학'에 「새」(1958.12), 「둔주」(1959.7), 「포옹」(1960.11) 등이 유치환 시인의 추천으로 등단하였다. 그는 1960년대 동아대학교를 졸업하지도 않고 일본에 건너가 사업을 하였다. 필자가 연구과제 수행을 위하여 1997년 12월 일본 동경을 방문하였을 때 연구원들과 함께 신주쿠구新宿區의 그의 아내가 운영하는 숙박시설에 머물면서 연구 수행에 도움을 받은 적이 있다. 그는 김춘수 시인이 작고한 뒤인 2012년 민음사에서 2001년에 낸 김 시인의 시집 『거울 속의 천사』를 한국 문학번역원의 지원을 받아 일본 동경 사조사思潮社에서 『鏡の中の 天使』라는 일본어 번역시집으로 발간하였는데, 시집 뒤에 해설까지 직접 썼다.

김 시인은 고향 통영의 후배 허창도(1927~2000)의 서면 어딘가의 다락방에도 신세를 졌다. 허창도 후배는 당시 부산일보 문화부 기자로 영화평론에 관심이 많았다고 한다. 그래서 그와는 밤을 세워가며 문학과 영화에 대한 관련성을 토론하였다고 한다. 허창도 기자는 허창이라는 필명의 영화평론가로 알려져 있다. 뒷날 부산일보 문화부장이 되었으며 1958년 부산일보사가 전국 최초로 주최한 '부일영화상'의 산파역 가운데 한 사람이기도 했다. 필자도 생전의 허 평론가를 몇 번 만난 적은 있다. 그리고 김 시인과 동향이라고 막연히 알고 있었으나 긴 이야기는 나누지 못했다.

그런데 허창 평론가의 아들 허문영(1962~)씨 역시 영화평론가로 이름을 떨치고 있다. 그는 2021년 3월부터 부산국제영화제 집행위원장을 하고 있다. 김춘수 시인이 통영초등학교와 경기고보 시절부터 영화에 관심이 많았다는 것은 이미 앞에서 밝힌 바 있다. 이러한 관심 때문에 허창 영화평론가와는 깊은 대화를 나눌 수 있었을 것이다.

마지막으로 김춘수 시인이 이 시기에 신세진 사람으로 부산대학교 국문과 출신으로 요절한 문학평론가 고석규(1932~1958)가 있다. 그는 함경남도 함흥시 출신으로 북에서 반공지하운동을 하다가 붙잡혀 감화원 생활을 하던 중 극적으로 탈출하여 1949년 단신으로 월남하였다. 6.25전쟁 때에는 자원 입대하여 전쟁의 참화 속에서 월남하여 군의관이 된 아버지 고원식 씨와 동부전선에서 극적으로 상봉하였다. 그는 전쟁 중에 가벼운 부상으로 제대하여 아버지가 제대 후 부산 범일동 자성대 근처에서 내과와 소아과를 진료하는 병원 '고내과'를 개업하고 있었기 때문에 부산에 정착하였다. 1952년 부산대학교 국어국문과에 입학하였다. 이때의 고석규 평론가의 모습은 동기인 부산대 국문과 교수를 지낸 장관진(1930~2009) 교수의 글 「고석규의 편모」(『고석규 문학전집4』, 마을, 2012 pp 243~247)에 자세히 나와 있다. 두 사람은 군복을 입은 채 그 당시 부산대학교 윤인구(1903~1986) 총장의 면접을 직접 봤다고 한다. 이 두 사람은 3, 4학년 (1954~55년) 때 김 시인의 강의를 들었다.

고석규 평론가와 김 시인과의 인연은 간단하게 말할 수 없을 정도로 깊다. 고석규 평론가와 동시대에 활동한 송영택(1933~) 시인의 증언에 의하면 고 평론가가 김춘수 시인을 많이 좋아했으며 같이 동인활동도 많이 했다고 한다. 부산의 대학생 중심 동인지 《신작품》 8호(1954.12.31)에 기성 시인인 김 시인이 시 「꽃밭에 든 거북」과 산문 「서정적 인간」으로 참여한 것도 고석규 평론가 때문이었고, 그 뒤에 발간한 동인지 《시연구》(1956.5.31.)의 경우 고 평론가의 열정과 김 시인의 기성시단에서의 위치가 만난 것이라 말하고 있다.

김춘수 시인은 고석규 평론가와의 관계에 대하여 오랜 기간 동안 여러 곳에서 글을 쓰고 있다. 그것들은 다음과 같다.

「뉴 크리티시즘의 기수~고석규 3주기를 맞이하여」('부대신문, 1961년 4월 17일)
「나의 부산시절~'시연구' 출간 전후~」(《남부의 시 · 2》 1975, 부산시인협회 pp126~131)
「고석규의 평론세계」(『고석규 문학전집4』 pp213~214, 1993)
「고석규」(〈나의 예술인 교유록〉, (강현국 편 『우리 어느 둑길에서 다시 만나리』, 2019, 학이재. pp.313~319)

이 가운데 두 번째 것은 앞에서 인용한 글이다. 강상구 시인 허창 영화 평론가와 함께 언급한 글인데, 그 글의 6페이지 가운데 5페이지가 고 평론가와 관련된 글이다. 한 사람에 대하여 네 번이나 글을 쓴 다는 것은 김 시인의 글 가운데 유일한 일이라 생각된다. 그 글 가운데 앞부분을 인용해보기로 한다.

셋째 번으로 내가 신세를 진 사람이 고석규 형이다. 그의 엄친이 경영하시는 병원의 2층엔가 상당히 넓은 방이 그의 서재 겸 거실이었다. 사방이 책으로 꽉 둘러싸인 그의 방에서 이따금 나는 식객노릇을 하게 되었다. 강, 허와 그가 다른 점은 그는 언제나 침상 뿐 아니라 그때 그 때의 식사까지 제공해 주는 일이었다. 그러나 나는 그의 방은 웬지 만만치가 않아 자주 드나들지는 못했었다. 고 형과는 만나면 떠나는 시각까지 문학과 철학담으로 지샐 수밖에는 없었다. 그는 아주 열광적인 문학도였다. (《남부의 시 Ⅱ》 p.127, 앞의 글)

고 평론가는 1956년 3월 국어국문학과를 졸업하고 국어국문과 석사

1호로 대학원에 진학한다. 그 시절에는 대학원 논문을 준비한다면서 범일동 아버지 집을 나와 대신동 학교 옆에 방을 얻게 되는데, 김 시인도 마산에서 오가는 불편 때문에 같은 집에 하숙을 하였다고 한다. 그 결과 두 사람은 조석으로 문학을 논하게 되었다. 그 뒤에 두 사람은 고 평론가의 제안으로 《시연구》라는 동인지를 기획한다. 그 전말을 김 시인은 앞의 인용 글에서 밝히고 있는데 요약하면 다음과 같다.

고 평론가는 편집위원으로 김 시인과, 김현승, 김종길, 김성욱 등을 모시기로 했다면서 동인지 발간의 경비는 자기가 부담하겠지만 표면에는 나서지 않겠다고 했다고 한다. 그리고 창간호 인쇄는 김 시인이 있는 마산에서 하기로 하고 표지는 그 당시 마산에 와 있던 전혁림 화백에게 부탁하여 승낙을 받았다. 특집은 '모더니즘 비판'으로 하고 권두 에세이는 청마 유치환, 시단비평은 김 시인과 김 시인의 친구이자 고향 후배인 《문예》출신 평론가 김성욱, 그리고 고 평론가가 공동집필하기로 하면서 각각 담당 부분은 밝히기로 하였다. 뿐만 아니라 김 시인의 연락으로 조지훈 시인의 글도 받고 《신작품》 동인들의 시도 받았고, 김현승, 김남조, 신동집, 송욱, 윤일주 등의 작품도 받는 등 그 야말로 전국적인 동인지가 탄생한 것이다. 2집 발간 계획까지 수립하였으나 고석규 평론가의 갑작스러운 죽음(1958. 4. 19)으로 무산된다.

고 평론가는 1954년 대학 재학 중에 동국대 국문과 출신 김재섭과 함께 2인집 『초극』(1954.6. 삼협문화사)을 발간하였으며 그 책을 들고 김춘수 시인의 마산 집을 방문하였다고 하며, 이때가 고 평론가를 처음 만난 것이라 기억하고 있다.(김춘수, 뉴크리티시즘의 기수 고석규전집4, p210) 이 책은 김재섭의 시와 고석규의 평론으로 구성된 책이다. 그리고 부산대학교 초창기 교내의 모든 문학도들을 중심으로 한 부대문학회(1952.11 결성)를 주도하였고, 《부대문학》(1953), 동인지 《시조詩潮》(1953), 《산호珊瑚》(1954)

발간의 주역이었다. 그는 1954년 《신작품》 7호부터 동인으로 가담하여 「모더니티에 대하여」라는 평론을 발표하기도 하여 그야말로 전천후 활동을 벌렸다. 그 결과 그 당시의 부산대 국문과 유일한 현대문학 교수 김정한 작가의 사랑을 받아 1호 국문과 석사학위 수위자가 된 것이다. 대학원 재학 시절인 1957년에는 '문학예술' 2월호부터 7월호까지 「시인의 역설」이라는 평론을 6회 연재하였다. 대학원 입학 직후 교육학과 출신으로 그 당시 시를 습작하던 추영수(1937~2022) 시인과 결혼(1957.4.15)하였다. 이때 김 시인은 고 평론가의 성화에 못이겨 결혼식에 축시를 낭독하기도 했다고 기억하고 있다.(강현국 편, 앞의 책 p.315) 이상으로 볼 때 두 사람의 관계는 10년의 연령 차이를 가진 사제간이라기보다 문학에서의 동지요 친구와 같았다고 볼 수 있다.

김 시인은 고 평론가 대학원을 졸업한 후에 강사로 나가는 1958년 4월부터 부산대학교 강사는 그만 두고 부산 지역에서는 전임대우로 나가던 연세대 부산분교(처음은 연희대 부산분교, 1957년 세브란스의대와 통합하면서 연세대라는 명칭 생김)에만 출강하고 있었다.

연세대 부산분교는 1951년 영도의 피난교사로 개교된 그 자리에 휴전 후인 1953년 8월 연세대가 다시 서울로 올라가자 상경하지 못하는 잔류 학생들의 학업을 지속시키기 위하여 개교한 대학이었다. 1958년에는 연세대 실업초급대학으로 개편되었다가 1963년에는 연세대 가정대학으로 개편되었으며 1965년에 가정대학마저 서울로 올라가면서 없어졌다.

김 시인은 1954년부터 1958년까지 이 대학에 전임대우로 출강하였다. 그런데 1958년 4월19일 대학에 강사로 출강한 지 얼마 되지 않은 고 평론가가 갑자기 심장마비로 타계한 것이다. 김 시인이 이 소식을 들은 정황에 대하여 고석규 3주기를 맞이하여 쓴 글(김춘수, 뉴크리티시즘의 기수, 앞의 책 p.210)에서 자세히 기록하고 있다. 장례식이 끝난 시점에 연세대 부산분교 출강하려 부산으로 가서 그 당시 부산과 마산 시외버스

정류소와 가까운 국제신보사에 들러 최계락(1930~1970) 시인으로부터 고 평론가의 작고 소식을 들었다. 그 당시 큰 충격을 받은 것은 물론, 김 시인의 고 평론가를 잃은 슬픔은 오래 지속되었다. 김규태(1934~2016) 시인이 쓴 「고석규의 죽음과 보들레르」(『고석규 문학전집 4, pp.280~284)에서 고석규 시인의 1주기인 1959년 4월19일 김 시인이 제주에 취해 고 평론가의 묘소에서 엎드려 흐느끼는 모습이 영 뇌리에 지워지지 않는다고 적고 있는 부분에서 그 편린을 엿볼 수 있다.

고석규 평론가의 국문과 후배로는 조선일보 문화부장을 하다가 창간된 '스포츠 조선'으로 옮겨 전무까지 지낸 조병철(1935~) 시인이 있다. 조 시인은 부산사범학교를 졸업하고 늦게 1955년에 입학하였다. 조 시인의 회고에 의하면 1학년을 대신동 교사에서 보내고 2학년 때에 금정산 기슭 장전동 캠퍼스에서 김춘수 시인으로부터 '시론' 강의를 들었다고 한다. 부산대학교는 1954년 장전동 캠퍼스 조성 공사를 하여 1955년 대학본부와 도서관(현재의 박물관 건물)이 개관되고 공과대학이 먼저 이전하고 1956년 3월 20일 문리과 대학, 법과대학, 상과대학 등이 옮겨왔다. 2000년대까지 본관으로 사용되던 현재의 인문관 건물은 1955년 공사를 시작했으나 1959년 완공되었기 때문에 조 시인은 캠퍼스가 어수선했다고 회고했다. '시론' 시간의 가장 인상적인 일은 친구들과 어울려 산성에서 막걸리를 먹다가 수업 시간에 늦게 들어갔더니 김춘수 시인이 크게 역정을 내서서 혼이 난 사실이라고 기억했다.

그러나 조 시인은 김 시인으로부터 시 습작의 능력을 인정받아 작품을 가지고 유치환 시인을 찾아가라고 했다고 한다. 그래서 유치환 시인을 찾아가 시를 보여주었으나 아직 부족하다는 말을 들었다고 한다. 대학 4학년 때인 1958년에는 부산일보 기자로 미리 취업이 되었는데, 논설위원을 겸하고 있는 김정한 교수의 소개로 김 시인이 일주일에 한 번씩 칼럼을 쓰게 되어 신문사에 자주 들러 만날 기회가 있었다고 한다.

다음으로 부산대학교 사범대학 부설고등학교 교장을 지낸 윤평원 (1936~) 시조시인이 있다. 윤 시인은 1956년 신입생으로 1학년 때부터 장전동 캠퍼스에서 공부를 했으며 2학년 때인 1957년 '시론'과 '신문학사' 강의를 들었다고 한다. '시론' 시간에 시작에서 리듬의 중요성을 강조하면서 김소월의 시에 대하여 높게 평가하던 것이 기억에 남는다고 회고 했다. 그리고 그가 시간강사 마지막 제자였을 것이라 추측한다. 그러면서 강의가 조용했으나 논리정연한 명강의였다고 기억하였다. 이러한 기억들은 『부산대학교국어국문학과 50년』에 수록된 54학번 정상옥 수필가, 55학번 윤영효 전 양덕여중 교장 등의 회고기(앞의 책, pp.262~266)에도 나타나 있다.

필자가 1969년 경북대 대학원 석사과정을 졸업하고 부산으로 내려와 중학교 교사를 몇 년 하다가 1972년에 부산대학교 사범대학에 신설되는 국어교육과에 현대문학 전공 교수가 필요할 것 같아 대구로 김춘수 선생님의 도움을 청하려 간 적이 있었다. 그 때에 김정한 교수가 국어국문학과에서 정년(1974년2월)하기 전이었다. 선생님께서는 김정한 교수에게 간단한 소개장을 써주시고는 "나는 부산대학교 교수가 못 되었지만 자네는 꼭 되게." 하는 말씀을 하셨다. 그 소개장을 들고 대신동의 김정한 교수 자택을 찾아가 부산대학교 교수가 될 수 있는 길을 안내받았다. 그 때에는 필자는 선생님의 말씀을 단순히 필자를 격려하는 말씀으로만 들었다. 그러나 이번에 이 글을 쓰면서 김 시인의 글 특히 자전소설 『꽃과 여우』(1977년 민음사, pp235~236)를 보니 김 시인의 부산대학교 전임이 되기를 기대하고 출강하여 1954년부터 1957년까지 4년 동안 애쓰시다가 대학중퇴자라 하여 좌절된 데 대한 상처가 크다는 것을 알게 되었다. 그리고 1954년부터 진주에서 마산으로 옮겨온 해인대학 조교수로 발령받는 1960년까지 그 당시 포장되지 않은 도로에서 버스로 여러 시간 시달리면서 진주 해인대학으로, 진해 해군사관학교로 그리고 부산의 부산대학교와 영도에 있었던 연세대 부산분교로 동분서주하셨던 선생님의 모습을 상상하면 정말 존경스럽기도 하고 안타깝기도 했다.

시와 산문의 이중적 글쓰기의 운명적 시작

김춘수 시인의 시와 산문의 이중적 글쓰기는 이미 살펴본 《문예》 1949년 11월호 통권 4호의 「아네모네와 질풍노도기」에서 시작되었다. 그러나 최초의 시에 대한 글쓰기는 앞에서 언급한 「꽃」의 첫 발표지면인 '시와 시론 동인회' 동인지《시와 시론》(1952년 11월 5일)에 발표한 「시 스타일 시론試論」이다. 이 동인지는 51페이지에 불과한 책이었으나 김 시인은 20페이지에서 22페이지까지 세로쓰기 3단으로 편집된 「시詩 스타일 시론試論」을, 42~43페이지에 「꽃」을 발표하고 있다.

「시 스타일 시론」의 내용을 소개하면 다음과 같다. 단락마다 번호가 붙은 형식으로 김 시인 자신의 시작의 나아갈 방향을 암시한 글로 논리적 설득력을 가지고 있다. 우선 1 단락의 경우 "여기서 내가 시라는 것은 협의의 시, 즉 서정시를 말함이다."라는 한 문장으로 시작된다. 다음 2단락에서는 주로 스타일이라는 용어의 한국적 선택에 힘을 기울인다. 스타일은 형태(form)와는 다르고 일본식 여러 번역 가운데 '문체'라는 번역이 우리에게 가장 적합하다고 결론을 내린다. 3단락에서는 포말리즘에 대한 이론을 전개하고 있다. 4단락에서는 프랑스 시인 발레리와 말라르메, 소설가 마르셀 프루스트, 아일랜드 소설가 제임스 조이스의 작품 등의 스타일과 중요시한 현상을 설명하고 있다, 마지막 7단락에서는 "결국 시에서의 스타일은 내용면과 불과분의 관계가 있다."고 한다. 달리 말하면 시에서의 스타일은 내용을 기반으로 하지 않으면 공허해진다고 보고 있다.

《문예》(발행·인쇄인 ; 모윤숙, 편집인 ; 김동리)는 1949년 8월 1일 창간한 뒤 곧 발발한 6.25전쟁으로 발간이 순조롭지 못하다가 1954년 3월 통권 21호로 종간된다. 이 시기는 김 시인이 마산고등학교를 1953년 9월 15일 그만 두고 다음 해부터 부산대학교 강사로 출강한 시기와 겹쳐진다.

    6.25 전쟁의 소용돌이가 다소 진정되고 모든 분야가 서울에서 다시 자리를 잡았다고 볼 수 있는 1955년 1월에《문예》지에서 편집실무를 맡았던 조연현(1920~1981)을 주간으로 월간 '현대문학'(발행인 김기호, 편집장 오영수)이 창간된다. 잘 알려져 있다시피 이 잡지는 2022년 10월 현재 814호로 그동안 한 호의 결호도 없이 발간되고 있는 대한민국 최장수 문예지이다. 이 잡지의 창간호에 김 시인은 시가 아닌 산문「현대시의 선구자들」이란 평론 성격의 글을 발표한다. 이 글은 창간호 80~95페이지에 걸친 상당히 긴 글이다. 말미에 「선구자들」의 장 끝'이라는 글이 기록된 것으로 보아 야심차게 전개할 요량으로 쓰여진 글이다. 내용은 A, 니체, B. 보들레르, C, 프랑스 상징파(말라르메, 베를레느, 랭보, 로트레아몽) 등과 니체와 대표적 프랑스 상징주의 시인들을 소개하는 내용인데, 중간에 작품도 인용하고 있는 본격적인 비평이라고 볼 수 있다.(부산대학교 사범대학 국어교육과 이순욱 교수 자료 제공) '현대문학' 창간호의 평론 성격의 산문 필자들과 그 글의 제목을 소개하면 다음과 같다. 철학자인 김계숙(1905~1989) 서울대 교수의「현대정신의 특징」 불문학자 손우성(1904~2006) 성균관대 교수의「실존문학으로의 과정」 평론가 백철(1908~1985) 중앙대 교수의「저널리즘과 문화성」 허백년 시나리오 작가의「헤밍웨이의 인간과 작품」 최남선(1890~1957)의「한국문단의 초창기를 말함」 등이다. 이상에서 본 바와 같이 필진이 각 분야의 인정받는 전문가들이다. 이들과 함께 김 시인의 글이 발표된 것이다.

    1959년 12월의 대학강사 시절까지에 해당되는 '현대문학' 60호(1959.12)까지 발표한 시와 평론을 열거하면 다음과 같다.

    시는「바위」(1955.4 통권4호)「꽃(소묘)」(1955.9 통권9호)「무제」(1956.2

통권14호)「구름」(1956.11 통권23호)「나목과 시」(1957.3 통권27호)「우계 -「비의 리듬」(1957.10 통권34호)「창」(1958.7 통권42호)「호」(1958.11 통권47호)「귀향」(1959.5 통권53호) 등 9편이다. 평론은 앞에서 언급한 창간호(1955.1)「현대문학의 선구자들」과「김소월론을 위한 각서」(1956.4 통권16호) 등 2 편이 있다. 이상으로 볼 때 이때에는 '현대문학'에는 많은 작품을 발표한 편은 아니다. 그러나 시와 산문(평론) 두 장르의 글쓰기는 하고 있다.

다음으로 '현대문학'보다 이른 1954년 4월 1일 창간되어 3호까지 는《문학과예술》이라는 제호를 사용하다가 4호부터《문학예술》(발행 및 편집;오영진)로 발간되어 1957년 12월 통권32호로 종간한《문학예술》에도 김 시인은 창간호부터 집필자로 참여하였다. 이 잡지는 월남한 오영진을 필두로 박남수(1918~1994), 김이석(1914~1964) 등 월남문인들이 주도한 문예지였다.

김 시인은 창간호에 시「분수」를 발표한 후 1955년 8월호(통권 5호)부터 평론「형태상으로 본 한국 현대시」연재를 시작한다. 이 연재는 한 호도 쉬지 않고 1956년 4월호(통권 13)에 9회로 끝맺는다. 이 연재는 1958년 10월 해동문화사에서『한국현대시형태론』(4×6판 200페이지, 양장)으로 개제되어 출판된다. 이 책은 김 시인의 첫 시론 저서로 그 당시는 물론 지금의 입장에서도 한국시문학사에서 빼어놓을 수 없는 이론서이다. 이 책의 서문에는 1957년 6월 3일이라는 날짜가 적혀 있으나 1958년10월 15일 발행되었다. 연재물을 바탕으로 정리한『한국현대시 형태론』목차는 다음과 같다.

서론, 제1장; 현대시전야(창가가사와 신체시), 제2장;자유시 초기, 제3장; 이상한 현상 하나, 제4장; 사족으로서의 부언, 제5장; 시문학파의 자유시, 제6장; 4260~70년대의 아류 모더니즘, 제7장; 4270년대의 양상, 제8장; 8·15

후 6.25까지, 제9장; 6.25 이후, 제10장;사족으로서의 부언

정리된 목차만 보아도 개화기 가사부터 시작하여 이글을 쓰는 50년대 전반까지의 한국 현대시의 형태적 특성을 통시적으로 살피고 있는 것을 알 수 있다. 연재물 외에 그동안 다른 지면에 발표한 시인론들은 「시인론을 위한 각서」라는 제목으로, 김소월, 이상, 유치환, 서정주 등에 대한 글이 부록으로 실려 있다.

이 저서는 김 시인의 신분 측면에서도 중요한 책이다. 그는 지금까지 대학중퇴자라는 신분 때문에 대학교 전임이 되지 못하고 있었다. 그러나 1959년 5월 이 저서로 문교부 교수자격인정령 21조에 의거하여 국어국문학과 부교수 자격을 인정받아 1960년 진주에서 마산으로 옮겨온 해인대학(지금의 경남대학교 전신)의 조교수 발령을 받게 되는 계기를 마련한 책이다. 그 당시의 심경에 대하여 김 시인은 직접 다음과 같이 밝히고 있다.

나는 1950년대 말에 교수 자격증을 취득했다. 나와 같은 사정에 있는 대학 강사들을 구제하기 위하여 문교부에서 그 때 일시적으로 만든 제도가 있었다. 전공 분야의 논문을 내게 하여 사계의 권위들의 심사를 거쳐 자격증을 수여하는 제도다. 나는 거기 합격한 셈이다. 그 자격증 덕분에 그때 마산으로 옮겨와 있던 해인대학의 조교수로 채용이 됐다. 여러 군데 여기저기 출강하지 않아도 되게 됐다. 나는 비로소 심신의 안정을 얻게도 되었다. 그러자 강의를 보다 충실히 해보겠다는 목적도 겸해서 나는 한층 독서와 연구에 열을 올리게 됐다. (김춘수 자전소설 『꽃과 여우』 p. 237)

《문학예술》에 이 연재를 끝내고 난 뒤에도 다른 산문을 발표한다. 「이상의 시 1956년 9월호)가 그것들이다. 이 가운데 「이상의 시」는 앞에서

언급한 저서『한국현대시형태론』에 수록된다. 1956년 5월호에는 시「꽃의 소묘^{素描}」(1)~(5)를 발표한다.(현대문학사판『시전집』pp.186~188에 (3)을 제외하고 수록되어 있음)

김 시인의 시에 대한 산문 쓰기는 결국 〈시작법〉에까지 다다르게 된다. 1958년 6월에 창간한 문예지《신문예》1959년 6월호(통권 12호)에「시 어떻게 읽고 어떻게 지을 것인가」를 연재하기 시작한다. 1960년 2월호까지 총7회 연재하였는데, 《신문예》가 언제 종간되었는지는 알 수 없다. 다만 중앙대학교 도서관장을 지낸 김근수(1910~1999) 교수가 작성한 한국학 총서 제5집『한국잡지개관 및 호별목차집』(1975,한국학연구소)에는 1959년 11월 30일 간행한 11, 12 합병호까지의 목차에 김 시인의 연재 5회가 소개되고 있다.

이 원고를 바탕으로 김춘수 시인은 경북대학교 교수로 자리를 옮긴 직후인 1961년 6월 20일 대구의 출판사인 문호사에서『시작법을 겸한 시론^{詩論}』(4×6판 220 페이지)을 엮는다. 이것이 김 시인의 두 번째 시론집인데, 필자는 1964년 경북대학교 사범대학 국어교육과 2학년 학생 시절 '시론' 과목을 이 책을 교재로 수강했다. 이 책 '후기'에《신문예》에 7회 연재한 것이라고 밝히고 있다. 이 책에도 연재물을 바탕으로 작법을 Ⅰ형태, Ⅱ언어, Ⅲ영감, Ⅳ상상, Ⅴ감성과 지성, Ⅵ제재, Ⅶ이해의 방법, Ⅷ제목, Ⅸ행의 기능, Ⅹ아류 등 열 항목으로 나누어 언급하고 있다. 이 저서 역시 다음에 부록으로「시의 전개」(1)(2)(종합지《신태양》1959년 6월호와 8월호에 발표)가 수록되어 있다. 그밖에 1960년에 발표한「앤솔로지 운동의 반성」(《사상계》1960년 3월호), 「시단풍토기」(《새벽》1960년 4월호)가 수록되어 있다.

그런데 김 시인이 이 저서를 1989년 도서출판 고려원에서『시의 이해와 작법』이라는 제목으로 개정 증보판을 내고 있다. 개정 증보판을 초판과 비교하면 Ⅰ부터 Ⅹ까지의 순서가 보다 시작단계에 부합하도록 대폭 바뀌고 있다. 뿐만 아니라 내용의 소제목도 바꾸었고 판형도 신국판 가로쓰기 체제가 되었다. 그리고 부록의 경우에는 「시의 전개」가 「시의 이모저모」로 제목을 바꾸고 있으며, 나머지 둘은 다른 것으로 채웠다. 그 변경된 내용을 소개하여 보면 다음과 같다. 우선 순서를 Ⅰ. 시의 언어, Ⅱ. 시의 형태, Ⅲ. 행의 기능, Ⅳ. 시의 제재, Ⅴ. 시의 제목, Ⅵ. 시와 상상력, Ⅶ. 시와 영감, Ⅷ. 감성과 지성, Ⅸ. 이해의 방법, Ⅹ. 아류와 영향으로 바꾸고 있다. 1961년판과 1989년판을 비교해보면 1989년 판이 훨씬 제목에서 오는 오해를 불식시키고 있다. 특히 1961년판의 'Ⅹ. 아류'의 경우 '아류'라는 가치평가에서 부정적으로 오해하기 쉬운 제목에다 '영향'이라는 긍정적 가치평가를 할 수 있는 용어를 첨가하였다. Ⅹ의 경우 소제목도 세 개인 것을 두 개 늘려 다섯으로 하고 있다. 새로 첨가된 소제목에서 '아류'를 벗어나 개성적인 시 창작의 방법까지를 제시하고 있다. 이 책은 10년 만인 1999년에 출판사를 자유지성사로 옮겨 같은 제목으로 내고 있다. 그러면서 '머리말'에 다시 내는 변을 다음과 같이 밝히고 있다.

시의 작법은 저자가 대학에서 시론을 강의하면서 참고자료로 필요성을 깨달았다. 실지로 시를 써 본다는 것은 시의 이해나 학문적인 천착에도 크게 도움이 된다는 것을 학생들을 가르치면서 깨달았다. 의학에서 임상실험과 같은 것이 되리라. 몸소 경험을 통해서 터득하는 것이 시를 속속들이 이해하는 것이 된다. 이 훈련은 척 보고 시의 좋고 나쁨을 식별하는 데도 크게 도움을 준다. 이런 말들은 실은 이론 이전에 있어야 한다.

김 시인의 시작법의 필요성을 강조한 이 글은 시인으로 대학에서 33년 동안 시론과 시교육론을 강의한 필자에게는 특히 공감되는 부분이다. 시작법은 시인 지망생에게만 필요한 것이 아니고 시를 비평하고자 하는 사람이나 시연구자가 되고자 하는 사람에게도 필요한 것이다. 달리 말하면 시작법을 모르고 시를 비평하거나 시를 연구하는 학자들은 임상훈련을 하지 않고 의사가 되거나 의학교수가 되고자 하는 것과 같은 것이다. 그리고 이렇게 시작법에 대한 책을 개정한 것은 대한민국 최초의 시작법서를 낸 김 시인의 뒤를 이어 많은 후배들이 시작법에 관한 저서를 낸 것에서 김 시인 나름의 자극을 받아 그 자신의 시작법이 그의 변모를 거듭하는 시작 경향처럼 낡은 것이 아니라는 것을 주지시키기 위한 작업이기도 하였다.

김 시인은 1954년 당시 비록 부산과 경남을 중심으로 한 대학 시간강사였지만 그의 시와 시론들은 그 당시의 대한민국 중요 문예지는 물론 종합지에도 발표되었고 시론가로서의 위상을 앞에서 살펴본 한국현대시의 형태적 특징과 시작법에 대한 연재로 충분히 확보하고 있다.

이상으로 볼 때 김 시인은 1950년대 후반 대학 전임이 되기 전부터 시와 시론을 겸한 시인으로의 입지를 굳히고 있다. 시간강사의 고달픔 속에서 시 쓰기와 산문 쓰기는 그의 예술혼의 형상화라는 일차적 욕구인 동시에 신분 변화를 위한 몸부림이기도 하였다. 이렇게 시작한 이중적 글쓰기는 그의 평생의 숙명이 되었다고도 볼 수 있다.

헝가리 사태와 3.15 마산의거를 보고 시 두 편을 쓰다

「부다페스트에서의 소녀의 죽음」과 「베꼬니아의 꽃잎처럼이나」는 이렇게 태어났다.

1953년 스탈린이 죽은 후 1956년 소련 공산당 대회에서 스탈린 비판이 일기 시작하자 동유럽 공산국가에서도 비스탈린화 운동이 거세게 일어났다. 그러나 헝가리에서는 정권을 장악하고 있던 소 스탈린이라는 라코시가 개혁을 완강하게 거부하였다. 그러자 1956년 10월 23일 작가들과 시민, 학생들의 시위가 일어나 치안 당국과 무력충돌이 발생하였다. 저항이 완강해지자 정부는 개혁파 라지를 수상으로 지명하면서 동시에 소련의 군사개입을 요청했다. 그러자 국민은 더욱 흥분하여 저항이 거세어졌다. 결국 정부는 공산당 일당 독재제도를 폐지하고 복수정당에 의한 연립정권을 수립하여 바르샤바조약기구 탈퇴와 중립을 선언하였다. 이러한 개혁이 결과적으로 11월 4일 소련군의 개입 사태를 불러 일으켰다. 소련은 탱크 1,000대와 병사 15만명을 투입해 헝가리 혁명군과 교전하여 승리한 후 11월 10일 라지 정권을 퇴진시키고 다시 친소정권이 들어서게 하였다. 이 당시 헝가리 국민 약 2,500명이 사망하고 소련군도 722명이 사망하였다.

이 사태를 세계의 언론들은 대대적으로 보도하였으며 탱크에 의하여 죽은 소녀의 사진이 한국 신문에도 보도되었다. 김춘수 시인은 이 당시 부산대학교와 연세대 부산분교 강의를 마치고 마산 집으로 돌아가는 차 속에서 그 신문을 보고 충격을 받았다. 그 당시 진해의 해군사관학교에도 강의를 하였는데 진해에서는 다음과 같은 사실이 전설처럼 전해 내려오고 있다.

　김춘수 시인은 해군사관학교 강의를 마치면 진해의 '흑백다방'에 와서 차 한 잔을 하면서 문화예술인들과 교류하였다고 한다. 그러던 어느 날 김 시인은 이곳에 와 헝가리 의거 사태와 소련군의 총에 맞은 헝가리 소녀의 모습에 비분강개하면서 그 자리에서 펜을 들어 시를 쓰기 시작했다고 한다. 시 「부다페스트에서의 소녀의 죽음」은 이렇게 탄생된 셈이다. (김효경 경남문학관 소장 김춘수 시집 『꽃의 소묘』 관련 글, 경남문학관 리뷰2021 상반기 통권 제59호 p.13)

　시 「부다페스트에서의 소녀의 죽음」은 1957년 4월호(통권45호) 《사상계》에 발표된다. 이 시가 김 시인으로서는 《사상계》의 첫 발표작이다. 김요섭 「웃음을 위한 시」, 김용호 「비정非情의 시詩」, 김광섭 「산바람처럼」 등과 같이 발표되었다. 308~309 양쪽에 2단 세로로 편집된 긴 시이다.
　이 시가 시집에 처음으로 정착한 곳은 경남문학관에도 소장되어 있는 김 시인의 네 번째 시집 『꽃의 소묘素描』(1959.6, 서울 백자사, B6판, 4부 23편 수록)이다. 이 시집은 5개월 뒤에 '오늘의 시인총서'로 낸 다섯 번째 시집 『부다페스트에서의 소녀의 죽음』(1959.11, 서울 춘조사)과 중복 수록된 작품이 많다. 그 까닭은 『꽃의 소묘』 원고를 강상구 시인이 가져가 먼저 냈기 때문이라고 김 시인이 밝히고 있다. 시 「부다페스트에서의 소녀의 죽음」은 이 시집에는 《사상계》에 발표한 그대로 수록되어 있다. 그러나 시집 『부다페스트에서의 소녀少女의 죽음』에서는 많은 부분이 생략되어 있다.
　첫 발표작에는 소련군의 총에 맞아 죽은 13세 부다페스트 소녀의 죽음과 6.25 전쟁 때 한강에서 적군의 총탄에 맞아죽었을 지도 모르는 13세의 한국의 소녀를 대비시키고, 뒷부분에는 김 시인의 동경 감방 체험까지 삽입되어 있다. 그러나 다섯 번째 시집에는 감방 체험 부분이 생략되어 있다. 그 과정은 김 시인 생전에 현대문학사에서 발행한 『김춘수 시전집』(2004.1, pp.161~165)에 자세히 설명되어 있다. 이 시집 발간의 경위도 우여곡절이 많다. 이 시집은 춘조사에서 '오늘의 시인총서' 시리즈로 발간한 것인데, 1956년 제1회 한국시인협회상 수상자인 김수영 시인의 『달나라의 장난』, 전봉건 시인의 『사랑을 위한 되풀이』(1968년 제3회 한국시협상) 김윤성 시인의 『바다가 보이는 산길』(제1회 한국문학가협회상) 등과 함께 발간되었다. 김 시인의 경우 1957년 제2회 한국시협상 수상자로 이 총서에 들어가게 되었던 것이다. 이 시집은 애초에 김춘수 시인은 시집 제목을 『비의 리듬』이라고 정하였는데 총서 편집인(장만영, 박남수, 김광균)의 한 사람인 박남수 시인이 『부다페스트에서의 소녀의 죽음』으로 바꾸어 냈다고 김 시인이 직접 밝히고 있다. 이 시집에는 네 번째 시집 『꽃의 소묘』에 수록된 작품에다 이미 다른 시집에 수록된 바 있는 시들을 〈구시첩〉이라고 하여 첨가시키고 있으며 그 외 근작 3편이 추가되어 5부로 나누어진 총 36편의 시가 양장 B6판 128쪽 세로로 편집되어 있다.

여기서 그가 시집 제목으로 삼고 싶었던 시 「비의 리듬」 전문을 인용하여 보기로 한다. 이 시는 「비의 리듬」이라는 제목은 부제이고 「우계(雨季)」로 알려져 있는 작품이다.

눈에 봄을 담은 소녀여 뉴우케아어, 너는 죽고
너를 노래한 희랍의 시인도 죽고
지금은 비가 내린다.
젖빛 구름
지중해
거기서 나는 포도의 많은 송이를
흙탕물에 우리들의 발이 짓밟는다.
소녀 뉴우케아어,
우리들의 망막에 곰팡이는 슬고

퀴퀴한 곳에서
벼룩 빈대가 알을 깐다.
습기 있는 눈물은 누가 우는가,
찾아갈 고향도 없는데
도시의 오물은 수채구멍으로 빠져 나갈 것인가,
눈에 봄을 담은 소녀여,
뉴우케아여,
너는 죽고
희망도 없이 기다리는 사람들의 마음에
지금은 비가 내린다.
비는 내려서
또다시 소녀 뉴우케아여,
봄을 담은 네 눈을 우리들의 추억이 적시고
하꼬방의 판자 위에 무심히 잠들어 있는 유아의 뼛속으로 스민다.
삼백육십 개의 유아의 뼛속에서 흐르는
비의 강물이여,
소녀 뉴우케아는 삼백육십 번을 거기서도 죽고
지금은 마흔 밤을 비가 내린다.

- 「우계兩季」 전문

이 시의 부제인 「비의 리듬」은 앞의 두 시집에만 있고 그 뒤에는 김 시인 스스로 삭제한 제목이기도 하다. 그러나 시를 전체적으로 볼 때 지극히 감각적이고 내리는 비에 대한 우수의 정서가 담긴 이미지들이 많다. 달리 말하면 김춘수 시인 초기시의 대표적인 경향이라고 볼 수 있다.

그러나 박남수 시인의 제목 선정은 지극히 김춘수 시인을 현실문제 특히 공산주의라는 정치권력이 어린 아이들을 무참히 죽인 상황을 시적으로 고발한 시인으로 인식시키게 되었다. 사실 1950년대 후반 동유럽의 자유화 물결은 오늘날의 입장에서 보면 공산주의 붕괴 전조 현상이라고 볼 수 있을 것이다. 이러한 현상을 김 시인은 주의 깊게 본 것이다.

　이 시는 1973년부터 1982년까지 시행된 제3차 교육과정에 의한 국정 인문계 고등학교 국어 3학년 교과서(1975.2 초판)에 수록되어 지금은 이미 60대가 된 전국의 인문계 고등학생들에게 가르쳐졌다. 112쪽부터 115쪽에 걸쳐 수록된 이 시는 시집 『부다페스트의 소녀의 죽음』에 수록된 작품을 원 텍스트로 하여 몇 군데 수정이 되었으며 다섯 군데의 각주가 있고 각주 첫 번째는 '부다페스트' 지명에 대한 소개인데, 다음과 같다.

　'헝가리 수도, 1956년 10월 23일, 거국적인 반공 혁명이 일어났으나 소련 군의 개입으로 좌절되었다. 그 때, 밀려드는 소련 탱크와 맨주먹으로 싸우는 시민들 속에는 열 서너 살의 어린 소년 소녀들도 끼어 있었다. (인문계고등학교 국어3, p.112)

　수정된 것 가운데 흥미로운 것은 뒷부분에 "흐를 것인가, 영웅들은 쓰러지고 두 달의 항쟁 끝에"라는 행에서 '두 달'이 '두 주일'로 수정된 것이다. 지금도 원 텍스트는 '두 달'로 되어 있다. 앞에서도 밝혔지만 헝가리 의거는 1956년 10월 23일에 시위가 시작되어 11월 10일 소련군에 의하여 강제 진압된 미완의 혁명이었으며 그 기간은 19일, 즉 두 주 하고 5일이 맞다. 그러나 김 시인은 10월과 11월에 걸친 두 달로 인식하였던 것이다.

　김 시인은 실제로 1970년대 이 시가 고등학교에서 가르칠 즈음에 이미 무의미시의 경향으로 돌입한 지도 10년이 넘어 있었다. 무의미시로의 실험을 「타령조」 연작으로 보면 그 첫 번째 작품인 「타령조 1」이 《사상계》1959년 12월호(통권77호)에 발표되었고, 그 결산으로 시집 『타령조·기타』(1969.11 문화출판사, 국판 112쪽)를 낸 지도 상당한 시간이 경과되었던 것이다. 그래서 김 시인 자신이 다음 교과서에서는 이 작품을 게재하는 것보다

대표작 「꽃」이 수록되기를 백방으로 노력하기도 하였다. 전적으로 그 결과라고 볼 수는 없겠지만 제4차 교육과정기(1981~1987년)에 발행의 주체가 문교부에서 한국교육개발원으로 바뀌었지만 역시 국정인 고등학교 국어3(1986.3 초판 p.32)에 오늘날에는 국민애송시 가운데 하나가 된 「꽃」이 수록되어 인문계뿐만 아니라 실업계 고등학교 전 학생들에게까지 가르쳐졌다. 물론 그 「꽃」은 김 시인에 의하여 최종적으로 수정된 것이었다. 즉 마지막 행 '잊혀지지 않는 하나의 의미가 되고 싶다'에서 시어 '의미'를 '눈짓'으로 바꾼 것이었다.

김춘수 시인은 이렇게 고등학교 국어 교과서뿐만 아니라 중학교 국정 국어 교과서에도 다음의 두 작품이 수록되었다.

*제4차 교육과정기; 「분수」(중학국어 3~1, 1984.3 초판, pp.160~161)
*제6차 교육과정기(1992~1997); 「차례」(중학국어 1~2, 1995.9 초판, p.38)

1960년 3월15일 집권당인 자유당 정부통령 후보 이승만과 이기붕을 당선시키기 위한 조직적이고 유례없이 벌어진 부정선거에 항의하기 위하여 맨 먼저 일어난 도시가 마산이다. 그 발단은 마산시 장군동 제1투표소에서 야당인 민주당 참관인과 자유당 당원 사이에서 실랑이가 벌어져 투표함을 엎어버리자 그 투표함에서 사전투표지가 발견되어 항의하다가 민주당 참관인 부부가 경찰서로 연행되는 사건이 벌어지는데, 참관인의 남편 정남규 씨가 경남도의원 신분이라 곧 석방된다. 그러자 정 의원은 오동동의 민주당 당사로 가 민주당 당원들과 논의 끝에 독자적으로 선거포기를 선언하고 민주당 참관인을 전원 철수시킨다. 그런 후에 가두방송을 통하여 선거무효를 선언하고 시위에 돌입한다.

오후 3시 30분 1500여명이 민주당 당사 앞에서 시위를 벌이고 경찰과

충돌하게 된다. 저녁에는 개표가 시작되는 시청 앞에서 1만여명의 시위대가 몰리게 되면서 시위의 규모가 커졌다. 마산 중심가 남성동파출소 앞에서 시위대와 경찰이 대치하고 시위진압에 출동한 소방차가 무학초등학교 앞 전신주를 들이받아 정전이 되고 신마산 일대가 깜깜해졌다. 이를 틈타 경찰이 시위대에 발포하여 남성동파출소 앞에서 한 명의 사망자가 발생하게 된다. 그러자 시위대들은 자정이 다 될 때까지 관공서와 경찰서와 파출소 그리고 자유당 당사 등을 습격한다. 이때에 사망한 시위대는 총9명이었으며 부상자는 80여명이었다. 그 가운데는 고등학생들도 포함되어 있었다. 4월 6일 2차 시위, 4월 11일 마산상고 입학예정자 김주열 군의 시신이 마산 앞바다에서 최루탄이 눈에 박힌 채 마산 앞바다에서 떠오르자 또 한 번의 시위를 하였으며 이것이 도화선이 되어 끝내는 4.19 혁명으로 연결된다.

그런데 이 마산 현장에 김춘수 시인이 있었다. 그래서 그는 다음과 같은 시를 썼다

베꼬니아 꽃잎처럼이나
- 마산사건에 희생된 소년들의 영전에

남성동 파출소에서 시청으로 가는 대로상에
또는
남성동 파출소에서 북마산 파출소로 가는 대로상에
너는 보았는가…뿌린 핏방울을
베꼬니아의 꽃잎처럼이나 선연했던 것을…
1960년 3월 15일
너는 보았는가…야음을 뚫고
나의 고막도 뚫고 간

그 많은 총탄의 행방을…

남성동 파출소에서 시청으로 가는 대로상에서
또는
남성동 파출소에서 북마산 파출소로 가는 대로상에서
이었다 끊어졌다 밀물치던
그 아우성의 노도를…
너는 보았는가…그들의 앳된 얼굴 모습을…
뿌린 핏방울을
배꼬니아의 꽃잎처럼이나 선연했던 것을…

그런데 이 시를 특종처럼 신문에 보도한 시인이 있다. 조선일보에 근무하다가 은퇴한 조영서(1932~2022) 시인이 바로 그 분이다. 그는 1960년 당시 국제신보(지금의 국제신문 편집부장이었다. 김 시인이 3.15 직후 쓴 위의 시를 그에게 보내온 것이다. 조 시인은 그 당시의 감회를『국제신문50년사』(1997.9)에 다음과 같이 쓰고 있다.

3월 28일 발간될 석간 2면(당시에는 조석간 발행이었음) 마산사태 화보를 전면 특집하는데 마산의 김춘수 시인이 시 한 편을 급히 보내왔다. 간밤의 사태를 보고 도저히 견딜 수 없었다는 사신과 함께… 그 시를 전면 화보 속에 실었다. 시 제목이「베꼬니아의 꽃잎 처럼이나…」이다. 화보가 돋보인 것은 말할 나위도 없었다. 나는 이 시가 4월혁명 시 효시인 것으로 안다. 또 이것을 국제신보가 처음 보도하기에 이르렀다. (『국제신문50년사』1997.9 p.139 제3장 4.19 혁명과 특종)

이 글을 쓴 후 조 시인은 시 전문을 인용하고 있다. 그런 후 이 시가 발표되자 김 시인은 당국의 조사를 받을 뻔했다고 부기하고 있다. 이처럼 김 시인은 3.15마산의거 현장에서 그것을 외면하지 않고 시로 남겼던 것이다. 이 시는 그동안 시집에 수록되지 않고 있다가 1976년 정음 문고 148로 발간된 『김춘수 시선』(정음사1976.11, 문고본 200면)에 그의 대표작이라고도 할 수 있는 「죽도에서」와 「수련별곡」등과 같이 처음으로 수록되어 있다. 이 시는 현재 국립 3.15묘지로 승격되어 공원으로 조성된 3.15 사망자 묘지에 시비로 우뚝 서 있다.

   김 시인은 3.15 마산의거의 정황을 산문으로도 남기고 있다. 자전소설 『꽃과 여우』 마지막 부분 238쪽과 239쪽에 더욱 실감나게 다음과 같이 쓰고 있다.

   시민극장 앞으로 나서자 일신백화점 바로 위쪽의 네거리 근방에 사람이 운집해 있고 이따금 고함소리가 들리고 누가 치는지 박수 소리도 들리곤 한다. 우리 세 사람(김춘수 시인, 강신석 화백, 그리고 김 시인 집을 찾아온 다른 한 사람)이 빠른 걸음으로 은하수 다방까지 다다르자 민주당 당원들이 머리에 헝겊을 동여매고 "부정선거 다시 하자!" "대한민국 만세!" 등의 구호를 외쳐대며 네거리를 시장 쪽에서 오동동 쪽으로 건너가는 짬이었다. 사뭇 비장한 낯색들이다. 화구(강신석 화백의 호) 선생이 이 광경을 목격하자 어느새 우리를 빠져나가 쏜살같이 군중 속으로 내달린다. 내달리면서 "에이~ㅋ!"하는 무슨 짐승 같은 울부짖음을 창자가 다 찢어질 듯이 부르짖는다. 한순간의 일이다. 아까 내 집에서 한 화구 선생의 말이 뇌리에 스친다. "내가 무슨 짓을 할지 나도 모른다 말야…" 드디어 그날 밤 그 참변이 일어났다. 이것이 내가 목격한 마산의 3.15의 발단이다.

제6부, 대구(1961-1980)

명암이 교차된 시인과 교수의 길
경북대, 영남대 교수 시절

청마에 이어 두 번째 경북대 시학 교수 김춘수, 날개를 달다

　김춘수 시인은 1960년 진주에서 마산으로 옮겨온 해인대학(현재의 경남대학교 전신)에 조교수로 발령을 받는다. 이 당시의 해인대학의 상황을 알아보기 위해 해인대학이 설립하게 된 경위를 간단하게 살펴보기로 한다.
　1946년 12월 해방 전 중국 중경에 머물던 임시정부 인사들이 귀국하여 인재양성의 필요성을 절감하여 대학을 세우기로 하고 '국민대학관'으로 출발하였다. 그러나 재단의 설립이 대학인가의 선결조건이라 당시의 대한불교중앙회 총무원 총무부장 최범술의 주선으로 해인사 사찰의 재산을 기부하는 조건으로 인가를 받았다. 초대학장으로는 신익희가 취임하였고, 1950년 8월 피난지 부산에서 제1회 졸업생을 배출하였다. 1952년 3월에는 합천 해인사 경내로 이전하고 재단 명칭도 재단법인 국민대학에서 재단법인 해인사로 변경하였다. 이때의 학과 편제는 종교학과와 문학과로 된 문학부와 법률학과와 정경학과로 된 법정학부의 2개 학부. 학생모집 200명이었으며, 1952년 8월에는 다시 진주시 강남동으로 이전하였다. 이런 와중에 재단법인 해인사를 반대하던 측은 6.25전쟁기가 끝나자 서울로 돌아가 오늘날의 국민대학교 전신을 개교하였다. 말하자면 경남대학교와 국민대학교는 그 뿌리가 같은 셈이다. 해인대학은 1956년 8월에는 마산시 완월동으로 이전하였으며 1961년에는 마산대학으로 교명이 변경되었다. 1961년 11월에는 대학 정비령에 의하여 1962학년도 학생모집이 중지되었다가 1964년 1월에 다시 마산대학으로 인가를 받아 법정학과,

상학과, 종교학과 문학과 등 4개학과에 입학정원 80명이 되었다. 1968년 학교법인 삼양학원이 대학을 인수하면서 불교계는 대학경영에서 떠났다. 1970년 학교법인 경남학원이 인수하면서 오늘날의 경남대학교의 발판을 마련하였고 교명도 경남대학으로 변경하였다. 1973년 12월 월영동 현재의 위치로 교사를 이전하였다.

김춘수 시인은 1953년 8월 31일 마산고등학교 교사를 그만두고 1954년 대학 강사를 시작한 때부터 진주에 있는 해인대학에 출강하였으며 해인대학이 1956년 8월 마산으로 이전한 후에도 계속하다가 1959년 저서 『한국현대시형태론』(1958,해동문화사)으로 문교부 대학교수자격인정령 21조에 의거 국어국문학과 부교수 자격을 인정받는다. 그리고 1960년 봄에 해인대학 조교수로 발령을 받았다. 그러나 현재의 경남대학교에는 이 당시의 공식적인 기록은 남아 있지 않고 김 시인이 보관하고 있던 부교수 발령장이 그 유일한 증거이다. 그 발령장에 의하면 1961년 1월에는 부교수로 승진하였다. 그러나 앞에서 살펴본 대로 해인대학은 그 당시로는 존폐가 불확실한 열악한 대학이었다.

그래서 김 시인은 해인대학 교수로 임용되기 전부터 당시 경주고등학교 교장으로 있던 유치환 시인에게 경북대학교에 자리가 있는가를 부탁하였다. 김 시인이 보낸 사신(1959년 4월 1일자)에 그 구체적 정황이 나타나 있는데, 이 편지는 200자 원고지 한 장의 짧은 것으로 마산의 '청포도' 동인 남윤철의 시를 《현대문학》에 추천해주기를 부탁하면서 말미에 "경대(慶大) 일은 어떻게 되겠습니까?"라고 첨가하고 있다. 이 편지의 원본은 통영시의 청마문학관에 전시되어 있다. 여기서 김 시인이 왜 청마에게 경북대학교의 일을 부탁하였는가 하는 점에 대하여 살펴볼 필요가 있다.

유치환 시인은 1952년 11월 10일 통영여중 교감을 사임하고 경남

함양군 안의면의 사립 안의중학교 교장으로 부임한다. 그 당시 이사장이자 교장이던 하기락(1912~1997) 교수의 초빙으로 안의행을 결행했던 것이다. 하기락 교장과는 아나키즘 운동으로 맺어진 인연이었다. 하기락 교장은 1940년 일본 와세다대학교 철학과를 졸업하고 1952년에는 안의중학교 설립에 참여했다. 하 교장은 1953년 봄 경북대학교 고병간 총장에 발탁되어 문리과대학 철학교수로 임용되어 대구로 떠난다. 청마는 1954년 봄까지 약 2년 동안 안의중학교 교장으로 재임하다가 1954년 4월30일 경북대학교 문리과대학 국어국문학과 전임강사로 자리를 옮긴다. 이 자리 역시 철학과 하기락 교수가 주선한 것이었다. 그 당시 경북대학교 영어영문학과에는 김종길(1926~2017) 시인이 교수로 있었고, 허만하(1932~) 시인이 의과대학 학생으로 시를 쓰고 있었다. 청마의 경북대학교의 시학 교수는 오래 지속되지 못하고 1년이 지난 1955년 3월 31일 끝나고 만다. 이 시절의 모습은 앞의 두 시인의 글, 특히 허만하 시인의 산문집 『청마풍경』((2001, 솔 출판사)의 여러 글들과 문덕수 시인의 『청마유치환 평전』(2004) pp.202~213)에 자세히 수록되어 있다. 경북대학교로서는 당대뿐만 아니라 문학사에 남을 시인 청마를 전임교수로 모신 것이다. 그러나 청마 스스로 경북대학교를 떠난다. 그 경위에 대하여 문덕수 시인은 다음과 같이 쓰고 있다.

청마의 경북대학교 문리대 강의는 본인이나 학생들에게 신명나는 일은 아니었던 것 같다. 그는 창작에 주력하고 이론과 비평을 멀리했다. 그의 인생론적 시론도 이론체계를 갖춘 것은 아니었다. "그 때의 한 수강생 말에 의하면, 조그마한 보자기를 들고 강단에 선 그의 강의는 시간을 채우지 않는 경우가 많았다. 그는 시인이었지 학자는 아니었다."(허만하『청마 풍경』p.217을 각주로 표시하고 있음) 김종길의「50년 뒤(청마 선생께)」라는 시에는 '무슨 이야기할 게 그리 많노/나는 50분도 채우기 힘든데~"라고 한 말이 지금도 귓전에 울리고 있

다 라는 대목이 보인다. (『청마문학』제7집 2004), (문덕수『청마유치환 평전』p. 213)

　청마는 경북대학교를 그만 두고 1955년 2월 1일 지금도 사립인 경주고등학교 교장으로 취임하여 1959년 9월 30일까지 근무한다. 경북대학교 교수 사임은 청마가 경주고등학교에 부임한 지 2개월이 지난 3월 31일 처리된다. 이 시절에는 이런 일이 많았다. 특히 경주고등학교는 사립이었기 때문에 충분히 가능했다. 이렇게 떠난 경북대학교 시학 교수는 1961년 김춘수 시인이 부임할 때까지 비워져 있었다.
　김춘수 시인은 1961년 청마 시인의 천거로 그 당시 경북대학교 문리과대학 학장이던 하기락 교수의 주선으로 경북대학교 문리과대학 국어국문학과 전임강사로 부임한다. 1961년 해인대학 부교수로 발령을 받았는데, 그러한 경력은 인정받지 못하고 전임강사로 부임한 것이다. 그러나 1955년 청마가 사임한 후 6년 동안 공석으로 두었던 그 자리에 두 번째로 시학 교수 그것도 경북대학교 유일한 현대문학 교수로 부임한 것이다.

　김 시인은 1961년 봄 가족들은 대부분 마산 중성동에 남겨둔 채 마산여자고등학교 2학년에 갓 올라간 큰따님 김영희(1945~) 여사를 대구여자고등학교로 전학시키면서 함께 대구로 와서 봉산동 168번지에다 집을 마련하여 일단 대구에 뿌리를 내리기 시작한다. 이 무렵 유치환 시인은 4.19 혁명 이후인 1961년 5월 경주여자고등학교 교장으로 발령을 받아 근무하다가 1962년 3월부터 대구여자고등학교 교장으로 자리를 옮긴다. 대구여고에는 1963년 7월까지 근무하다가 부산의 경남여자고등학교 교장으로 전임되어 부산으로 떠난다. 말하자면 김영희 여사의 대구여고 2, 3학년 시절에 유치환 시인이 교장으로 있었던 것이다. 김영희 여사는 필자가 경북대학교 사범대학 국어교육과에 입학한 63년 봄에 대구여고를 졸업하고 경북대 문리대 화학과에 입학한다. 김 여사의 회고에 의하면 대학 2학년 때에 대학신문인 《경북대학보》에 경북대학교의 교수 자녀 가운데 지상으로 편지를 주고받는 코너가 있었는데, 거기에다 마산과 대구를 오르내리는 아버지 김춘수 시인에 대하여 글을 쓴 적이 있다고 한다. 이로 미루어 볼 때 김 시인은 해인대학(1961년부터는 마산대학으로 교명을 바꾸었음)에도 전임으로 임용된 지 얼마 되지 않아 경북대학교로 옮긴 것이 미안하여 그 당시의 교통사정으로 꽤 시간이 걸리는 마산을 오르내리면서 강의를 1964년 말까지 계속하였던 것이다.

필자는 1963년 사범대학 국어교육과에 1학년 때에는 김 시인을 찾아갈 용기가 없었다. 김 시인 역시 연구실을 계속 지키기가 힘들었던 까닭은 마산의 출강 때문이었던 것이다. 그러나 필자는 대학교 2학년 때인 1964년부터 시만 쓰여지면 가지고 오라는 김 시인의 말씀에 순종하여 연구실을 출입하였다. 그 당시 김 시인의 연구실은 지금도 경북대학교의 본관이 되어 있는 본관 4층으로 기억되는데, 비교적 큰 편인 연구실에 책상과 책꽂이 하나만 덜렁 놓여 삭막하다고 느껴졌다. 책꽂이에 책은 많이 꽂혀 있지 않고 샤갈을 비롯한 서양화가들의 화집을 김 시인은 즐겨 보는 것 같았다. 그래서 필자는 학부 때에는 화집을 구입할 경제적 여유가 없어 구입하지 못하고 대학원 때에 샤갈의 화집 한 권 구입하여 오랫동안 간직하기도 하였다.

김춘수 시인이 부임한 1961년 경북대학교에는 문리과대학 국어 국문학과 말고 사범대학에도 국문과라는 중등학교 국어교사 양성을 위한 학과가 있었다. 사범대학의 경우 1962년에는 대학정비령에 의하여 모집이 중지되었다가 필자가 입학한 1963년 국어교육과로 명칭을 바꾸어 부활되었다. 요즈음은 대학교육과정이 국어학과 고전문학 그리고 현대문학 삼대 영역이 균형을 이루고 있으나 경북대학교의 경우 국어국문학과 국어교육과 모두 1970년대 전반까지 국어학 50% 국문학 50%, 현대문학 영역의 경우 국문학 가운데 5분의 1인 10%를 차지하고 있었기 때문에 김 시인 혼자서 문리대 국문과와 사범대학 국어교육과의 강의를 감당할 수 있었다. 필자가 재학했던 1963년부터 1967년까지 2학년 때에 김 시인으로부터 「현대시론」을 사범대학 단독 개설하여 배웠고 「신문학사」는 3학년 때에 문리대 국문과와 합동강의로 배웠으며, 역시 3학년 때에 「현대문학연습」이라는 과목에서 현대소설 작품분석론을 배웠다. 필자가 배운 현대문학 영역 과목으로는 1학년 기초필수 「문학개론」이 있었다. 이 과목은 사범대학 어문계열(국어교육과와 영어교육과) 공동으로 문리대 영문과 민윤기 교수라는 영시 전공 교수에게 배웠다. 선택과목인 「희곡론」은 세익스피어 전공이고 희곡작가였던 역시 문리대 영문과 김홍곤 교수에게서 배웠다. 이렇게 열거한 다섯 과목이 현대문학 영역 전부였으며, 그 가운데 핵심과목인 시론, 현대문학사, 소설분석론 등을 김 시인에게서 배웠던 것이다.

「현대시론」의 경우 1964년 2학년 1학기 때(『경북대학교 사범대학 국어교육과50년지』 p.26 교육과정표 참조)에 앞에서 언급한 대구의 출판사인 문호사에서 출판한 『시론詩論』(4×6판 220페이지)을 교재로 하여 배웠다. 김 시인은 그 당시에는 중등학교 교사 시절부터 있었던 수전증이 가시지 않았으나 진지하고 신중한 말투로 학생들을 압도하였다. 김 시인으로서는 1961년과 1962년의 국어교육과 선배에 이어 세 번째 강의(1963년에는 대학정비령 때문에 1962년 신입생을 모집하지 못해 2학년이 없어 강의가 개설되지 못했음)였다.

「신문학사」의 경우 교재는 이병기(1891~1968) 교수와 백철(1908~1985) 교수가 공저한 『국문학전사』(1965, 신구문화사)의 백철 교수가 지은 제2부 〈신문학사〉였으나 주로 김 시인의 강의노트에 의존한 강의였다. 김 시인의 견해는 말로써 설명하다가 다른 사람의 주장을 인용하는 경우 책의 이름과 수록 페이지를 부른 후 인용 부분을 읽어 주면 우리는 그대로 받아 적었다. 그래서 충실하게 강의를 받아 적으면 하나의 저서가 될 수 있었다. 필자는 이 강의 노트를 2000년까지 간직하고 있었으나 2003년 이후 네 차례 이사를 하는 과정에 분실하고 말았다. 내용은 자세히 기억나지 않으나 다른 사람, 주로 백철 교수의 앞의 저서나 조연현(1920~1981) 교수의 『한국현대문학사』(1961, 인간사)의 견해와는 다른 부분이 여러 군데 있었다. 김 시인이 이 강의 노트를 단행본으로 내지 않은 것은 오늘날의 입장에서 보면 아쉬운 일이다. 이때 강의한 신체시 부분은 경북 대학교 논문집에 발표되었다. 그 별쇄본 『1909~19년 사이의 한국시의 명칭과 형태』를 필자는 오랫동안 간직하고 있었으며 필자의 논문에도 인용하였다. 그리고 김 시인은 이 논문으로 1965년 5월 21일 문교부 '교수 자격심사위원회'로부터 '교수 자격인정서'를 받았다.

다음으로 「현대문학연습」의 경우 일종의 현대소설 분석론이었다. 현재에는 1970년대 초 정음문고89로 번역되어 있는 에딘 뮤어 『소설의 구조』와 E.M 포스터 『소설의 이해』 등의 이론을 소개하고 그 이론을 바탕으로 김동인의 「감자」와 나도향의 「물레방아」, 이효석의 「메밀꽃 필 무렵」 김동리의 「황토기」 등을 분석하였다. 김 시인은 이 소설을 대상으로 논문을 작성하여 국어국문학과 논문집인 『어문논총』에 발표하였다. 김 시인은 이들 이론서를 원서로도 읽었겠지만 한국보다 먼저 소개된 일본어 번역판도 읽었을 것이다. 이러한 논문 형식의 글들 대부분은 김 시인의 전집에 수록되지 않고 있다. 따라서 완벽한 전집 발간을 위해 이 글들은 반드시 수습돼야 할 것이다.

이상으로, 김 시인의 1961년 경북대학교 부임 초장기의 강의 내용에서 유추할 수 있듯이 1960년대 전반기의 경북대학교 사범대학 국어교육과 동기생들은 그 당시 한국 대학교의 어느 현대문학 교수보다 체계적이고 최신 이론을 바탕으로 한 강의를 수강할 수 있었다. 이러한 입장은 시인의 길과 학자의 길의 직접적인 제자인 필자만 간직하고 있는 자부심이 아니다. 필자의 입학동기인 국어학 전공으로 일찍 작고한 염선모 영남대학교 교수나 부산에 거주하면서 자주 만나고 있는, 역시 국어학 전공인 신라대학교 주상대 교수도 공동으로 인식하고 있는 바이다. 사실 우리 국어교육과에는 그 당시 현대문학 전공 교수가 전무했으나 문리과대학 국문과에 김 시인이 있었기 때문에 그로부터 배운 시와 소설 그리고 현대문학사의 실력 때문에 우리 동기들은 중고등학교 국어교사의 길을 나설 때 현대문학 영역에도 자신감을 가질 수 있었다.

김춘수 시인의 대구살이 20년 족적을 찾아서

2022년 1월 5일 새해 벽두이지만 김춘수 시인의 대구에서의 족적을 찾아 부산역에서 아침 9시 6분 KTX를 타고 동대구역으로 출발하였다. 동대구역에는 앞으로 2년 동안 한국현대시인협회 제27대 이사장을 맡을 필자와 함께 부이사장으로 일할 손수여 시인이 고맙게도 승용차를 가지고 나와 있겠다고 하였다. 그리고 필자의 경북대 사범대 국어교육과 7년 후배인 70학번 박정남 시인도 나와 동행하게 되었다. 점심때에는 경북대학교에서 국어국문학과 72학번으로 필자의 9년 후배가 되는, 최근까지 국어국문학과 방언학 전공 교수로 있다가 정년퇴임한 이상규 교수를 만나기로 되어 있었다. 이 교수는 국어학 교수이지만 시인이기도 하다. 9시 52분 도착하여 박 시인을 만나고 손수여 시인의 승용차에 탑승하니 10시가 제법 넘었다.

우선 동대구역에서 가까운 수성구 만촌동 647~18번지 삼우주택 6호를 찾아가기로 하였다. 김 시인은 내당동 국민주택 162호에서 1971년 가을쯤 이곳에 집을 지어 이사를 하여 1981년 서울로 이주할 때까지 살았던 곳이다. 사실 언제 이곳으로 이사했는지는 정확하게 알 수 없다. 같이 간 박 시인의 기억에는 대학 2학년 때인 1971년 내당동 국민주택을 방문한 적이 있다고 한다. 김 시인의 둘째 아들은 경북대 지질과 71학번인데 대학시절 초창기부터 만촌동에서 학교에 다녔다고 기억하고 있다. 필자의 경우 72년 봄에 만촌동 댁을 처음으로 방문했다. 그래서 1971년 가을 쯤이 아닌가 짐작할 수 있을 뿐이다. 인터넷으로 지도를 검색해 보니 주변이 예전과는 많이 변했으나 근처에 대구동부중학교가 있고 다행스럽게 아파트 부지로 편입되지는 않은 것 같았다. 지도에 의지하여 찾아갔으나 쉽사리 찾을 수는 없었다. 여러 차례 물어 드디어 오랜 세월이 흘러 다소 낯선 스테인레스 대문 앞에 서게 되었다. 개편된 도로명 주소판 무열로 29길 46~7로 인하여 이곳이 분명 예전의 삼우주택 6호인 것을 알 수 있었다. 처음 보는 순간 집과 골목전체가 전혀 낯설었다. 몇 차례 방문한 적이 있었던 박정남 시인도 같은 느낌이라고 한다. 한참 담 너머로 간이 이층이 있는 것과 집 앞의 테라스 그리고 정원 잔디밭 건너편의 나무 몇 그루가 있는 것이 낯이 익었다. 필자가 방문했던 1972년 봄에는 테라스 위에 등나무가 올라가 있었고 근처에도 나무가 우거져 있고 건너편 담 쪽으로 남천이 심어져 있었다고 기억된다. 벌써 50년 전의 기억이니 혹시 주인이 있다면 들어가 물어보면 그 동안 집이 얼마나 변했는지 확인할 수 있을 것을 기대하고 몇 차례 초인종을 눌렀으나 인기척이 없었다. 분명 사람은 살고 있는데 주인이 외출했다는 생각이 들었다. 결국 대문 앞에서 사진만 몇 장 찍고 돌아섰다. 통영의 김 시인의 생가도 들어가 보지 못하고 마산 중성동의 집은 폐가가 되다시피 방치되어 있어서 만촌동 집에는 꼭 들어가 확인하고 싶었는데 정말 아쉬웠다.

　우리 일행은 경북대학교로 차를 몰았다. 경북대학교에 도착하니 이상규 시인과 약속한 시간이 조금 일러 우선 김춘수 시인의 시비를 찾기로 하고 본관 입구 안내 데스크에 시비가 있는 곳을 물으니 안내를 받으려면 2층 끝에 있는 홍보과로 가라는 것이었다. 대외협력홍보과라는 팻말이 있는 사무실로 가서 찾아온 연유를 말하니 직원 가운데 마침 국어국문학과 출신 이지에 씨가 예전에 동문들과 함께 행사 때문에 생전의 김춘수 시인을 서울에서 한 번 만난 적이 있다면서 친절하게 본관 밖에까지 나와서 시비의 위치를 설명해주고 박물관에 있는 경북대학교 역사관에도 기념물이 있다고 하였다. 그러고 있는데 마침 이상규 시인으로부터 전화가 와 함께 합류하였다.

　우선 'KNU 센터랄 파크'라고 하는 공원의 시비를 찾았다. 많은 경북대 출신 시인들 가운데 원로인 허만하(의학과 51학번), 김윤환(영문과 52학번), 권기호(국문과 56학번) 시인 등 세 분의 시비와 함께 삼각뿔 형태의 화강암에 「꽃」이 새겨져 있었다. 다른 사람들의 시비는 글자가 거의 보이지 않았으나 김 시인의 시비는 다행스럽게 글자는 선명하게 보였다. 사진 몇 장을 찍고 박물관 쪽으로 가고 있는 우리 일행에게 한 시민이 다가와 왜 시비를 이렇게 글자도 보이지 않게 했느냐고 항의를 하면서 학교 당국에 건의하여 잘 보이도록 해주라고 하였다. 우리 일행은 "이상규 교수가 져야할 짐이 하나 생겼다."면서 웃었다.

　우리가 다닐 때인 1960년대에는 도서관이었던 박물관에 도착하여 4층에 있는 경북대학교 역사관으로 갔다. 〈연혁과 상징〉 〈경북대학교의 역사〉 〈복현골 그 때를 추억하다〉 등 여러 공간 가운데 〈9. 세상을 비춘 경북대의 별〉이라는 공간이 있었다. 이 공간에 대한 브로셔의 설명은 "우리 대학의 역사와 함께 걸어온 수 많은 졸업생, 그리고 인재 양성에 힘써온 교수 중 가장 빛나는 인물로 선정된 40여명을 기념하고 미래의 우수 인물들을 위한 여백이 있는 공간"이라고 되어 있었다. 그 공간 정중앙에 김 시인 사진이 '시인, 국어국문학과 교수(1961~1978)'라는 설명과 함께 게시되어 있었고 아래로 시 「그 순간」의 자필 원고 첫 장이 전시되어 있었다. 김 시인 옆에는 경북대총동창회장을 역임하고 효석장학회라는 경북대총동창회의 장학재단의 기틀을 마련한 조운해(대구의대 46학번) 전 삼성병원 원장이자 삼성그룹 창업주 이병철의 맏사위가 전시되어 있었다. 40인 가운데 본교 출신이 아닌 교수는 몇 되지 않았다. 필자는 김 시인이 근 20년 동안 수많은 제자들과 많은 시인들을 배출한 경북대학교에서 1978년 영남대학교로 자리를 옮길 때에는 그 당시 권위주의적인 김영희 총장과의 갈등 속에 억지로 떠나다시피 했지만 이제는 제대로 그 공적을 인정하고 있구나 하는 생각이 들어 흐뭇하였다.

역사관을 나오니 점심때가 되어 우리 일행은 경북대 북문 근처의 피자집에서 젊은이다운 식사를 한 후 커피를 먹으며 담소를 나누었다. 주로 세 사람의 시인이 된 경위를 각자 데뷔 시절로 돌아가 이야기꽃을 피웠다.

박정남(1951~) 시인은 경북 구미에서 출생하였는데, 중고등학교는 부산의 명문인 경남여중과 경남여고를 졸업하고 1970년 경북대학교 사범대학 국어교육과에 입학하여 필자의 7년 후배가 된 시인이다. 그동안 막연히 부산에서 공부하고 대구로 유학온 후배 시인으로만 생각하고 있었는데 만나보니 중학 시절부터 부모 곁을 떠나 친척들이 있는 부산으로 유학 갔다가 다시 고향 가까운 대구로 올라온 시인이었다. 그런데 박 시인을 추천한 사람은 김춘수 시인이 아니고 왜 전봉건 시인인가 하는 의문도 이번의 만남에서 풀렸다.

박 시인은 대학교 2학년 때인 1971년 영남대학교 학보사에서 공모한 전국 대학생 시 현상모집에 당선되었다고 한다. 그때 심사위원이 김춘수 시인이었다고 한다. 그때부터 시창작 노트를 김춘수 시인의 연구실 책상 위에 얹어 놓고 오곤 했다는 것이다. 그런데도 그대로 있어 가져왔다가 다시 놓아두기도 했다는 것이다. 그러면 김 시인은 박 시인에게 엉뚱한 이야기를 하곤 하였다고 박 시인의 다른 글에서 밝힌 것을 이번 이 글을 쓰면서 읽었다. 그런데 1973년 2월 대학 3학년 말 문화서점에 가서 《현대시학》을 펼치니 박 시인의 시가 《현대시학》 주간이자 실질적인 발행인인 전봉건 시인의 추천으로 2편 실려 있어 맥심다방으로 김 시인은 찾아가니 김 시인은 "자네 친구가 보냈겠지"라고 시치미를 떼었다고 한다. 다른 사람에게는 전혀 보이지 않았다고 하고는 이튿날 동백 화분 하나를 사서 김 시인 대문간에 놓고 온 일이 있다는 것이다. 그러자 한참 있다가 "내가 좋은 스승을 만나게 했으니 거기서 배우라"고 하셨다는 것이다. 그런 후 박 시인은 전봉건 시인에 의하여 추천완료 되어 시단에 데뷔하였다. 그러나 그는 김 시인의 제자임을 잊지 않고 박 시인이 대구시인협회 회장을 지낼 때 만년의 김 시인을 극진히 모신 바 있다고 이 상규 시인이 귀띔해 주었다. 박 시인은 아마 데뷔 당시 김 시인은 그를 딸처럼 생각하며 여자가 시를 쓴다는 것은 힘든 일이기 때문에 자신의 이름으로 데뷔시키는 것을 주저한 것이 아닌가 하는 생각이 들었다고 한다. 그 시절은 그러했으니 필자 역시 박 시인의 말에 공감하지 않을 수 없었다.

이상규 (1953~) 시인은 국어국문학과 재학 중 국어학에 관심이 많아 대학원 석사과정에 입학하여 방언학을 전공하여 그 분야의 대가가 되어 경북대학교 국어국문학과 교수로 도중에는 제7대 국립국어원 원장도 지냈다. 그리고 대구광역시 교육위원도 지내고 국어정책학회라는 학회의 회장도 지낸 진취적이고 실용적인 국어학자이다. 그런 그가 시인이 된 경위가 어떠한지 궁금해 물어 보았다. 대학 4학년 시절 시화전에 시를 출품하였는데, 그것을 김 시인이 보고 시 쓴 것을 가져 오라고 했는데 가져다 드렸는데 연구실에 가보면 그것이 오랫동안 그대로 책상 위에 놓여 있어 실망했다고 한다. 그리고 대학원 석사과정에 진학하여 공부를 하고 있는데 1978년 《현대시학》 9월호에 시가 추천작으로 나와 있었다고 한다. 그때의 감격을 이 교수는 사법고시 합격한 기분이었다라고 술회하였다. 그래서 1979년 봄에 추천 완료하여 시인이 되었다고 한다. 아마 김 시인은 그냥 묵혀둔 것이 아니라 그동안 쭉 지켜보았을 것이라고 하니 이 교수 역시 공감하였다.

점심 식사를 마치고 우리 일행은 본관 4층 1960~70년 초창기의 김춘수 시인 연구실 자리를 찾아가 보았다. 이상규 교수는 필자보다 정확하게 기억하고 있었다. 그 자리는 시설과 사무실이 되어 있었다. 정말 격세지감을 느끼지 않을 수 없었다. 사실 본관의 석조 건물과 중앙 원통형의 돔은 변하지 않았으나 내부는 총장실을 비롯한 본부 행정동으로 리모델링되고 카페트까지 깔려 있어 중후하고 아카데믹한 분위기를 충분히 가지고 있었다.

　그런 후에 교무과를 방문하여 혹시 김춘수 시인의 공무원 인사기록 카드가 보관되어 있는지 여부와 그 복사 여부를 문의하였다. 물론 이상규 교수 덕분에 협조가 잘 되었으나 부산에 있는 둘째 따님인 김영애(신라대학교 지리학과 김원경 명예교수 부인) 여사의 정보공개 위임장 덕택에 별 문제 없이 열람할 수 있었다. 그리고 복사본을 '원본대조필'이라는 도장을 찍어 전달 받을 수 있었다.

　공무원 인사기록 카드는 1962년 2월 23일 조교수 시절에 작성된 것이었다. 우선 붙어 있는 증명사진에서 김 시인의 40대 초반의 젊은 시절의 모습을 발견할 수 있었다. 그리고 단아한 정자의 김 시인 자신의 필체로 적혀 있는 인적사항에서 그 동안에 잘못 알고 있는 사실도 바르게 인식될 수 있었고 몇 가지 의문도 풀렸다.

　우선 맨 처음 김 시인이 대구여고 2학년으로 전학 온 큰 따님과 함께 기거한 집이 대봉동이 아니라 봉산동 168번지라는 사실이 밝혀졌다. 그 당시 35평의 대지에 건평 25평의 방 3간의 집을 구입하여 살았다는 사실을 알 수 있었다. 인터넷 지도로 검색해보니 봉산동 문화거리로 편입되어 도로가 된 곳이었다. 다음으로는 1965년 5월 21일자로 교수자격 심사위원회 위원장 명의 〈교수자격 인정 통지서〉에 대한 의문이 풀렸다. 앞에서 잠시 언급한 「1909~1919년 사이의 한국시의 명칭과 형태」라는 논문으로 신청하여 교수 자격을 인정받은 것이다. 1959년 4월『한국현대시형태론』(1958. 10 해동문화사)으로 교수 자격을 인정받았다고 한 것은 그냥 교수 자격을 취득했다는 것이고, 그 당시 인정받은 직위는 '부교수'였다고 인사기록 카드에 적혀 있었다. 그래서 다시 정교수의 자격이 필요했던 것이다.

　김 시인은 1961년 4월 25일 전임강사로 발령을 받아 6월 12일 내각수반 발령의 조교수로 승진한다. 말하자면 경북대학교 오기 전의 경력이 참작되어 불과 2개월도 되기 전에 승진한 것이다. 그러다가 1962년 9월 4일자로 내각수반 발령의 부교수로 승진하고, 1964년 4월 1일 대통령 발령의 부교수가 되어 1965년 7월 31일까지 그 직을 유지한다. 결국 1962년 9월에 해인대학에서 받은 부교수 직위로 복귀된 셈이다. 그러나 교수 승진은 결국 앞의 논문으로 1965년 5월 21일 자격을 인정받은 후인 1965년 8월 1일 대통령 발령을 받아 승진한 것이다. 필자의 학부 시절인 1963~67년 사이에 부교수에서 교수로 승진한 것이다.

이상규 시인과 우리 일행은 경북대학교 본관 앞에서 헤어졌다. 그리고 필자의 대학원 재학 시절인 1967년 김춘수 시인은 경북예총 회장을 하셨던 관계로 때때로 예총 회장 사무실에서 대학원 강의를 들었던 것으로 기억되어 그 자리를 찾아갔다. 그 당시 대구역전에 대구방송 공개홀인 KG홀 지하에 예총 사무실이 있었다. 그러나 그 당시의 대구시 중요 공연장이고 문학강연장이었던 붉은 벽돌 건물은 사라지고 그 자리에 대구 콘서트 하우스가 우람하게 자리잡고 있었다. 호텔이나 백화점이 아니고 콘서트 하우스로 진화된 것은 대구 시민들의 문화의식을 반영한 것이라 생각되었다. 대신 경부선 대구역은 동대구역에 밀려 민자 역사로 대구롯데백화점에 더부살이하는 격이 되어 있었다.

중앙통에 일제강점기에는 선남산업은행과 조선상업은행 해방 뒤에는 한국산업은행 마지막으로 상업은행에서 우리은행이었던 건물을 재건축하다시피하여 1~2층은 향촌문화관으로 3,4층은 대구문학관으로 되어 있는 대구문학관을 방문하였다. 김춘수 시인의 업적은 상설전시관에 <문학의 활로와 새 지평을 열다>라는 코너에 유치환, 신동집, 이호우, 이영도, 구상 등의 시인과 함께 사진과 <무의미시로 한국시의 새 경지를 개척한 시인> 이라는 제목으로 다섯줄로 간단한 약력이 적혀 있었다. 다른 분들과 균형을 맞추기 위한 것이긴 하였으나 1961년부터 1981년까지 20년 동안 대구에 머물며 수많은 제자와 시인을 길러내고 대구문단에도 기여한 업적에 비하면 많이 부족한 전시라고 생각되었다.

지하실의 문학관 관장실을 방문하여 관장 이하석(1948~) 시인을 만나 김춘수 시인에 대한 많은 이야기를 나누었다. 이 관장은 경북대 사회학과 재학 시절 국문과 출신이 아니었기 때문에 오히려 자유롭게 김춘수 시인의 연구실을 출입할 수 있었고 무의미시에 열중하던 김 시인의 시를 직접 접할 수 있었다고 회고 하였다. 금년이 김춘수 시인 탄생 100년이 되는 해이니 대구문학관에서 특별전시회 같은 사업을 기획하라고 하니 임기를 얼마 남겨 두지 않았다고 하였다. 그러나 금년 분명히 대구문학관에서 김춘수 시인에 대한 특별 사업이 벌어지지 않겠냐고 하면서 관장실을 나왔다.

벌써 해는 지고 어두워지기 시작했으나 내당동 국민주택 자리를 찾아보자고 차를 내당동으로 달렸다. 내당동에는 지하철 내당역과 두류역이 있었다. 지하철 뒤편에는 옛날집이 더러 보이는 골목길이 있었으나 어디가 어디고 국민주택 162호 자리는 찾기가 불가능했다. 차에서 내릴 엄두도 못내고 동대구역으로 향했다.

동대구역을 들어서기 전에 손수여 시인과 박정남 시인이 저녁을 먹고 가야 한다고 강권하여 근처 식당에서 저녁 식사를 하고 있는 순간 뉴스로 KTX 대전~구미 구간에서 KTX 산천열차가 탈선하는 사고가 나 경부선이 불통이라고 하였다. 다행스럽게 시외버스 터미널이 동대구역 인근에 있어 자동차로 그곳으로 갔다. 마침 동대구에서 해운대로 가는 직행 버스가 있어 두 사람의 배웅을 받으며 대구를 떠났다. 그리고 기차보다 집이 있는, 최근에 '그린시티'라고 이름이 바뀐 해운대 신시가지 인근으로 가게 되어 탁월한 선택이라 하면서 버스에 올라탔다. 1월 5일 하루 두 사람 특히 손수여 시인에게 신세를 많이 졌다. 앞으로 두고두고 그 신세를 갚아야겠다는 생각을 하고 대구를 떠났다. 이렇게 김춘수 시인의 대구 족적을 찾아나선 일일여행은 끝났다.

시와 학문의 멘토 김춘수 시인과의 운명적 만남

　1964년 12월 대학 2학년 겨울 방학 때 필자는 고향에서 유례없는 시창작의 열병에 휩싸였다. 10편에 가까운 작품을 완성하여 1965년 3월 개학과 더불어 김춘수 시인의 연구실을 방문하였다. 며칠 있다가 작품을 돌려주셨는데, 전보다 진일보했다면서 별다른 말씀이 없었다. 그런 일이 있은 후 얼마 지나지 않았는데 그날은 다른 일로 은사님의 연구실을 방문했다가 나오는 길이었다. 뒤에서 "양군" 하고 은사님이 필자를 부르시는 것이었다. 나는 "예" 하고 돌아섰다. 은사님은 예의 약간 떨리는 음성으로 "자네 요즈음 시 쓴 것 있는가?" 하시는 것이었다. 필자는 속으로 의아하면서 며칠 전 보신 10편에 가까운 시에 대해서는 별 말씀이 없으셨으면서, 무슨 말씀을 하시려고 그러나 생각하면서 다음 말씀을 기다리고 있었다. "자네도 이제 시단에 나가야겠는데, 마침 서울의 《시문학》지에 내가 추천위원으로 이름이 올라 있기 때문에 다른 곳에 부탁하기는 그렇고 우선 거기로 작품을 보내보세." 하시는 것이었다. 필자는 그 말씀을 듣는 순간 4학년 선배들도 제법 있는데 대학 3학년 1학기에 추천이 시작되어도 되는가 하는 생각이 들었다. 그러나 한편으로는 은사님께서 필자를 그동안 쭉 지켜보시고 계셨구나 하는 생각도 들어 가슴이 벅차올랐다. 그때에 마침 완성한 신작이 세 편 있었다. 그래서 나는 "예 마침 신작 세 편이 있습니다. 곧 가져다 드리겠습니다." 하고는 며칠을 첨삭한 뒤에 가져다 드렸다. 그 가운데 필자의 데뷔작이고 그해의 연말 시단 연평에도 두 군데 언급된 「갈라지는 바다」가 1965년 7월호 《시문학》(서울

청운출판사 발행, 편집인 문덕수 시인)에 1회 추천작으로 발표되었다. 은사님께서는 "내면을 분석한 작품으로 다음 작품이 기대된다."는 요지의 과분한 추천사로 추천해 주셨다. 그로부터 6개월 뒤인 1966년 1월호에 「아침에」가 그로부터 또 6개월 뒤인 1966년 7월호에 「삼월의 바람」이 추천되면서 필자는 대학 4학년 1학기 필자가 세상에 태어난 지 만 23세도 안 되는 나이에 기성시인이 되었다.

그 당시의 스크랩북에 필자가 경북대학보(경북대신문)에 발표한 시와 함께 1964년 동아일보 신춘문예 당선작인 이탄(1940~2010) 시인의 「바람불다」와 한국일보 당선작인 이근배(1940~)시인의 「북위선」 그리고 서울신문 당선작인 박의상(1943~) 시인의 「인상」이 스크랩되어 있다. 그러나 필자는 은사님 덕분에 신춘문예 투고와 기다림 그리고 낙선, 다시 투고와 기다림의 과정을 거치지 않고 대학 4학년 때부터 시인이 되어 김춘수 은사님이 경북문협 회장이자 예총회장이셨던 경북문단 혹은 대구 문단에 출입하기 시작했다.

필자보다 먼저 등단한 경북대 출신 시인들은 은사님이 서울에서 발간되는 문예지의 추천위원이 되기 전이라 박목월 시인에게 추천을 의뢰하면 《현대문학》에 은사님의 추천의 글을 그대로 옮기면서 박목월 시인의 이름으로 추천되어 데뷔하였다.

그들은 세 사람이다. 데뷔 순으로 열거해 보면 우선 국어국문학과 출신인 권국명(1942~2012) 시인을 들 수 있다. 그는 《현대문학》 1962년 4월호에 「저녁때의 랩쏘디」로 초회, 1963년 4월호에 「바람부는 밤」으로 2회, 1964년 6월호에 「자정(子正)」으로 3회 추천완료하여 김춘수 시인의 경북대 문하생으로는 맨 처음으로 시단에 데뷔하였다. 그는 대구의 효성여자중학교에서 오래 교편을 잡다가 대구가톨릭대학교 국어국문학과 교수가 되어 정년퇴임 후 작고하였다.

다음으로는 의과대학 출신의 이창윤(1939~) 시인이다. 그는 《현대문학》

1963년 4월호에 「잎새들의 해안」으로 초회, 1964년 10월호에 「지나간 해변」으로 2회, 1966년 3월호에 「내 몸을 먼 해안에 둘 때」로 3회 추천 완료하였다. 그는 의과대학을 졸업 후 공군 군의관으로 병역의 의무를 마치고 제대 후 도미하여 미시간주립대학교 의과대학 산부인과 주임교수를 하다가 정년 후에는 따님이 있는 캘리포니아 주 산디아고로 이주하여 미국 서부지역의 원로 시인으로 아직까지 왕성한 활동을 하고 있다.

마지막으로 사범대학 국어교육과 출신 전재수(1940~1986) 시인을 들 수 있다. 그는 《현대문학》 1963년 4월호에 「동면도冬眠圖」로 초회, 1964년 10월호에 「음악실에서」로 2회, 1966년 3월호에 「명동 완구점」으로 3회 추천완료하였다. 그는 공군장교로 제대 후 서울의 유한공고, 성남고등학교 교사로 근무하면서 대학 교수의 꿈을 이루기 위하여 학원 강사로 전직 후 석사학위를 받고 박사과정 재학 중에 과로로 쓰러져 일찍 세상을 하직하였다. 전 시인은 김춘수 시인이 정계로 진출하여 서울로 이주하자 누구보다도 가까이서 김춘수 시인을 모시기도 하였다.

여기서 이들 세 시인처럼 간접적이기는 하나 김춘수 시인의 추천사로 데뷔한 시인은 아니지만 김춘수 시인의 문하생으로 가장 맏형격인 권기호(1937~) 시인을 언급하지 않을 수 없다. 그는 김 시인이 경북대 부임 한 이듬해인 1962년 그 당시 《현대문학》과 쌍벽을 이루고 있던 《자유문학》 신인상 시 부문에 「무제」가 당선되어 시인으로 데뷔하였고, 《현대문학》 1964년 11월호에는 「비유의 시도 이유」라는 평론을 곽종원 평론가로부터 추천되기도 하였다. 그는 진주교대 전임강사를 거쳐 경북대학교 국어국문학과 현대문학 교수가 되어 김춘수 시인을 한 과에서 모시기도 했다. 김춘수 시인이 1978년 영남대학교 교수로 전직하자 국어국문학과의 유일한 시학 교수로 2003년 정년퇴임할 때까지 김춘수 시인처럼 사범대학 국어교육과의 시론 강의도 계속하였다.

이러한 선배 시인들의 데뷔 경위를 볼 때 필자는 비록 1965년 4월부터

1966년 12월까지 2년이 채 안되어 중단된 시전문지 월간 《시문학》이었지만, 명실상부하게 김춘수 은사님의 이름으로 한국시단에 데뷔한 첫 제자이다. 물론 필자의 후배들은 70년대 초부터 《현대문학》과 《현대시학》 추천 위원으로 계신 은사님을 통하여 많이 데뷔하였다.

통영이 고향인 김춘수 은사님의 유년기의 바다체험과 남해가 고향인 필자의 유년기의 체험이 공통적이기에 필자의 시 세계에 관심을 가져 주셨다. 은사님은 필자의 제1시집 서문에서 필자의 유년기의 체험에 대하여 다음과 같이 언급하고 있다.

그는 관념보다 감각이 승하다. 그 감각은 매우 밝다. 그리고 따스하고 포근하다. 한 말로 그의 감각세계는 전형적으로 남국적이다. 양왕용이 경남 남해 태생인 것을 생각할 때 그의 시적 자질은 이미 그의 유년기에 형성되고 있었다는 것을 짐작할 수 있다. 그만큼 그의 자질은 뿌리가 있고, 여간해서는 꺾이거나 부러지지 않을 그런 성질의 것이라고 해야 하겠다. (필자 제1시집 『갈라지는 바다』1975, 형설출판사, p. 13)

그리고 더욱 신비로운 것은 호적상의 생일이 11월 25일 생으로 똑 같다. 은사님은 필자보다 정확하게 21년 전인 1922년 11월 25일 출생하셨고 나는 21년 뒤인 1943년 11월 25일 출생하였다. 이렇게 볼 때 대학 재학 중 필자를 시인으로 데뷔시켜주신 은사님과의 만남을 필자는 운명이라 생각하고 있다.

필자는 1967년 2월 사범대학 국어교육과 졸업과 동시 경북대학교 대학원 국어국문학과에 입학하였다. 총 6명이 지원한 국어국문학과에 국어학 전공인 대학 동기와 둘이서 합격의 영광을 누렸다. 1967년 3월 김춘수 은사님의 추천으로 대구의 명문사학 대륜중고등학교 시간강사를 하면서 시창작과 학문 그것도 그 당시로는 가장 미개척분야였던 현대문학 전공의 길을 나서게 되었다. 물론 지도교수는 당연히 김춘수 은사님이었다.

대학원에 진학하게 되자 필자는 대학원 수업이 있는 날 대학에 가게 되면 은사님의 수업 시간이 아니라도 반드시 은사님의 연구실에 들러 이런 저런 이야기를 나누곤 했다. 그 가운데 지금까지 필자의 기억 속에 남아 있는 두 가지 이야기를 다시 되살려볼까 한다.

우선 청마 유치환(1908~1967) 시인의 장례식에 참석한 소감을 되살려 보기로 한다. 청마 유치환 시인과 김춘수 시인과의 인연은 지금까지 수차례 살펴본 바 있다. 김춘수 시인의 유치원 원아 시절 청마와 유치원 교사였던 권재순(1909~1992) 여사와의 결혼식에 화동으로 선발된 것에서 시작하여 경북대학교 시학 교수의 천거 등 평생에 걸친 인연이었다. 이런 깊은 인연의 청마 유치환 시인이 1967년 2월 13일 하오 9시 30분 부산의 여러 문인들과 만나고 귀가하던 도중 부산시 동구 수정동 봉생병원 앞 대로를 건너다가 명신여객 소속 버스(84호)에 치여 부산대학교 부속병원으로 이송 도중 운명하게 된다.

그 당시 청마는 부산문인협회 회장(1967년 1월 25일)과 부산예총 회장(1월 28일)에 추대되어 억지 감투를 쓰고 있었다. 그리고 1965년 4월 1일 경남여자고등학교 교장에서 부산남여자상업고등학교 교장으로 전보되어 있었다. 전보된 원인은 5.16후에도 계속된 정부와 권력의 비리를 비판하는 글이 화근이 되었으나 표면적으로는 그 당시 문교부 장학관으로 근무하던 표모 교장(전직 부산사범학교 교장)이 다시 부산으로 내려오게 되어 경남여고 교장으로 전입시키기 위하여 그렇게 되었다고 알려져 있다. 이러한 사태를 저지시키기 위한 경남여자고등학교 전교생의 소요가 2일간 계속되기도 했다. 이렇게 지내던 청마가 부산문협 회장으로 회원들과 모임을 한 후 귀가하다가 교통사고를 당한 것이다. 2월 14일에는 부산남여상 입시가 치러지는 날인데, 교장 부재로 입시를 치르기도 했다. 청마의 장례식은 2월 17일 부산남여자상업고등학교와 부산예총, 부산문인협회 합동장으로 전교생들과 예술가, 문인 그리고 시민들이 참석한 가운데 거행되었다. 이 장례식에 참석한 소감을 필자는 1967년 3월 대학원에 입학하자말자 김춘수 시인으로부터 들었다.

김 시인이 청마 장례식에서 놀란 것은 길 양쪽으로 검은 상복을 입은 여인들이 따라가는 것으로 마치 사회장과 같은 분위기였다는 것이었다. 청마의 죽음과 장례식 절차를 자세하게 설명하였는데, 그 내용을 필자는 잊었으나 김 시인의 마지막 말 "내가 죽은 장례식은 그렇지는 않을 거야." 하는 말은 아직도 필자의 귀에 생생하다. 필자가 1969년 봄 부산에 내려와 부산의 문인들과 같이 지금은 동아대학교 캠퍼스에 편입된 부산시 사하구 하단동 이장되기 전(그 뒤 청마 묘소는 경남 양산시 백운공원묘지를 거쳐 거제시 둔덕면 방하리 건주봉 선산에 이장되어 있음)의 청마 묘소를 참배한 바 있다. 그 자리에서 들은 바에 의하면 김 시인이 말한 그 여인들은 부산남여상과 경남여고 문예반 학생들과 많은 여학생들로 누가 지시한 것이 아니라 자기들 스스로 그러했다고 하였다. 그리고 무덤에 청마의 유해가 하관되고 봉분을 만들기 위하여 시토할 때 일부 여학생들은 같이 묻히겠다는 소동이 나기도 했다는 것이다.

청마를 여학생들이 존경하고 흠모하는 정도를 짐작하는 사건으로는 앞의 경남여고생들의 부산남여상 전임 반대운동과 1963년 7월 3일 대구의 대구여자고등학교에서 경남여자고등학교로 전임하는 과정에도 3000여명의 대구여고 학생들이 전근을 반대하여 진정서를 올리고 집단행동에 들어간 것으로도 알 수 있을 것이다. 필자는 김 시인은 이러한 일연의 사태까지 생각하고 한 말이 아닐까 하는 생각을 해본다. 이렇게 김 시인과 청마의 지상에서의 인연은 끝난다.

필자는 이때 들은 청마의 장례식에 대한 강렬한 인상으로 그 다음

해인 1968년 대학원 석사학위 논문 주제로 청마의 작품세계를 다루어 보겠다고 김 시인에게 상의한 바 있다. 그러자 김 시인은 "청마는 자네 체질에 맞지 않네. 다른 것으로 해보게."라고 하였다. 그래서 필자의 대학 1학년 때인 1963년 6월 《세대》 창간호에 발표된 김 시인의 「청록집의 시세계」를 읽은 것이 생각나 "청록집 혹은 청록파는 어떻겠습니까?" 여쭈니 "그래 그것은 자네 체질에 맞을 것이네." 하고 허락을 받았다. 그래서 「청록집을 통한 삼가시인의 작품연구」라는 제목으로, 부제 '세칭 청록파에 의문을 제기하면서'라고 표지에 명시하면서 쓸 석사학위 논문을 준비하기 시작하였다.

다음으로 다른 하나는 1968년 신시 60주년에 즈음하여 동아일보에서 발행하던 《신동아》(1968년 6월호)에서 기념 좌담회를 개최하였는데, 그때의 참석 소감이라기보다 불편하였던 사실을 필자에게 피력한 것이다. 그곳에서 먼저 김 시인이 「신시 60년의 문제들」이라는 제목으로 주제발표를 하게 된 것이다. 그런 후에 그를 두고 서울대 영문과 송욱 교수, 김우창 교수(그 당시에는 서울대 소장 교수였음) 고려대 영문과 김종길 교수, 국문과 조지훈 교수 등이 서로 좌담회를 통하여 토론하는 형식의 행사였다. 김춘수 시인을 포함한 네 사람이 시인이고 김우창 교수가 그 당시로는 젊은 비평가였다. 좌담회에서 송욱 교수가 김춘수 시인의 견해를 비판하는 도가 지나쳐 무례하였다고 하는 것이었다. 그렇게 궁지에 몰린 그를 오히려 조지훈 시인은 옹호해 주어서 고맙게 여겼다면서 송욱 교수는 경기고등학교 후배(39회)인데 선배인 김 시인(36회)에게 그 태도가 거만하기 짝이 없었다는 것이었다. 필자는 그 동안 김 시인이 이렇게 타인을 비난하는 모습을 보지 못했다. 이 이야기는 필자에게만 한 것이 아니라 그 당시 석사과정 1년 선배인 인천대 총장과 경주대 총장을 지내고 동리·목월문학관 초대 관장이었던 장윤익(1939~2021) 평론가에게도 하였다는 것이 장 평론가의 회고기에도 나와 있다. 아마 김 시인으로서는 크게 자존심이 상했던 것 같다.

    필자는 1969년 2월 석사학위를 받고 대구를 떠났다. 달리 말하면 6년 동안 같은 도시에서 김 시인 곁에 있었던 시절이 다 지나간 것이다. 대학 학부 시절과 대학원 시절을 포함한 6년 동안의 대구 생활을 청산하고 고향이 가깝고 친척들이 많이 사는 부산으로 이주한 것이다

명암이 교차된 70년대

김춘수 시인의 시집 가운데 의미 있는 시집으로, 1969년 11월 25일 대구의 문화출판사에서 낸 『타령조打令調·기타其他』가 있다. 이 시집은 국판 112면 양장으로 케이스까지 있는 시집이었다. 그리고 문화공보부의 작가기금에 힘입어 출판된 것이라는 점도 밝히고 있다. 김 시인도 후기에서 밝히고 있지만 이 시집은 1959년 춘조사에서 '오늘의 시인 총서' 시리즈로 낸 제4시집 『부다페스트에서의 소녀의 죽음』 이후에 10년만에 낸 제5시집이다. 의미 있는 시집으로 평가할 수 있는 까닭은 이 시집에 수록된 연작시 「타령조」 9편 때문이다. 이 시편들은 1960년대 상반기에 발표된 작품으로 여기서 타령조라 한 것은 "장타령場打令이 가진 넋두리와 리듬을 현대 한국의 상황 하에서 재생시켜보고 싶었다."고 후기(『김춘수시전집』, 현대문학사. 2004, p.253)에서 김 시인이 밝히고 있듯이 시 속의 문맥적 의미보다는 리듬에 의존한 작품이었다. 그 자신 처음의 의도와 달리 기교적 실험이 되어버린 감이 있지만 헛된 일은 아니었다고 평가하고 있다. 이 작품은 50편 정도 되지만 9편만 시집에 수록하였다고 한다.

여기서 우리는 김 시인이 추구하게 되는 무의미시의 징후를 충분히 엿볼 수 있다. 이 연작시 외에도 무의미시의 대표작이라고 볼 수 있는 「나의 하나님」 「샤갈의 마을에 내리는 눈」 「인동잎」 등이 수록되어 있고 「처용삼장三章」에서는 김 시인 자신의 문학적 페르소나라고 볼 수 있는 '처용'이 시에서는 처음으로 등장한다.

김 시인은 이 시집을 엮기 전인 1969년 4월에 전봉건 시인이 주재하여 창간된 시 월간지 《현대시학》에 박두진, 박목월, 박남수, 구상, 전봉건 시인과 함께 편집위원 겸 추천위원으로 참여하고 있었으며 창간호부터 장시 「처용단장·1부」를 연재하고 있었다. 이 시집에 1부만이라도 수록하고 싶은 생각을 김 시인은 가지고 있었으나 앞에 열거한 「처용삼장」과의 이미지 상의 혼란을 피하기 위하여 다음에 완결을 본 뒤에 따로 책을 내겠다고 하고 있다.

이상으로 볼 때 1960년대부터 근 10년 동안 「타령조」 연작시(사실 그 첫 작품은 1959년 12월호 《사상계》에 발표됨)에서 김 시인은 그가 말하는 '무의미시'를 실험하고 있었으며 그 결과물이 시집 『타령조·기타』였던 것이며, 1969년에 시작되어 1970년대 초반 《현대시학》에 발표된 장시 「처용단장 1부와 2부」에서 그 무의미시적 경향의 작품이 본격적으로 창작되었다고 볼 수 있다.

한편 1972년에는 〈시의 이해〉라는 부제가 붙은 『시론』을 역시 대구의 출판사인 송원문화사에서 발간한다. 이 책의 구성은 문덕수 시인이 주재하고 청운출판사 정태진 사장이 발행한 1965년 《시문학》(1965.4~1966.12, 통권20호) 창간호부터 「작시강의」라는 제목으로 연재한 시론 (제1회에 이미 목차, 1. 운율과 장르, 2. 이미지, 3. 유추, 4. 단시와 장시가 제시되어 있었으며 1965년 4월 창간호부터 1966년 4월까지 10회 연재를 마침)을 〈제1장 운율·이미지·유추〉라는 제목으로 편집하고 제2장에는 그동안 각종 문예지에 청탁을 받아 쓴 한국현대시의 유파의 통시적 고찰을 〈한국의 현대시〉라는 제목으로 11항목으로 나누어 편집하고 있다. 즉, 신체시 시기를 딜레땅띠즘으로 시작하여 당대의 김현승, 신석초, 박태진, 박성룡의 시를 중도파로 규정하고 있다. 제3장에는 〈시인론〉이라는 제목으로 '자유시의 전개'라는 제목의 박두진, 박목월, 조지훈 등 청록파에 대한 글과 이상화론, 김소월론, 박남수론 등이 편집되어 있다. 이 책은 대학 학부의 시론 강의용으로 편집된 탓에 필자가 부산대학교에서 시론을 강의한

1974년부터 상당한 기간 동안 교재로 사용하기도 하였다.

　1974년에는 민음사가 기획한 '오늘의 시인총서'에서 작고한 김수영의 시선집『거대한 뿌리』와 함께 김 시인의 시선집『처용』이 발간되어 그 당시의 시인 지망생 대학생은 물론 많은 문과 대학생들에게 읽혀 시집으로는 드물게 베스트셀러에 오르기도 하였다. 이 시선집에는 초기작부터「타령조」연작 9편 전부와 유년기의 체험이 의식의 흐름 수법으로 무의미시가 된「처용단장 1부」가 편집되어 있다. 이 무렵 많은 대학생들에게 읽히게 된 배경에는 그들이 고등학교 시절 3학년 국어교과서에서「부다페스트에서의 소녀의 죽음」을 배웠기 때문에 친숙하고 생존해 있는 한국의 대표적 시인의 작품집이라고 인식되었기 때문이라고 볼 수 있다. 이 시집 외에 월평과 시에 대한 단평 그리고 그 자신의 무의미시에 대한 견해 등으로 엮어진 시론집『의미와 무의미』(1976,문학과지성사)『시의 표정』(1979, 문학과 지성사) 등이 이 시기에 발간되었다. 이 두 시론집은 김 시인께서 필자의 이름을 써서 직접 전해 준 두 권의 저서이다. 그리고 최초의 산문집『빛 속의 그늘』(1976, 예문관)도 이 시기에 엮어졌다.

　이러한 왕성한 창작활동과 저서 발간 등에 걸맞게 월간지《현대문학》과 《현대시학》추천위원으로 참여하여 많은 시인들을 시단에 배출하기 시작한 것도 이 시기이다. 우선《현대문학》의 첫 추천 시인으로 박청륭(1974년 4월호, 75년 11월호), 다음으로 김정란(76년 3월호,76년 10월호), 강현국(75년11월호,76년 10월호), 박재열(78년 2월호,78년 7월호) 이진홍(78년 2월호, 78년 7월호), 이정주(79년 2월호, 82년 5월) 이구락(1979.7 초회) 등의 시인이 1970년대 김춘수 시인으로부터 추천을 받았다. 그 당시에는 3회 천료가 아니고, 2회천료였다.

　이 시인들 가운데 경북대 출신의 첫 시인은 사범대학 국어교육과 출신인 강현국 시인이었다. 강 시인은 경북대학교에서 1988년 문학박사 학위를 받았으며 1983년부터 2007년까지 대구교육대학교 교수와 총장을 지냈다. 대구에서 발간되는 시 전문 계간지《시와 반시》주간 겸 발행인으로 그곳에다 김 시인의「나의 예술인 교우록」이라는 글을 연재할 기회를 제공했다. 2017년에는 『우리 어느 둑길에서 다시 만나리』<시인 김춘수의 문학과 삶>(학이사)이라는 김 시인 관련 다양한 글들을 엮은 책을 낸 바 있다. 그 가운데 강 시인과 김춘수 시인의 대담은 생생한 육성을 들을 수 있는 좋은 자료이다.

이진흥 시인의 경우 서강대 독문과와 철학과에서 공부한 서울 토박이인데, 김춘수 시인의 시에 매료되어 경북대학교 국문과 석사과정에 입학하여 대구 시인이 된다. 그는 1970년 대구에서 군복무중 매일신문 신춘문예에 당선되어 대구와 인연을 맺는다. 그는 1972년 중앙일보 신춘문예에 김종길 시인의 심사로 입선하기도 하였으나 1978년에 다시 김춘수 시인의 추천을 받는다. 심지어 1978년 김춘수 시인이 영남대학으로 자리를 옮기자 박사과정은 영남대학으로 입학하였다. 그러나 김 시인이 1981년 민정당 창당 주비위원을 시작으로 정계에 입문하자 실망하기도 하였다고 한다. 김 시인을 박사학위 논문심사위원으로 모시기도 하면서 방송심의위원장으로 있던 서울 프레스센터를 여러 차례 방문하였다고 한다. 이진흥 시인은 이러한 우여곡절을 겪는 과정 김 시인과 깊은 교류를 하였다고 알려져 있다. 김 시인이 2004년 11월 29일 작고한 직후 각종 매체에 집중적으로 게재된 김 시인과의 인연을 밝히는 글「김춘수 소전~내가 본 대구시절 김춘수 시인」(《현대시학》 2005년 2월호)을 쓰기도 하였다.

1970년대에《현대시학》을 통하여 추천한 시인은 생각보다 많지는 않다. 앞에서 언급한 이상규 시인(1978년)과 김기현(1979년) 시인 정도이다. 그러나 그 뒤《현대시학》과 김춘수 시인은 작고하기 직전까지 인연을 맺어 많은 시인들을 배출시켰다.

지금까지 살펴본 70년대의 김춘수 시인의 시인으로서의 입지는 꽃길이라고 할 수 있을 정로로 탄탄하였다. 그렇다면 대학교수로서의 입지는 어떠했는가를 살펴보기로 한다. 김춘수 시인의 인사기록 카드에 보면 1972년 9월 1일부터 2년 동안 국어국문학과장을 한 것이 경북대학교에서의 유일한 보직이다. 이 당시에 재학한 72학번 이상규 시인으로부터 생생한 증언을 많이 들었다. 그 외 73학번 김기현 시인(《현대시학》 1979년 데뷔, 경북대학교 국어국문과 고전시가 교수 역임, 작고), 역시 같은 과의 74학번 김두한 시인(《현대시학》 1988년 데뷔, 1991년 대구 가톨릭대학교에서 「김춘수시연구」로 박사학위 취득, 건동대학교 교수 역임), 74학번 손병희 시인(《심상》 1986, 데뷔, 안동대학교 국문과 교수 역임, 현재 이육사문학관 관장) 등이다 이들로부터 생생한 증언을 들었다. 특히 손병희 시인의 경우 현대시 전공으로 1978년 김춘수 시인이 영남대학교로 옮기는 해에 대학원 국어국문학과에 입학하였기 때문에 더욱 생생하게 기억하고 있었다.

김 시인은 그 당시의 경북대학교 김영희(1918~1994) 총장과 갈등이 심하였다. 김영희 총장은 경북 청도 출신으로 1937년 대구사범학교를 박정희 대통령과 같은 해 졸업하였다. 1937년부터 1941년까지 김천보통학교 교사로 근무하였으며 해방이 되자 대구사범대학(경북대학교 사범대학 전신)영문과를 졸업하고 사대부고 교감, 효성여자대학교(현 대구가톨릭대학교)교수를 거쳐 경북대학교 문리과대학 영어영문학과 영어학 교수가 되었다. 박사학위는 부산대학교에서 받았다. 1972년 1월 1일 제6대 경북대학교 총장에 부임하여, 1977년 제7대 총장으로 연임하였으나 1979년 2월 20일 임기를 채우지 못하고 퇴임하였다.

그가 재임한 시기는 공화당 정부에서 유신시대(1972년10월 17일)가 시작된 시기였다. 그로 인하여 유신 반대 시위학생에 대한 처벌이 빈번하였으며 그로 인하여 학생은 물론 교수 심지어 그 당시 학생처장을 하던 의과대학 이시형 교수와도 의견충돌이 잦았다. 그는 비서를 대동하고 교수들의 수업도 참관한 권위적인 총장이었다. 그 가운데 가장 두드러진 일은 1975년 시작한 교수재임용제도에서 자기가 소속했던 영문과 교수 4명을 포함한 많은 교수를 재임용에서 탈락시킨 것이었다.

　김춘수 시인은 그 당시 학과장이었으나 이러한 권위주의에 정면으로 맞섰다. 수업 중 참관을 명분으로 들어서는 총장 일행을 고함을 치며 나가라고 하여 일행을 줄행랑치게 하고, 교수회의에서 베레모를 쓰고 있는 김 시인을 향하여 모자를 벗으라고 하자 회의장을 퇴장하기도 하였다. 이렇게 눈에 가시가 되자 외부에서 의뢰하는 각종 심사위원에서 배제시키고 급기야는 심사위원회를 만들어 연구비 신청을 못하게 만들기도 하였다. (김진경, 「우울하던 시절의 김춘수 선생」, 『김춘수연구』(1982, 학문사, p.559)

　이러다가 1975년 재임용 교수 탈락 사건이 생긴 것이다. 나중에는 당당하게 복직되긴 하였지만 심지어 같은 과 젊은 교수도 탈락되는 사태를 맞았다. 이러한 불합리성이 김춘수 시인 자신이 자술한 연보에 의하면 1979년 영남대학교 문리과 대학 국어국문과로 옮기게 된 중요 요인이 되었다고 하고 있다. (이남호 편 『김춘수 문학앨범』 1965, 웅진출판사, pp.295~296)

　이 시기의 고통에 대하여 한 가지 더하기로 한다. 1972년 그는 그 동안의 지병처럼 달고 있던 위궤양이 심하여 경북대학교 의과대학 부속병원에서 위 절제 수술을 하게 된다. 그런데 위궤양 수술 후에는 오히려 외모가 건강해지고 시인다운 구도적 풍모가 살찌고 위풍당당해졌다고 한다.(김진경, 앞의 글, 앞의 책 p.557) 필자가 생각하기도 그러했다. 1976년과 1977년 두 차례 부산대학교에 강연 연사로 초빙한 적이 있는데 그러한 풍모를 감지할 수 있었다. 그리고 젊은 시절부터 위를 다쳐 가지고 있던 심하지는 않은 수전증도 사라져 있었다. 김 시인을 같은 과에서 오래 모신 권기호 교수의 증언에 의하면 수술 후에 서서히 수전증이 사라졌다는 것이다. 말하자면 50대가 되면서 강연이나 강의 시간의 목소리가 더욱 더 분명해지고 설득력이 있어졌다고 볼 수 있다. 필자가 대학을 다니던 60년대 초중반 경북대학교 문학동아리 '현대문학연구회'의 3대 명물은 지도교수이신 김 시인의 수전증, 권국명 시인의 말더듬는 습관, 그리고 필자보다 한 해 위인 김등 선배의 약간 아사풍기가 있던 입이라고 하면서 그러한 점을 오히려 신비로움으로 인식하고 열심히 동아리 활동을 했다. 말하자면 70년대 후반 김 시인의 수전증이 사라짐으로 인하여 60년대를 살아온 우리에게는 그 시절의 낭만과 신비로움이 사라졌다는 아쉬움을 가지게 되었다.

이렇게 김 시인의 70년대 대구 생활은 시인으로서는 밝은 나날이었으나 교수로서는 우울한 나날이었다.

강신석 화백과의 우정, 그리고 영남대학교로의 이직

경북대학교에서 김춘수 시인이 맡은 유일한 보직은 1972년 9월 1일부터 2년 동안 맡은 문리대 국어국문학과 학과장이 유일하다는 것은 앞에서 이미 밝혔다. 우선 72학번이자 시인인 경북대 국어국문학과 이상규(1953~) 명예교수에게서 들은 학과장 시절의 에피소드를 하나 소개하기로 한다.

그 당시 국어국문학과 출신들의 가장 안정적인 직장은 교직과목을 이수한 후 중등학교 국어 정교사 자격을 취득하여 국어교사가 되는 길이었다. 70년대에만 해도 학과 정원의 전원이 교직과목을 이수할 수 있게 되어 있었다. 그런데 국어국문학과 정원이 그 전 해 만 해도 15명이었다가 72년에 20명으로 늘어났지만 미처 교직과목 이수 정원 변경을 교육부로부터 허가를 받지 못하여 5명이 탈락될 수밖에 없게 되는 낭패를 당하게 되었다. 이럴 경우 대체적으로 성적순으로 정하는 것이 상례라고 볼 수 있다. 그러나 학과장 김춘수 시인은 성적순보다 그냥 사다리 타기로 하자고 하여 학생들이 그대로 수용하여 5명이 탈락되었다고 한다. 이상규 교수와 그리고 KBS 아나운서이자 명사회자로 이름을 떨친 왕종근 방송인, 뒷날 중견 언론인이 된 두 동기남학생과 여학생 한 사람이 탈락 대상자가 되었다는 것이다. 그런데 이렇게 일단락된 줄 알았던 교직과목 이수배정은 김 시인의 노발대발로 그 뒷이야기가 알려지게 되었다. 학생들을 모아놓고 어제 육군대령이라고 자기의 신분을 밝힌 학부형이 김 시인에게 전화를 걸어 왜 성적순으로 선발하지 않고 사다리 타기를 했느냐고 항의하였다면서, 그래서 학점 조금 잘 딴 것이 대수냐면서 다 실력 있는 학생들이라면서 야단을 쳤다고 하는 바람에 육군대령을 아버지로 둔 왕종근 동기가 크게 곤란했다고 한다. 이렇게 노발대발한 김 시인의 질책으로 이들은 정말 열심히 학업에 임하였고 각자 맡은 분야에서 전문가가 되었다면서 이상규 시인의 동기들이 만날 때마다 화제에 올린다고 한다.

　이 이야기를 들으면서 필자의 부끄러운 과거가 생각났다. 필자가 김 시인으로부터 들은 첫 과목은 1964년 사범대학 국어교육과 2학년 1학기 '현대시론' 과목이다. 그때 김 시인은 필자를 연구실로 불러 시험문제를 주면서 강의실에 가서 칠판에 판서를 하고 시험이 끝나면 답안지도 거두어 연구실로 가져오라는 것이었다. 말하자면 필자를 조교처럼 인정하여 무감독으로 시험을 치른 것이다. 모든 문제에 필자는 정말 자신 있게 시험지 전면을 꽉 차게 답으로 메꾸었다. 그런데 학기말 성적을 받아 보니 전공과목 가운데 가장 낮은 60점이었다. 필자는 그 순간 정말 당황하였다. 그동안 막연하게 생각하고 있던 시인으로서, 혹은 시 연구자로서의 가능성이 물거품이 되는 것이 아닌가 하는 생각도 들었다. 필자는 그 당시에는 직접 말씀을 드리지 못하고 한참 지난 후에 왜 그렇게 되었냐고 항의 비슷하게 말하니 김 시인의 대답인즉 "그래 연필로 새까맣게 잘 알아보지 못하게 적은 답안지가 하나 있더군. 그게 자네 답안지였나?" 하시면서 "그럴 수도 있지.'" 하고는 대수롭지 않게 넘기시는 바람에 안도의 숨을 내쉬기도 했다. 말하자면 악필로 인한 불이익을 당하여 그 다음부터는 모든 과목의 답안지 작성에 신경을 쏟았다. 그리고 필자가 대학 교수가 되어서는 악필의 답안지도 꼼꼼히 읽어 주면서 채점을 하게 되는 습관도 그 때에 연유된 일이었다.

　김춘수 시인을 회고하는 사람들의 글을 보면 원고료를 철저하게 챙기고 돈에 대하여 인색하다는 글을 여러 곳에서 볼 수 있다. 필자 역시 그런 김 시인의 면모를 1965년 연말 필자의 대학 3학년 겨울방학 때 경험하기도 하였다. 필자는 월간 《시문학》 2회 추천을 앞두고 생애 최초의 상경을 감행했다. 《시문학》을 발간하던 문덕수 시인을 찾아뵙기 위하여 상경하였는데, 그때 김 시인으로부터 사상계사로 가서 편집장 유경환 시인에게 원고료를 받아 오라는 심부름을 한 적이 있다. 그 당시 원고료를 받지 못하고 곧 보내드린다는 답변만 들었던 것으로 기억된다.

여기서 생각나는 인물이 한 사람 있다. 마산 시절부터 깊은 교분을 나누었던 강신석(1916~1994) 화백이다. 강 화백은 『한국향도문화전자대전』(창원)의 기록에 의하면 1916년 마산에서 태어났는데, 1945 하얼빈 공대 교수로 있다가 해방을 맞아 귀국하였으며 1952년에는 해군의 종군작가로 참전하였다고 밝히고 있다. 강 화백은 1960년대에는 주로 마산의 다방 '외교구락부' 등에서 활동을 했다. 우리나라에서는 드문 파스텔 화가였는데, 파스텔이 갖고 있는 부드러움과 따스한 느낌이 작품 속에 잘 드러나 있으며, 국내 전시는 물론 이태리, 프랑스 미국 등에서 전시회를 가졌다고 한다. 김 시인의 회고기 「나의 예술인 교우록」(강현국 엮음 『우리 어느 둑길에서 다시 만나리』(2019, 학이사. pp.263~269) '강화백' 편에 의하면 마산 시절부터 꽤 가까웠던 사이로 알 수 있다. 앞에서 밝힌 것처럼 3.15 부정선거를 항의하는 현장인 마산 3.15의거를 같이 겪기도 하였다.

강 화백은 말년에 미국 뉴욕에서 후두암으로 작고하였다. 김 시인의 회고에 의하면 경북대 철학과 하기락 교수와 아니키스트로 의기투합하여 하 교수가 강 화백이 미국에서 투병한다는 소식을 듣고 미국 가는 길에 국내 유명한 한의사에게 특별히 조제를 부탁한 한약을 들고 방문하였다고 한다. 김 시인과는 시화전을 마산과 부산 그리고 대구에서 여러 번 가졌다. 필자의 기억으로는 1967년 필자가 대학원 1학년 초기 대구에서 처음으로 시화전을 가졌다. 그때 대구 중앙통 인근의 여관에 숙소를 정하고 있던 강 화백을 여관과 다방 그리고 전시장에서 몇 번 만났던 기억이 난다. 그런데 1970년대 중반에도 대구의 '맥향' 화랑에서 40점의 작품으로 두 번째 시화전을 가졌다고 이 상규 교수가 기억하고 있다. 이 교수가 학부 시절이었지만 김 시인의 부탁으로 강 화백의 길 안내 역으로 가깝게 모셨다고 한다. 그래서 소상하게 기억하고 있다고 회고한다. 그 당시 시화전의 편당 가격은 10만 원 정도 하였으며 전시회가 끝날 무렵 거의 다 판매가 되었다고 한다. 화랑 대표인 김태수 선생이 화랑 대여료도 받지 않고 판매 대금 전액인 400만원 가까운 돈을 김 시인에게 전하니 그 자리에서 김 시인이 헤아려 보지도 않고 강신석 화백에게 뉴욕의 가족을 만나려 가는 여비나 하라면서 건네는 것을 보고 두 사람의 우정에 감동하였다고 다른 사람들에게 자주 말하였다고 한다. 사실 40편에 가까운 작품이 다 팔리는 것과 화랑대표의 대여로 받지 않는 것과 김 시인 행동은 지금 같은 풍토에서는 상상하기도 힘든 일이지만 1970년대 대구에서는 이런 낭만과 인정이 존재하였다.

두 사람의 우정은 시화전을 자주 한 것 말고도 김 시인의 작품 속에 강화백이 여러번 등장하는 것으로도 알 수 있다. 강 화백의 호는 화구花龜이다. 이것을 한글로 풀이하면 '꽃밭의 거북'이 된다. 사실 강 화백은 작은 키에 큰 눈을 가진 모습이 거북과도 닮았는데 김 시인의 시 「꽃밭에 든 거북」(1959년 6월 1일 판 시집 『꽃의 소묘』에 처음 수록)은 김 시인의 꿈과도 관계가 있다고 하지만 강 화백을 두고 쓴 시라는 짐작이 가는 김 시인의 회고의 글이 있다.(앞의 글, pp.264~265) 강신석 화백은 파이프 담배를 즐기는 애연가였다. 이 파이프를 대상으로 한 시가 「강 화백의 파이프」(1969년11월 25일 판 시집 『타령조·기타』에 수록)이다 이 작품은 김 시인의 앞의 회고기에도 전문이 인용되어 있다.

    어느 봄날
    강 화백이 물고 있는 파이프에서
    강 화백의 얼굴만한
    커단 낙엽이 지는 것을 보았다.

어느 가을날
강 화백이 물고 있는 파이프에서
시네라리아의 귀여운 한 송이가
반쯤 피었다 지는 것을 보았다.
파이프를 물고 있을 때의
강 화백의 쌍거풀진 커단 눈은
언제 보아도 젖어 있다.

- 「강 화백의 파이프」 전문

김 시인이 인용하면서 사용한 텍스트는 1994년 11월 25일에 나온 민음사판 전집이다. 1969년 11월 25일판 시집 『타령조·기타』에 수록된 것으로 보아 앞에서 언급한 1967년의 제1차 시화전 때를 전후하여 쓰여진 작품이 아닌가 하는 생각이 든다. '커단'이라는 시어는 '커다란'의 경상남도 사투리이고 '시네라리아'는 지중해 카나리아군도가 원산지인 국화과의 다년초이지만 우리나라에는 가을에 파종하여 봄에 피는 1년초로 취급된다. 12~13°c의 저온에서도 잘 잘라고 파랗게 혹은 빨갛게 국화 모양으로 피는 꽃은 관상용으로 인기가 높다. 이 시에도 김 시인의 60년대 후반의 특징인 무의미시의 경향이 보이고 있다. 강 화백의 파이프에서 나오는 연기를 봄에 지는 낙엽으로 비유한 것과 가을날의'시네라리아' 꽃으로 비유한 표현이 그 특징이라고 볼 수 있다. 이 시는 이러한 무의미적 상상력만 납득되면 그렇게 어려운 시는 아니다. 「앵초」(시집『남천』 1977. p.100~101)는 "강신석 화백께"라는 부제가 붙은 일종의 헌시이다. 그리고 김 시인의 장시이자 대표작인 「처용단장 3부」(《현대문학》 1990년4월호 통권424, 1991년4월호 통권433) 연재에도 44~46에 걸쳐 강 화백의 뉴욕에서의 죽음과 파이프와 시네라리아가 등장하고 있다. 마지막 작품은 「강 화백」(1993년 4월 20일 판 김춘수 산문시『서서 잠자는 숲』 수록)이다.

이상으로 볼 때 강 화백은 1950년대부터 1990년대까지 40년 동안 김 시인의 시 속에 등장하고 있다. 김 시인의 시 속에 등장하는 실존 인물 가운데 가장 오랜 기간 동안 여러 번 등장하는 인물이 강 화백이다.

1970년대 후반의 필자와의 인연은1976년 5월 1일 자로 필자가 부산대학교 사범대학 국어교육과에 전임강사로 임용된 직후인 부산대학교 개교기념 행사인 '효원 축제'(5월 15일~20일까지)의 문학동아리 '부대문학회'의 문학의 밤 행사의 초청 시인으로 김 시인을 모셨다. 그날은 비가 간간이 내리는데도 불구하고 행사장 대학극장(현재 10.16기념관)이 문학회 회원과 일반 학생들로 가득 찼다. 강연을 마치고 나니 여학생들이 서로 가져온 김 시인의 시집에 사인을 해달라고 하였다. 김 시인은 예상 못한 환호에 "경북대학교는 이렇지 않는데."를 연발하며 여학생들이 가져온 시집에 일일이 사인도 해주고 단체 사진도 찍었다. 그 당시 풍족하지 못한 예산 탓도 있었으나 용호동 우리과 학부모가 운영하는 횟집에서 식사를 대접하였는데, 김 시인이 끝내 우리 집으로 가서 주무시겠다고 하여서 대학 옆의 장전동 121~12번지 우리 집으로 김 시인을 모셨다. 두 아들들이 자던 방을 비워 잠자리를 마련해 드렸다. 다음해인 1977년 가을에는 부대신문사의 행사로 해마다 개최하던 문인초청 강연에 이청준 소설가와 함께 모셨다. 이때 예전에 해인대학에서 함께 근무한 적이 있었던 허종현 총장을 방문하고 나온 뒤에 본관 로비에서 김 시인과 이청준 작가 그리고 그 당시 사범대학 미술교육과 재학 중 이원섭 시인 추천으로 《현대문학》으로 등단한 강선학(1953~) 시인이 학보사 기자 신분으로 동행했는데, 네 사람이 함께 사진을 찍었다. 이 사진은 김 시인의 문학앨범 성격의 저서에 종종 소개되기도 하였다.

국회의원 시절인 1984년에는 부산의 문학단체가 초청한 필자와 김 시인의 공개 대담을 갓 개관한 대청동의 가톨릭센터에서 가졌다. 그때에도 일반 시민과 고등학생과 대학생들로 강당에 입추의 여지가 없었다. 필자는 청중 가운데 김 시인의 시 「꽃」의 낭송 희망자를 찾았다. 여러 희망자 가운데 여고생을 지명하여 암송하게 하는 것으로 행사를 시작했다. 2시간에 가까운 대담을 마친 후에는 몇 사람의 질문도 받았다. 그런 후 약 달포 뒤에는 대구에서도 같은 행사를 가졌다. 그때의 일로 가장 기억이 남는 일은 김 시인과 청마와의 인연을 이야기하면서, 청마의 시에 영향을 받지 않았느냐고 질문하면서 초기작을 언급하여 김 시인을 당황하게 만들었던 일이다.

이렇게 70년대 후반에 김 시인은 많은 시인 지망생과 고등학생과 대학생들 그리고 김 시인의 시를 애호하는 일반인들에게 인기가 있는 시인이었다. 이런 김춘수 시인이 1978년 9월 학기부터 1961년부터 18년 동안 강단을 지키던 경북대학교를 떠나 이웃의 영남대학교로 옮긴다. 그 당시의 영남대학교의 재단인 영남학원 이효상(국회의원과 국회의장 지냄) 이사장의 임용장에 의하면 교수 1호 1급봉으로 임용 기간은 1978년 9월 1일부터 1988년 8월 31일까지로 발령을 받았다. 필자의 기억으로 그 무렵의 영남대학 신문 사설에는 타대학의 유명 교수들을 초빙한 사실을 사설로 썼는데, 김 시인에 대해서는 '문학사에 남을 시인'을 초빙하였다고 하였다. 그런데 이렇게 영남대학교로 김 시인이 옮기자 경북대학교에서는 야단이 났다. 문리과대학 국어국문학과 학생들과 교수들은 물론이고 사범대학 국어교육과 학생들과 교수들이 일제히 김 시인의 영남대학교 이직을 반대기 시작하였다. 심지어 김영희 총장을 찾아가 사표를 수리하지 말라고 항의하기 시작했다. 그 당시의 국어교육과 교수로 뒷날 경북대학교 총장까지 지낸 천시권 교수에게서 필자가 직접 들은 바로는 김영희 총장을 찾아가니 "김춘수 교수가 그렇게 유명한 시인이냐?"고 반문하였다고 한다.

필자는 김 시인으로부터 이 무렵 몇 달을 경북대학교와 영남대학교 두 곳에서 봉급을 받았는데 영남대학교 봉급이 훨씬 많아 놀랐다는 이야기를 들었다. 필자는 그 이야기를 듣고 "이중으로 받아 경제적으로 도움이 되었겠습니다." 라고 하자 김 시인은 "아닐세. 사실 경북대학교 퇴직금을 받아 자식 집을 마련해주기로 했는데 그 일이 지연되어 낭패를 봤네."라고 반문하였다. 김 시인의 경북대학교 인사기록 카드에 확인해 보니 1978년 12월 30일 의원면직으로 처리되어 있다. 사실 김 시인은 1978년 9월 1일 영남대학교에 부임하였는데, 12월 30일까지 학내 반발을 의식해 김영희 총장이 김 시인의 사표를 수리하지 않아 벌어진 해프닝이었던 것이다. 이 시절에는 이러한 이중근무도 가능한 일이었다..

영남대학교 시절의 김 시인의 여러 모습은 이기철(1943~) 시인이 쓴 『김춘수의 풍경』(문학사상사, 2020) 곳곳에 나타나 있다. 이 시인은 김 시인이 영남대학교에 부임한 초창기 1년 반쯤 김 시인의 무급 조교로 일했다.(앞의 책, p.17) 이 시인은 김 시인의 연구실이 22층 연구동 복판인 12층에 배정되어 김 시인이 고소공포증을 호소하여 인문관 2층으로 옮겼다고 언급하고 있으며(앞의 책, p.16), 김 시인이 영남대학교 첫 월급을 받았 을 때 일을 다음과 같이 밝히고 있다.

나는 시인이 1978년에 경북대학교에서 영남대학교로 교수직을 옮겨 첫 월급을 받았을 때 ,봉투를 뜯어보고 연구실에서 덩실덩실 춤을 췄다는 이야기를 떠올렸다. 국립대학교인 경북대학교보다 사립대학교인 영남대학교의 보수가 훨씬 높았기 때문이다. 월급을 온라인으로 보내지 않고 현금을 봉투에 넣어 직접 전달하던 시절이었다. (이기철, 『김춘수의 풍경』 2020, 분학사상사. p.229)

시인의 생애를 스쳐간 예수와 그 시적변용

 김춘수(1922~2004) 시인이 예수체험을 처음으로 한 것은 그가 고향 통영에서 미션계 유치원에 다닐 때이다. 그의 회고에 의하면 댓 살 났을 때라 하고 있으나 정확한 연도는 알기 어렵다.(김춘수 신작에세이집 『하느님의 아들 사람의 아들』, 1985, 현대문학사 pp.4~5, 머리말/내 속에 자리한 예수) 이 유치원은 통영을 선교지로 하던 호주 장로교 선교부에서 운영하던 진명유치원이다. 그리고 이 유치원에서의 예수 체험은 김 시인의 산문에 빈번하게 등장한다.

 (가) 웬일일까? 나는 그 이유를 모르는 채로 하루 두어 번씩은 아까 이미 말한 대로 멀리멀리 한려수도가 뻗어 있는 수평선을 바라보며 그 윤선이 그리는 가느다란 흰 파장을 느끼곤 했다.
 그러다가 문득 넘치는 햇살 속을 사금파리처럼 금빛으로 반짝 빛을 내는 것이 있었다. '그 아이가 예수다!' 하는 한 소리의 울림이었다. 그것은 복잡하고 미묘했다. 내 어린 감각으로 어쩔 수가 없었다. 그 아이는 이발소든가 공동목욕탕이든가, 혹은 그때 막 나돌기 시작한 그림책에서든가 본 그 아이이면서 내가 탱자나무 울 사이로 엿본 그 아이기도 했다. 그것은 그대로 빛이다.(김춘수, 앞의 책. p.84 『나를 스쳐간 그 1』)

 (나) 침모할머니도 동전을 한 닢, 손을 바구니에 깊숙이 넣어서 연보를 한다. 틀림없이 연보를 했다는 것을 확인하듯이 말이다. 거기 앉은 누구보다도 긴 시간이 걸린 듯했다. 그러는 동안 그녀의 입에서는 쉴새없이 주님이란 낱말

이 새어나오곤 했다. 나는 그때 그녀가 울고 있었다고 느껴졌다. 그때 그녀가 부르던 주님이 바로 내가 여기저기서 본 그 아이라는 것을 알게 되었을 때, 그것을 일깨워 준 그녀~그 침모할머니가 웬지 싫어지기만 했다. (앞의 책, pp.85~86)

앞의 두 글은 유치원 시절에 김 시인이 느낀 예수체험을 60세가 되어 쓴 글(신작에세이『하느님의 아들 사람의 아들』은 《현대문학》 1982년 3월호부터 1984년 12월호까지 「연씨의 낮과 밤」이라는 제목으로 34회 연재한 글을 1985년에 단행본으로 엮은 책임)이다.

(가)는 여왕산 기슭에 있던 유치원에서 통영 앞 바다를 바라보면서 느낀 회상이고 (나)는 독실한 크리스천인 김 시인 집의 침모할머니를 따라 예배당에 예배를 드리러간 때의 회상이다. 이 두 에피소드는 다분히 환상적이기도 하고 감각적이다. (가)에서 '탱자나무울 사이로 엿본 그 아이는 호주 선교사의 자녀이다. 김 시인 자신도 이 시기의 예수체험을 '어린 시절의 꿈과 같은 환상적이고 감각적 정서적 체험에 지나지 않는다고 보고 있으며 예수를 발가벗은 이국의 금발의 아이쯤으로 느끼고 있었을 것'(앞의 책 P4. 머리말)이라고 말하고 있다.

다음으로 일본대학 유학시절인 청년기의 예수체험에 대하여는 김 시인의 다음의 글에서 알 수 있다.

참으로 예수체험이라고 할 수 있는 체험을 하게 된 것은 청년기로 접어들어서라고 할 수 있으리라. 내가 문학에 듯을 두고 문학공부를 하면서 성서(신약)를 문학작품(이스라엘 민족의 고대에 있었던)으로 대하게 된 뒤부터라고 할 수 있으리라. 성서는 다른 문학작품들과는 다른 충격을 주었다. 그것은 비현실적이고도 비논리적인(기적) 대목들의 연속으로 엮어져 있으면서도 야릇한 심리적 리얼리티를 간직한 채 나에게로 다가왔다.

나는 유명한 신학자들의 신학책도 더러는 섭렵했지만, 성서만큼의 감명을 나에게 주지 못했다. 여러 사람 예수 전기 작가들의 책도 읽어보았지만, 역시 마찬가지였다. (앞의 책, p.4 머리말)

　우선 일본대학 재학시절의 예수체험을 제대로 보여줄 수 있는 것은 김 시인 자신이 일본대학 시절 국내 신문에 투고한 시「성도와 밤」(창작일 1940.7.14 매일신보 1940.11.3 발표)이다. 이 작품에 대해서 김 시인 자신이 생전에 발표 지면과 제목도 기억하지 못하고 있는 것을 부산외국어대학교 박경수 교수가 발굴했다. 그것을 필자가 이미 작품 전문을 소개한 바 있다. 앞부분에 '십자가는 눈압해보인다// 두 팔 양손에전쇄가 잇다.'와 같이 십자가에 달린 예수의 모습이 등장하고 있다. 여기서 전쇄는 쇠사슬을 한자어로 표현한 것이다. 필자는 앞의 글에서 이렇게 예수가 십자가에 매달린 모습이 시에 등장하는 것은 일본대학 시절 김 시인이 매료되어 읽은 라이너마리아 릴케의『사랑하는 하느님 이야기』라는 책의 영향을 받았을 것이라고 주장한 바 있다. 아마 이 당시 김 시인이 신약성경을 읽었고 직접 그 영향을 받았음도 배제할 수 없을 것이라 생각된다.

　일본대학 시절의 독서체험 가운데는 기독교적 실존철학자 니콜라이 베르댜예프(1874~1948)의 영향을 들 수 있다. 이에 대한 김 시인의 생각과 그에 대한 필자의 견해를 이미 밝힌 바 있다. 그리고 도스토옙스키의 소설에서도 영향을 받았다. 특히『카라마조프의 형제들』에 나오는 아버지 카라마조프가 아들 이반과 알료샤에 묻는 하느님의 존재에 대해 형 이반과 동생 알료샤의 "없다"와 "있다"로 갈라지는 답에서 많은 충격을 받았으며 이반의 하느님이 없으면 우리는 무엇을 해도 좋다는 부분이 더욱 충격적이었다고 밝히고 있다. (김춘수의 앞의 책, p.93 〈나를 스쳐간 그(Ⅱ)〉)

　1945년 광복 이후 시인이 되고나서부터 김 시인은 시집 속에서 종종 예수체험을 기반으로 한 시들이 등장한다. 그의 첫 시집 『구름과 장미』(1948.9.1. 행문사)에는 「예배당」과 「막달라 마리아」가 수록되어 있다. 이 시집에 등장하는 '막달라 마리아'는 1980년에 발간된 그의 시집 『비에 젖은 달』(1980, 근역서재) p.47에서는 「둘째 번 마리아」라는 제목으로 등장한다. 그리고 김 시인이 2004년 8월 4일 기도폐색으로 쓰러져 의식불명 상태에서 투병하다가 11월 29일 작고한 직후인 12월 3일 발간된 마지막 시집 『달개비꽃』(2004.12.3 현대문학사)에는 「눈」(p.52)이라는 제목 속에 나타나 있다. 김 시인에게 막달라 마리아는 1940년대부터 2000년대까지 60년 동안 떠나지 않던 성경 속의 인물이다. 이 세 작품 속의 막달라 마리아가 어떻게 변용되고 있는가에 대해서는 성서신학자이자 목사이고 그리고 시인인 민영진(1941~) 박사에 의하여 쓰여진 『교회 밖에 핀 예수꽃』(2011, 창조문예사 pp.36~51)에서 자세하게 언급하고 있다. 민 박사의 이 책은 「시인 김춘수의 예수 시 읽기」라는 부제가 있는 저서로 비록 끝내 크리스천이 되지는 못했지만 한국 현대 시인 가운데 누구보다도 예수체험을 심각하게 한 김춘수 시인의 '예수 시'(민 박사가 명명한 용어임)에 대한 총체적 저서이다. 민 박사는 첫 작품에서는 '부활 체험한 막달라 마리아를 둘째와 셋째 작품에서는 창녀로 간음한 현장에서 붙잡혀 온 막달라 마리아를 형상화 하고 있다고 본다.

첫 시집 이후 김춘수 시인은 한동안 예수체험의 시편들을 창작하지 않고 있다가 1960년대 그의 시 가운데 문제작 하나인 「나의 하나님」을 창작한다. 이 작품은 1969년에 발간한 제5시집 『타령조・기타』(1969.11.25 문화출판사)에 수록되어 있는데, 이 시집부터 무의미시를 실험하고 있다고 필자는 밝힌 바 있다. ('월간 시' 2022.4 pp.122~123)

사랑하는 나의 하나님, 당신은

늙은 비애다.
푸줏간에 걸린 커다란 살점이다.
시인 릴케가 만난
슬라브 여자의 마음 속에 갈앉은
놋쇠 항아리다.
손바닥에 못을 박아 죽일 수도 없고 죽지도 않는
사랑하는 나의 하나님, 당신은 또
대낮에도 옷을 벗는 어리디 어린
순결이다.
삼월에
젊은 느룹나무 잎새에서 이는
연두빛 바람이다.
- 「나의 하나님」 전문(『김춘수 시전집』 2004. 현대문학사 p. 223)

여기서 우선 주목할 수 있는 것은 제목에서 표준말로는 '하느님'인 것을 개신교에서만 사용하는 '하나님'으로 했다는 점이다. 이 제목을 김 시인은 끝까지 바꾸지 않았다. 그런데 간혹 '하느님'으로 바꾼 기록들이 나오는데 그것은 오류이다.

이 작품에 대하여 필자는 오래 전에 이 시에서 작용하고 있는 이미지를 형이상학적 이미지로 규정하고 이 시에 등장하는 은유를 치환은유로 보았다. 따라서 하나님으로 치환되는 '늙은 비애' '푸줏간에 걸린 커다란 살점' '놋쇠 항아리' '어리디 어린 순결' '연두빛 바람' 등은 원관념 '나의 하나님' 과는 유사성을 좀처럼 찾을 수 없는 '비동일성'의 원리로 파악해야 하며 긴장감을 느끼게 한다. 은유 속에 들어 있는 의미를 결국 관념적으로나 논리적으로 해석할 수 없기 때문에 형이상학적 특질의 시라고 보았다. 이렇게 형이상학적 특질 배후에는 '신의 정체불명성' 혹은 신앙의 다양성이 자리 잡고 있다고 결론을 내린 바 있다. (필자『현대시교육론』1997, 삼지원 pp. 206~209)

앞에서 인용한 민영진 박사의 경우 「김춘수의 '나의 하나님'에 대한 신학적 응답」이라는 소제목으로 자세히 살피고 있다.(민영진, 앞의 책 pp.11~23) 민 박사는 김 시인이 크리스천이 아님에도 불구하고 평신도로 보면서 김 시인의 이 작품들의 병치은유의 보조관념 하나하나에 대한 신학적 혹은 신약학적 해석을 하면서 이 작품과 김 시인의 예수체험 시편들을 '세계 신앙고백 역사에서 한국적 공헌'이라고 극찬하고 있다.

김 시인이 '예수 체험 시편'을 집중적으로 발표하기 시작한 것은 1977년이다. 발표지면을 일일이 확인하는 것은 차후의 과제이나 이렇게 단언할 수 있는 까닭은 그것들이 수록된 시집『남천』(1977.10.20 근역서재) 말미에 붙어 있는 〈수록작품제작연도〉와 '후기'에 김 시인 스스로 그렇게 밝히고 있기 때문이다. 이때가 김 시인이 50대 중반이며 위궤양 수술을 한 뒤이다. 시집『남천』은 반양장 국판으로 비닐 커버가 있는 컬러 표지에 세로편집 총 125쪽의 시집이다. 김 시인은 이 시집 마지막 부분(p.110~121)에 〈예수를 위한 6편의 소묘〉라는 제목으로 「마약」「아만드 꽃」「요보라 쑥」「세번째 마리아」「가나에서의 혼인」「겟세마네에서」 등 6편을 수록하고 있다. 필자는 이 6편과 1980년의 시집『비에 젖은 달』(1980.11. 근역세재)(이 시집부터 가로편집을 하고 있다)에 〈땅 위에〉라는 제목으로 수록된 「가나 마을에서」「땅 위에」「둘째 번 마리아」「서쪽 포도밭 길을」「나자로여!」「분꽃을 보며」와 1982년 5월호《한국문학》에 발표된 「에리꼬로 가는 길」등 총 12편을 대상으로 「예수를 소재로 한 시」에서의 의미와 무의미」라는 글을 1982년 12월에 발간된『김춘수연구』(시인 김춘수 송수 기념 평론집, 1982. 학문사 pp.243~234)에 발표한 바 있다.

'예수를 위한 6편의 소묘'는 최근작이다. 앞으로도 예수를 소재로 한 시가 더 씌어질 듯하다. 예수에 대한 매력은 날이 길수록 더해 간다. 그러나 예수는 나에게 자주 주제를 강요하고 있어 거북한 데가 없지는 않다. (시집『남천』p. 122)

앞에서 밝힌 '후기' 가운데 '예수를 소재로 한 시'에 대해 언급한 부분이다. 여기서 주목할 만한 것은 '예수는 나에게 주제를 강요하고 있다'는 부분이다. 이것을 다시 이 당시에 추구하고 있던 시작의 경향을 감안하여 표현하면 무의미적 경향보다는 의미의 시 즉 시에서 관념을 강요당하고 있다고 고백한 것이라고 볼 수 있다..

이 당시 김 시인은 예수의 생애를 일차적으로 성경에서 찾을 수 있었겠지만 다음과 같은 글을 보면 다른 전기도 읽고 있었다.

E씨의 '예수전'을 읽기 시작했다. 예수의 용모에 대한 궁금증에서부터 허두를 떼고 있다. 듣고 보니, 성서에서는 아무 데도 예수의 용모를 말하고 있지 않다. (김춘수, 「남천재수상(초)」, 산문집『오지 않는 저녁』, 1979, 근역서재, 1983, 문장사판 전집 <수필> p. 196 참조)

여기서 E씨는 일본 가톨릭 소설가인 '엔도 슈사쿠'를 말하고 책은『예수의 생애』이다. 이 책은 1975년 대한기독교서회에서 정종화 번역으로 간행된 바 있다. 김 시인은 한글판보다 일본어로 된 원작을 읽었을 가능성이 있다. 엔도 슈사쿠는 이 책에서 예수를 무력하지만 약자와 소외자들을 향한 연민의 정이 피곤한 듯 보이는 움푹 파인 눈에 깃들고 있다고 언급하고 있다.

김 시인의 1977년의 작품 「마약」을 전문 인용해보기로 한다.

예수는 눈으로 조용히 물리쳤다.
~하나님 나의 하나님.
유월절 속죄양의 죽음을 나에게 주소서.

낙타 발에 밟힌
땅벌레의 죽음을 나에게 주소서.
살을 찢고
뼈를 부수게 하소서.
애꾸눈이와 절룸발이의 눈물을
눈과 코가 문드러진 여자의 눈물을
나에게 주소서.
하나님, 나의 하나님.
내 피를 눈감기지 마시고, 잠재우지 마소서.
내 피를 그들 곁에 있게 하소서.
언제까지나 그렇게 하소서.

「마약」 전문(『김춘수 시전집』 2004, 현대문학사 p.405)

이 시는 마가복음 15장 23절 '몰약을 탄 포도주를 주었으나 예수께서 받지 아니 하시다'라는 성경을 근거로 하여 쓰여진 작품이다. 그런데 이곳에서 시적화자는 첫 행에서는 작품 밖의 관찰자의 입장이나 그 다음부터는 십자가에 매달려 하나님께 기도하는 예수의 입장이다. 이러한 화자의 변화나 다양성은 김 시인의 '예수 체험 시편' 전반에 걸쳐 있다. 이 시편 창작 시기와 비슷한 시기에 이 시의 시작 배경이 될 수 있는 산문을 발표하고 있다.(김춘수, 앞의 책. p.196~197 〈물리칠 수 없는 아픔〉) 이 시 「마약」은 나약하지만 십자가 위에서 죽어가면서도 병든 자와 소외자들을 사랑하는 예수의 모습을 충분히 상상할 수 있다. 지면 관계상 전문을 인용하지 못한 산문에서는 마약을 거부하는 것을 '민중이 겪은 모든 아픔을 어느 것도 물리칠 수 없다는 것이 그의 각오였다'고 해석하고 있다. 이러한 점에서 김 시인의 예수는 다분히 엔도 슈사쿠의 예수와 상통한다고 볼 수 있으며 민중지향적이라고 볼 수 있다.

이 작품에 대하여 민영진 박사는 「김춘수의 〈마약〉에서 보는 예수의 실존」이라는 글(민영진, 앞의 책. pp.108~117)에서 예수의 죽음을 '유월절 속죄양의 죽음'이라고 신학적으로 해석하고 있다.

'예수 체험 시' 가운데 마지막으로 쓰여진 것이 1982년 5월호 《한국문학》에 발표한 「에리꼬로 가는 길」이다. 이 작품은 시집 『라틴 점묘·기타』(1988, 탑출판사)에 수록되어 있다. 필자가 이 작품을 중요하게 생각하는 것은 1982년이라는 발표시점이다. 김춘수 시인은 1981년 4월부터 1985년 4월까지 제11대 국회의원(문공위원)으로 활동한다. 말하자면 전두환, 노태우가 주축이 된 신군부의 민례대표가 되어 의정활동을 하게 된 것이다. 이렇게 된 경위에 대해서는 다음에 자세히 살펴보기로 하고 이 시절에 발표된 작품이 「에리꼬로 가는 길」이고 이 작품을 마지막으로 '예수체험'은 시에서는 사라지고 이 글 서두에서 인용한 『하느님의 아들 사람의 아들』이라는 신작에세이집의 내용이 되는 에세이 「연씨의 낮과 밤」 1~34회 연재(《현대문학》 1982년 3월호-1984년 12월호)로 옮아간다.

이 에세이에 대한 글은 다음에 따로 보충하기로 하고 여기서는 「에리꼬로 가는 길」에 대하여 언급해 보기로 한다.

비가 올 듯 하고 있다.
아니
날이 어느새 개이고 있다.
잎진 감람나무 어깨가 젖어 있다.
시장기가 도는 비탈길
포도밭길을
사제와 레위인이 가고 있다.
때에 절인 그들의 아랫도리가 거무스름
젖어 있을 뿐

착한 사마리아인은 아직도
　　오지 않고 있다.
　　　- 「에리꼬로 가는 길」 전문(『김춘수 시전집』 현대문학사 p. 500)

　이 시는 누가복음 10장 25절부터 37절까지의 사실을 근거로 하고 있다. 이 부분은 우리에게 잘 알려진 예수의 비유 가운데 '착한 사마리아 사람'으로 알려진 비유이다. 이 비유는 유대율법사가 예수께 영생에 관한 질문을 던지면서 시작되고 있다. 예수는 이곳에서 영생의 조건을 하나님과 이웃 사랑으로 보는데, 율법사가 다시 '이웃'에 대한 정의를 요구하자 여리고로 가다가 강도 만난 사람을 등장시켜 제사장이나 레위 인이 이 사람을 무관심한 상태에서 지나쳤으나 사마리아 사람이 이 강도 당한 사람을 진정으로 보살폈다는 예화를 이야기 해주고 이 가운데 누가 진정한 이웃인가를 율법사에게 물어 스스로 고백하게 만든다. 여기서 그 당시 인종적 편견으로 상종도 하지 않는 사마리아인을 착한 사람으로 설정하였다는 것은 유대인들에게는 충격적인 사실이었을 것이며 이러한 인종적 편견을 깨뜨리는 예수의 강한 의지가 나타나 있기도 하다. 그러나 이 비유의 배후에 숨은 관념은 이웃사랑에 대한 표상이며 말보다 행동을 통한 이웃사랑을 강조한 것이다.

　김 시인의 이 작품은 그러한 표상으로 이 비유를 사용하고 있지는 않다. 단지 예화의 가장 중요한 부분만 묘사하고 있다. 그런데 이 작품 역시 시적화자의 위치가 미묘하다. 예화에서 가장 중심인물인 강도당한 사람의 입장에서 지나가는 사람과 풍경의 변화를 묘사하고 있다. 말하자면 가장 주체적인물인 강도당한 사람이 직접 관찰자가 되고 있는 것이다. 이러한 입장으로 설명하는 것의 타당성을 획득하는 부분이 마지막 2행 '착한 사마리아인은 아직도/오지 않고 있다'라는 부분이다.

　그런데 여기서 오늘날의 현실에서 나 혹은 우리는 이 가운데 누구인가 하는 의문을 던져 볼 수 있다. 그것을 기독교적 입장에서 한정하여보면 강도당한 사람은 심령이 가난하여 하나님을 의지하고자 나오는 사람이다. 그렇다면 사제와 레위인은 오늘날 지나치게 외식적으로 되어가는 성직자와 장로들일 것이다. 그러나 이렇게 한정하기보다 인류 전체의 보편적인 관점에서 나 혹은 우리는 이 작품 속의 누구인가 하는 질문을 던져볼 수 있다. 우리는 강도당한 사람 즉, 생각하지도 못한 그렇다고 옳지도 않은 여러 형태의 유형, 무형 폭력에 시달리는 피해자는 아닌가 하는 질문을 던져 볼 수 있을 것이다.

이 시를 김춘수 시인 자신에게도 적용시켜볼 수 있을 것이다. 김 시인의 시와 산문 곳곳에 일제 강점기의 감방체험이라는 폭력에 대한 공포가 에피소드로 자주 등장하고 있다. 그런데 이 시를 발표할 때에 김 시인은 신국부의 폭압정치에 의하여 어쩌다가 국회의원이 되어 억지춘향으로 의정활동을 하였다. 그 때의 권력과 폭압에 대하여 어쩔 수 없는 심정이 이 시 속에 상징적으로 나타난 것은 아닌지 하는 질문을 던져본다.

필자는 김춘수 시인이 예수체험 시편을 창작할 무렵, 그 당시 가톨릭과 개신교가 공동으로 번역한 성경전서 초판을 선물로 보내드린 적이 있다. 그리고 혹시 예수를 믿는 신앙인이 되지는 않을까 하는 기대도 하였다. 그러나 김 시인은 예수를 문학적 소재로 활용하여 많은 크리스천을 감동시키는 시와 산문을 창작하였지만 끝내 크리스천은 되지 않았다.

제7부, 서울(1981-2004)

역사의 소용돌이와 만년의 시적 열정
국회의원, 방송심의위원장, 그리고 오로지 시인 시절

역사의 소용돌이에 빠지다

1978년 9월에 경북대학교에서 영남대학교로 옮긴 김춘수 시인은 1979년 3월 학기부터 영남대학교 문리과대학 학장을 맡게 되었다. 1980년에는 문리과대학이 문과대학과 이과대학(2017년 자연과학대학으로 명칭 변경)으로 분리되자 자연스럽게 문과대학 학장이 되었다. 말하자면 영남대학교 초대 문과대학 학장이 된 것이다.

김 시인이 처음 부임했을 때의 총장은 서울대학교 대학원장과 숙명여자대학교 총장을 지낸 교육학자이면서 교육철학을 강조하는 이인기(1907~1987) 총장이었다. 이 총장은 영남대 3, 4대 총장(1974.2.23~1980.6.16)을 지냈다. 따라서 김 시인을 문리과대학 학장으로 처음 임명한 사람은 이인기 총장이었다. 그는 전국의 유명교수를 영입하는 10개년 계획을 수립하였으며 김 시인은 이 계획에 의하여 영입되었다.

그러나 이 총장은 1980년 6월 재단 이사회에 사의를 표하고 영남대학교 총장을 끝으로 야인으로 돌아간다. 1980년 6월 16일 영남대학교 최초로 학내에서 발탁된 조경희(1918~2013) 교수가 제5대 총장으로 이사회에서 선출되었다. 조 총장은 1937년 경성제일고보(경기고등학교 전신)를 33회로 졸업하여 일제 강점기 말에 경성제대 법문학부를 졸업하였다. 그는 영남대 법정대 교수로 교무처장, 대학원장, 법정대 학장 등을 지냈다. 그런데 조 총장은 졸업했으면 경기고 36회인 김 시인의 3년 선배이기 때문에 김 시인이 영남대로 옮기기 전부터 친분이 있었다. 김 시인이 부임 직후 학장으로 발탁된 것과 문과대 학장으로 계속 보임 받은 것도 조경희 총장과의 인연

때문이라고 생각해볼 수 있다. 김 시인의 조 총장과의 인연과 김 시인의 학장 시절의 모습에 대해서는 이기철 시인이 그의 저서 『김춘수의 풍경』(2021, 문학사상사. p.21)에서 언급하고 있다. 학장으로서 김 시인은 결재 서류를 자세히 읽기보다 직원들을 믿고 도장만 찍는 스타일이었다고 한다.

 김 시인이 영남대 학장으로 있었던 1979년과 1980년은 대한민국 역사상 큰 소용돌이가 일었던 시기이다. 1979년 10.26 사건으로 인한 박정희 대통령 서거, 12월12일 전두환, 노태우, 정호용 등 하나회 중심의 정승화 계엄사령관의 연행에서 비롯한 신군부의 군사 쿠데타, 12월 21일 최규하 제10대 대통령 취임과 그 이듬해 8월 16일 사임, 1980년 4월 사북탄광 노동자 파업, 5월 전국 대학생 대규모 시위, 5월17일 신군부 세력에 의한 비상계엄령 선포, 5월 18일 광주 시위대와 계엄군의 충돌로 격화된 광주민주화 항쟁, 5월 27일 계엄군 광주 항쟁 진압, 5월 31일 국가보위비상대책위원회 발족, 9월 1일 전두환 제11대 대통령 취임, 10월 27일 대통령 7년 단임 간선제의 제5공화국헌법 공포 등 시국은 숨가쁘게 돌아갔다.

 그런데 이러한 역사의 격랑이 드디어 김 시인에게 몰려왔다. 이 시기에 대하여 김 시인이 두 번의 대담에서 소상하게 밝힌 바 있다.(김영모의 인물론 〈꽃의 시인 김춘수〉 1991.8 월간 엔터프라이즈, pp.325~341), 이유경(「외롭고 심심해진 팔순의 시인 김춘수」『시인의 시인 탐구』월간조선, 2002. pp.93~116) 그리고 권기호(1938~) 교수의 그 당시의 증언과 신규호(1938~2022) 시인의 목격담 등을 바탕으로 재구성해본다.

 1980년 11월 하순 김 시인이 속리산으로 문과대 교수들과 1박 2일의 연찬회를 떠났다가 귀가하자 매일신문 전달출(1931~2010) 사장이 전화가 왔더라고 사모님이 전했다. 긴한 전할 말이 있다고 하였다는 것이다. 사실 김 시인은 전달출 사장을 잘 몰랐다. 밤 11시 쯤 편집국장이

자기 회사 사장이 만나자고 한다는 것이다. 그래서 내일 교수식당에서 점심이나 하자고 하고는 전화를 끊었다. 이튿날 전 사장이 편집국장을 대동하고 학장실로 왔다. 편집국장이 전 사장에게 김 시인을 소개만하고 떠나자 대뜸 한다는 소리가 지금 대여당이 생기는데, 김 학장이 경북지역 대표로 15명의 창당 주비위원으로 선정되었다는 것이다. 그리고 자기는 메신저로 왔으니 수락 여부는 자기에게 말할 일이 아니라는 것이라고 했다. 김 시인은 학교의 보직을 맡고 있는 입장에서 총장을 핑계대어 면할 작정으로 같이 가자고 했다. 막상 총장은 그 당시의 대학의 어려운 현안과 시대적 상황 판단에 민감하여 오히려 "영남대학의 영광입니다." 하고 적극 권하였다고 한다. 말하자면 혹 떼려다가 혹 붙인 격이 되어 어쩔 수없이 수락하게 되었다. 전달출 사장은 가톨릭 신부이자 천주교 대구교구 사무처장이면서 매일신문이 가톨릭재단이라 사장을 겸하고 있었다. 그는 경북 경산 출신이고 그 당시의 실세 전두환과는 같은 전 씨라도 가까운 집안은 아니었는데도 종친이라는 입장에서 경상북도를 대표하여 국보위의 입법위원 81명 중 한 사람이었다. 그래서 김 시인을 경북대표라고 내세웠던 것이다. 며칠 후 자신이 김 아무개라 하면서 전화가 걸려왔다. 수락해 줘서 고맙다면서 내일 아침 10시 역에서 뵙겠다는 것이었다. 만나 수인사를 하고 보니 김정남이라는, 나중에 민주정의당 대변인을 한 젊은이로 그와 함께 열차로 서울로 올라왔다. 이 날이 11월 27일이었다.

필자는 서울역에 내린 김 시인의 모습은 그 당시 서울에서 유한공고 교사를 하던 김 시인의 제자인 전재수(1940~1986) 시인과 그의 학교 동료였던 신규호(1938~2022) 시인을 통하여 들었다. 전 시인에게는 1980년대에 서울역에서의 모습을 실감나게 들었으나 신 시인에게는 최근까지 몇 번 들었던 일화이다. 김 시인의 1980년 11월 27일 서울역에 내린다는 소식을 전 시인이 듣고는 신 시인에게 함께 서울역에 가자고 하여 따라 나섰다는 것이다. 서울역에

도착한 김 시인은 사복을 입었으나 군인 신분임이 드러나는 건장한 청년들과 함께 플라자호텔로 간다는 말만 남기고 과잉 경호를 받으며 갔다고 한다. 이 뒤에 어떤 일이 벌어졌는가는 김 시인이 비교적 자상하게 밝히고 있다. (이유정, 앞의 글, 앞의 책. pp. 111~112)

숙소가 프라자 호텔로 잡혀 있었으나 그는 고소공포증이 있다며 옛날 자주 묵던 서린동 쪽 여관에서 자겠다고 고집했다. 아침에 어제 그 젊은이 하고 웬 중년신사 한 사람이 방에 찾아와 너부죽이 큰 절을 하는 것이었다. 그는 권정달이라고 자신의 이름을 밝히고 이제부터는 자기가 모시겠다고 했다.
그들에게 이끌리다시피 해서 창당주비위가 열린다는 무역회관 꼭대기 층으로 올라갔다. 모인 15명 중 대여(김 시인의 호)가 안면 있는 사람은 소설가 송지영 씨뿐이었다. 창당주비위회의라는 것도 가관이었다. 저들이 모든 스케줄을 짜놓고 일사천리도 진행했다. 주비위가 하는 일은 기자들에게 얼굴만 보여주고 기념사진 몇 장 찍는 것이 전부였다. (이유정, 앞의 책 p. 111)

이 사실에 대한 그 당시의 보도는 1980년 10월29일 조선일보 1면에 톱기사로 나와 있는 것이 여러 언론들 가운데 가장 자상하다. '여, 민주정의당 창당선언'이라는 헤드라인 아래에 '어제 15인 발기준비위 첫모임'이라는 표제가 있다. 그리고 15명의 발기인 명단과 창당 취지문이 박스로 처리되어 있다. 그 기사의 첫 머리를 인용해보면 다음과 같다.

제5공화국의 정치를 주도할 신여당이 28일 발기 준비를 위한 첫 모임을 갖고, 가칭「민주정의당」의 창당을 공식선언했다. 개혁주도세력인 권정달, 이종찬 씨 등 입법회의의원 3명, 구정계, 노동계, 문화계 인사 각 2명, 재야, 관계, 재계, 언론계, 여성계 인사 각 1명 등 15명의 발기인들은 이날 오전 서울 무역회관 22층 회의실에서 『민주복지정의사회를 구현하고 겨레의 염원인 조국통일의 꿈을 기필코 이루어 나가려는 새 시대의 국가지표를 달성하는데 주도적 역할을 다하기 위해 새로운 정당을 발족시키기로 했다』고 선언했다. (1980. 11. 29. 조선일보 1면 머릿기사)

김 시인의 경우, 송지영(당시 65세. 평북 출신, 입법회의의원, 문예진흥원장)과 '문예'로 구분되어 58세 경남 출신, 시인, 영남대학교 문리과대학장이라고 표시되어 있다. 말하자면 경북지역 대표가 아니라 그 당시 송지영(1917~1989) 소설가와 함께 문화예술계를 대표한 2인 가운데 한 사람이었다.

이렇게 창당준비위원으로만 끝나지 않고 민정당 사무총장을 맡은 권정달 의원의 강권으로 1981년 3월25일 실시된 제11대 국회의원선거에 민정당 전국구 37번으로 입후보하여 당선된다. 그 당시 제12대 국회는 1지역구 2명의 중선거구제에 의한 선거로 92개지역구에 184명 전국구 92명 총 276명으로 민정당은 92명의 지역구 의원과 예비후보 14명을 포함한 74명의 전국구 의원을 공천하였다. 선거결과는 지역구 90명, 전국구 61명으로 총151명이 당선되어 과반수를 넘는 안정적 여당이 되었다.

김 시인은 4년 동안 문공위원회에서 활동했는데 필자에게 김 시인이 토로한 바는 그 당시 이규호 문교부 장관에게는 국립대학 교수의 처우개선에 대한 질의를 자주 했는데, 이 장관은 사립대인 연세대 출신이니까 국립대 교수의 열악한 처우에 대하여 잘 모르는 것 같아 안타까웠다고 한다. 그리고 이진희 문공부 장관에게는 정지용 시인과 김기림 시인의 해금에 대해서 여러 번 질의하니까 이 장관이 사석에서 김 의원은 그 문제밖에 질의할 것이 없느냐면서 딱한 표정을 지었다고 한다. 그래서 해금해 주지 않으니 자꾸 하는 것이라고 응수했다고 한다.

중앙일보 1984년 3월14일자에는 김춘수 의원이 당시 이진희 문공부 장관에게 질문한 내용이 '국회 상임위 질문 답변 요지'라는 제목으로 실려

있다.(동아일보와 경향신문에도 간략하게 수록되어 있음)

　김춘수 의원(민정) 질문; 정지용·김기림·이태준 등 월북자각의 30년대 작품들은 좌익 이데올로기를 반대하고 순수문학 이념을 전형적으로 반영한 것들인데, 이를 좌익 이데올로기의 이름으로 출판금지하고 있는 것은 역사의 아이러니이다. 이 작품들을 해금, 출판하게 할 생각은 없는가?
　이진희 문공장관(답변); 정지용·김기림의 30년대 작품에 프로문학적 요소는 없다. 그러나 출판을 금지하고 있는 것은 작품 내용 때문이 아니고 해방 후 그들의 행적 때문이다. 일반에게 출판되지 않더라도 문학사연구에는 얼마든지 개방하고 있다. 그들의 작품 중에도 30년대 이후 것은 문제 있는 것이 있다.
　김춘수 의원(민정); 그렇다면 자진해서 이북에 갔고 불온자금을 받은 윤이상의 작품은 왜 국내에서 공연하는가. 6·25 혼란 통에 과오가 있다 해도 한쪽은 되고 한쪽은 안 된다는 것은 형평상 맞지 않다.
　이진희 문공장관(답변); 윤이상은 이북에 가지 않았고 현재 서독에 살고 있다. 정지용·김기림의 행적을 이북에 가서 파악할 수야 없지 않은가.

　필자가 확인한 또 다른 문공위 자료에 의하면 학술진흥재단 조성옥 이사장에 대한 질의응답에서도 학술원에서 진행하는 교수들의 논문평가에서 교수들에게 평가 과정을 투명하게 공개하지 않는 것에 대해서 질책하고 있다. 이 시절, 독일 방문 길에 고향 선배이자 해방 직후 통영문화협회 회원으로 같이 활동했던 윤이상(1917~1995) 작곡가의 독일집을 방문하고 귀국하여 그의 완전한 복권을 애썼던 점이나, 그 시절 겸하였던 문예진흥원 고문(1983년 정한모 시인 문예진흥원 원장 시절)의 자격으로 윤이상 음악회를 가지게 주선한 것을 큰 위안으로 삼은 점.(김춘수, 「나의 예술인 교우록~윤이상 편」 강현국 엮음 『우리 어느 둑길에서 다시 만나리』~시인 김춘수의 문학과 삶 p.288)도 윤이상을 사상적 측면보다 예술성의 성과에서 파악해야 된다는 그의 입장을 반영한 것이다. 말하자면, 국회의원으로서의 김 시인은 나름의 전문성을 살려 대학이나 문학계와 음악계의 현안에 대하여 개선하기에 노력하였다고 볼 수 있다.

김 시인은 미완의 자전소설『꽃과 여우』 '책 머리에'(1997, 민음사, p.14~15)에서 이 시절에 대해서 다음과 같이 언급하고 있다.

이 책은 내 자서전이지만 일단 1950년에서 그치기로 한다. 그 뒤 30여년의 내 생애 후반기는 보류해 두기로 한다. 시일이 지날수록 전망이 더 트일 것이기 때문이다. 그리고 또 내 생애 후반기에는 1980년 초의 정치 관여라는 꽤 까다로운 문제가 낀다. 밖에서는 내 정치 관여를 도덕적 측면에서 보고 있는 듯하나 나는 전연 다른 입장이었다. 내 정치 관여는 문제가 된다면 논리적 문제이지 도덕적 문제는 전연 아니다. 이 문제를 내 스스로 해명하려면 좀더 시간이 있어야 한다. 그러나 언젠가는 해명하기는 해야 할 일이긴 하다. 밖의 비판에 답하기 위해서가 아니라 내 진실은 내가 밝힐 수밖에 없다는 입장에서 하는 소리다. 이 또한 내 문학에 그대로 연결된다.

앞의 인용문에서는 그는 정치 관여를 어떻게 볼 것인가 하는 문제를 던져주고 있다. 말하자면 도덕적 잣대로 무조건 비난을 하지 말고 정치 관여의 구체적 팩트를 가지고 논리적으로 접근해야 한다는 주장이고 그 진실을 스스로 밝히겠다고 했으나 갑작스러운 죽음으로 밝히지 못한 채 세상을 떠났다.

이러한 입장임에도 불구하고 김 시인의 정치참여는 그 당시의 젊은 대학생, 특히 세칭 운동권 학생들의 반발을 크게 샀다. 그 하나가 영남대학교 강단 복귀의 불발이다. 대학교수로서 정년(1922년 11월 25일이 생년월이니 만65세 학기말은 1988년 2월말)을 앞두고 영남대학교 국어국문과 강단에 복귀하고자 했으나 그 당시의 운동권과 학과 학생들의 반발로 결국 정년 6개월을 남긴 1987년 8월말 사퇴하는 수모를 당했다. 그 당시 필자에게 김 시인은 "내가 국회에서 이 정권에 협력하지 않은 것은 국회 의사록에 있는데 막무가내라 안타깝다."고 했다.

다음은 부산에서 필자도 실제로 목격하고 당한 일 하나를 소개하겠다. 경성대학교 대학극장에서 한국일보사가 주최하는 전국 순회 시낭송회에 김 시인이 초대된 자리에서 벌어진 일이다. 그 행사장에 부산 시내 운동권 학생들이 몰려와 구호를 외치며 행사를 방해한 사태를 필자는 현장에서 목격했다. 그리고 그 소동의 주동자들이 부산대학교 문학동아리 소속의 학생들이라 필자는 더욱 민망했다. 불과 10년 전의 1970년 말의 문학 행사에서 열광적으로 환영받던 김 시인의 모습과 겹쳐져 정말 안타 깝기만 했다.

이 시절의 에피소드 하나로 첨가하고 싶은 것은 김 시인이 1982년 2월 말 경북대학교에서 받은 명예문학박사 학위에서 유추되는 소문의 진실이다. 학위를 받은 후 축하연 비슷한 것을 대구 수성관광호텔에서 한 것으로 기억된다. 그 행사 마치고 돌아가는 길에 권기호 교수와 필자가 김 시인의 차에 동승하여 여러 대화를 나누었다. 그 가운데 "새삼스레 선생님답지 않게 명예문학박사학위냐"는 질문이 있었다. 그러자 김 시인은 혹시 대학의 책임자로 오라는 데가 있으면 필요할 것 같아서 그러했다고 답하셨다.

이유경 시인의 글을 보면 김 시인은 2년 정도 국회의원 생활을 견디다 못해 학교로 돌아가려고 애를 썼다고 한다. 마침 모 대학에 총장 자리가 났다며 주위에서 정치를 해 보라는 사람이 있어 그 때의 민정당 사무총장 권익현과 친분이 있는 이규호 문교부 장관에게 부탁을 해 보았다고 한다. 그러나 그 대학에는 대학과 관계없는 엉뚱한 인사가 임명된 것을 보고 그나마 단념했다고 한다.(이유경, 앞의 책 p.113) 그 모 대학을 이유경 시인의 불확실한 기억과 필자가 조사한 여러 가지 사실을 유추하여 밝혀보았다.

영남대학교 조경희 총장의 임기가 끝난 것이 1983년 1월이었고 그 후임은 다시 외부에서 왔다. 만약 국회의원 2년 만에 대학총장으로 자리를 옮겼다면 역사의 소용돌이를 쉽사리 빠져 나온 격이 되어 학생들에게 당한 곤욕을 겪지 않았겠지 하는 생각을 해본다.

방송심의위원장과 한국시협 회장 시절의 김춘수 시인

1981년부터 1985년까지의 제12대 국회의원 임기를 채운 후에도 김춘수 시인은 대학의 책임자로 가기를 기대하였으나 그 꿈은 이루어지지 않고, 1986년부터 1988년까지 3년 동안 방송심의위원장으로 공직의 마지막을 장식하였다. 그 당시의 방송심의위원회는 1981년 개정된 '언론관계법'에 의한 기구로 그 전신은 방송윤리위원회였다. 현재는 2008년 그 동안 변화된 방송매체들의 양상과 정보통신의 발달로 방송통신심의위원회로 개편되었으며 여러 문제로 언론에도 이름이 자주 오르내리고 있다.

1962년부터 방송윤리위원장으로 봉사한 사람들은 강원룡, 이숭녕, 이항녕, 윤석중 등 이름만 들어도 어떤 분들인지 알만한 분들이다. 그러다가 1981년 3월 7일 '언론관계법'이 개정되면서 방송위원회와 방송심의위원회가 설립되는데, 이 두 기관은 서로 독립기관의 성격이 강하였다. 방송 정책과 방송의 허가와 취소, 재허가 등은 방송위원회 소관이었으나 방송의 각종 프로그램의 심의는 방송심의위원회에서 맡았다. 방송이 제도문화로서 지켜야 할 규범을 문화적 측면에서 심의한다는 원칙 아래 인권존중*, 보도, 논평의 공정성 보장*, 민족주체성 함양*, 민족문화의 창조적 계발*, 아동청소년 선도*, 가족생활의 순결*, 공중 도덕과 사회여론*, 기타* 등의 기준으로 보도, 교양, 연예, 오락, 광고 등의 프로그램을 심의하였다. 방송위원장은 장관급이고 심의위원장은 차관급이었으나 방송의 질적 향상을 위해서 실질적인 일을 하는 곳은 심의위원회였다. 위원장으로는 중앙대 정치학 교수를 거쳐 서지학자의 특성을 살려 국회도서관장을

1963년부터 1973년까지 10년 동안 지낸 강주진(1919~1985) 박사가 1981년부터 1985년까지 수고했으며, 김춘수 시인의 바로 앞인 1985~1986년에는 조선일보 논설고문인 선우휘(1922~1986) 소설가가 수고하였다. 1986년 3월 선우휘 작가의 후임으로 김춘수 시인이 보임된 것이다. 1988년에는 언론관계법이 폐기되고 방송법이 제정되자 방송심의위원회는 방송위원회 산하기관으로 바뀌었다. 김 시인은 1988년 1년 동안은 바뀐 제도에서 심의위원장으로 일하였기 때문에 3년 동안 일하였던 것이다.

　이 시절의 김춘수 시인의 일상과 모습을 자세하게 증언해준 사람은 최근까지 한국장로문인회 회장을 지낸 오성건(1939~) 시인이다. 오 시인은 1986~1988년 김춘수 시인의 방송심의위원장 시절 총무국장으로 김 시인을 지근거리에서 모셨다. 오 시인은 방송위원회 기획, 정책, 연구, 감사, 방송심의실장 등을 역임하다가 정년한 분인데, 그 당시 방송심의위원회는 오늘날처럼 방송회관이라는 독립건물이 없었기 때문에 서울신문사 건물인 프레스센터 14층에 자리잡고 있었다고 한다. 방송심의위원장은 비상근직이라 월급은 지급되지 않고 잦은 심의위원회 때마다 일정액의 수당이 지급되었는데, 김 시인은 매회 지급받지 않고 월말에 한꺼번에 월급처럼 받아 가기를 원하여 그렇게 해드렸다고 오 시인은 회고했다. 김 시인은 매일 일정 시간에 출근하여 심의회가 없으면 책도 읽고 글도 쓰곤 했다고 한다. 시나 산문이 완성되면 오 시인에게 읽어보게 하고 의견을 물었으며, 신간 저서가 나오면 맨 처음 서명을 하여 받는 영광도 누렸다고 한다. 그리고 점심때에는 미식가인 김 시인을 따라서 강남의 좋은 음식점에도 자주 갔다고 한다. 오 시인은 그렇게 가까이 모시면서도 그 당시에는 김 시인이 대단한 시인이라는 것을 몰랐으나 그가 나중에 수필과 시를 공부하면서 김 시인의 위상을 알게 되었고, 그 때에 김 시인의 글을 읽은 것이 알게 모르게 문인이 되는 자양분이 되었음도 깨달았다고 한다.

비록 방송심의위원장은 명예직이었으나 승용차가 제공되었고 문화예술계의 많은 유명 인사들이 각 분야의 심의위원으로 참여하기 때문에 그 위상은 대단하였다고 오 시인은 회고하였다.

　필자도 1986년 3월부터 1987년 2월까지 1년 동안 국내교류 교수로 서울로 오르내리며 홍익대학교 사범대학 국어교육과에서 강의를 하였기 때문에 김 시인을 자주 만났다. 언젠가는 김 시인의 사무실에 갔다가 나오다가 복도에서 그 당시 방송위원장인 서울대학교 총장을 지낸 고병익 박사를 만나 김 시인의 소개로 인사를 나누기도 했다. 또 언젠가는 그 당시 국제교류재단 임원을 지내는 성권영(1941~1986) 시인과 함께 점심식사를 하고, 김 시인의 배려로 홍익대학교 정문까지 승용차로 가기도 하였다.

　이 무렵에 있었던 일로 기억에 남는 일은 전재수(1940~1986) 시인의 갑작스러운 죽음이다. 전재수 시인은 김 시인이 서울로 활동무대를 옮기자 가장 기뻐했으며, 김 시인이 한국시인협회 회장에 추대되도록 자기 나름으로 애를 쓰기도 했다. 1982년 10월 9일과 10일 양일간 부산에서 개최된 한국시인협회 세미나 때에 서울에서 내려온 전 시인과 필자는 많은 대화를 나누었다. 그 당시 그는 고등학교 교사를 하면서 숭실대학교 국문과 대학원 석사 과정을 거의 마치고 앞으로 대학교수의 길을 꿈꾸고 있었다. 이 무렵은 김 시인이 민정당 국회의원을 막 시작한 때였다. 앞에서 소개한 신규호 시인으로부터 들은 다른 에피소드를 하나 소개하기로 한다.

　국회로 전재수 시인의 김춘수 시인 사무실 방문 길에 신규호 시인이 따라나섰다는 것이었다. 신 시인은 비서실에 앉아 있고 전 시인만 김 시인 사무실에 들어간 한참 만에 안에서 갑자기 김 시인의 고함 소리가 들려와 깜짝 놀라 귀를 기울였다고 한다. 그 당시 석사학위를 가진 전 시인이 김 시인에게 대학교수 자리를 마련해 달라고 한 후에 벌어진 일이었다. 전 시인이 "정모 시인은 학사학위 그것도 전공이 다른 학위이지만 모교 국어국문학과 시론 교수로 있지 않느냐?"고 하니까 김 시인이 대뜸 큰

소리로 한 이야기가 비서실까지 들렸다는 것이다. "니가 정모 시인만큼 시를 잘 쓰느냐"고 반복하여 큰소리로 말했다는 것이다. 그러자 조금 있다가 전 시인이 상기된 표정으로 사무실에서 나왔다고 한다. 그날 저녁 식사 자리에서 울면서 김 시인의 말에 서운해하는 전 시인을 달래느라 신 시인이 애를 먹었다는 것이었다.

전 시인은 김 시인의 이 말에 자극을 받았는지 동국대학교 국문과 박사 학위 과정에 입학하였고, 공부에 집중하기 위하여 고등학교는 그만 두고 학원 강사로 자리를 옮겼다. 그리고 경북대학교 사범대학 국어교육과 동기로 그 당시 인천대학교 국어국문학과교수였던 오양호(1942~) 평론가의 주선으로 인천대학교에 주당 4시간의 강의도 하는 등 분주하게 지냈다. 1986년 늦가을로 기억된다. 전재수 시인이 늦은 밤 귀가 길에 쓰러져 정신을 잃은 채 밤새 아파트 문밖에 있었던 것을 뒷날 아침에 부인이 발견하였으나 이미 세상을 떠났다는 소식을 필자는 홍익대학교 교류교수에 맡겨진 강의를 하기 위해 상경하는 길에 들었다. 시간이 여의치 않아 필자는 전 시인의 영안실로 문상을 하지 못했지만 들려온 소문으로 김 시인은 전 시인의 문상을 가서 홀로 오랫동안 앉아 있다가 떠났다는 것이었다. 아마 앞의 전 시인에게 모질게 한 말을 자책하면서 시간을 보낸 것이 아닌가 하는 생각을 해 본다. 이렇게 김 시인은 제자들에게 때로는 단호했지만 때로는 자상한 모습을 보여주었다.

김 시인의 임기시절의 방송심의 가운데 눈에 뜨이는 것이 1987년 9월 5일 방송금지가요 500곡을 해제하였다는 기사이다. 금지가요 832곡 가운데 500곡이 해제되었는데 그 가운데 이미자 가수가 부른 〈동백 아가씨〉와 이장희의 〈한잔의 추억〉 그리고 송창식의 〈고래 사냥〉이 포함되어 있었다고 한다. 말하자면 1987년 9월 5일 이전에는 이 노래들이 방송되지 못했던 것이다.

김춘수 시인은 방송심위원장 취임과 거의 동시인 1986년 3월 임기 2년의 한국시인협회 25대 회장에 추대되었다. 『한국시인협회50년사』(2007, 국학자료원 p.347)에서 김유중 평론가는 김 시인의 국회의원 시절과 이 시기가 겹친다고 하고 있으나 사실은 살핀 것처럼 국회의원의 임기가 끝난 뒤였다. 다만 방송심의위원장 임기가 시작되는 시점에 한국시인협회 회장이 된 것이다. 김 시인은 사무국장에는 서울대 교수인 오세영(1942~) 시인을 부탁하였고 사무차장으로는 김 시인의 대구 시절부터 인연이 있는 권택명(1950~) 시인이 수고했다.

이 시절의 김 시인의 모습은 오세영 시인의 회고기와 권택명 시인의 회고담을 통하여 알 수 있다. 오 시인의 경우 김 시인의 성격 탓일 것이라고 하면서 김 시인을 회장으로 모시기에 어려운 점을 여러 곳에서 밝히고 있다.

새 회장이 부임하고 사무국이 구성되면 관례적으로 하는 첫 행사가 신구임원 상견례이다. 즉 전임회장단과 사무국 간사들 그리고 새 회장이 구성한 임원들이 한 자리에 모여 점심을 나누면서 서로 인사를 나누고 환담하는 모임이다. 사무국장으로 임명된 나는 당연히 이 일을 준비하여 회장님께 보고를 드렸다. 그랬더니 회장님은 그 경비(회식비)는 누가 대느냐고 했다. 이제나 저제나 시인협회에는 경상비가 없었다. 그 모든 운영비는 회장이 책임질 문제였다. 그래서 나는 회장님께 그것은 선생님이 알아서 하셔야 될 일이라고 대답했다. 그 순간 회장님은 화를 벌컥 내셨다. 회장이 돈 내는 사람이냐는 것이다. 그래서 내친 김에 앞으로 해야 할 일들을 하나하나 설명해 드렸더니 이제는 당신은 회장을 하지 않겠노라는 것이다. 당신이 임명한 사무국장이 당신의 회장 사표를 받아야 할 처지가 된 아이러니가 생긴 것이다. (오세영, 「나와 시인협회」, 『한국시인협회50년사』 2007, 국학자료원. p.476)

이러한 일이 있었지만 상견례도 마치고 김 시인은 2년 동안 회장직을 수행했다. 물론 오세영 사무국장과 권택명 차장이 김 시인의 성격 탓으로 고생을 했지만, 사실 모든 단체의 운영이 회장이 책임질 수는 없는 것이며 요즈음은 한국시인협회나 필자가 책임지고 있는 한국현대시인협회 모두 이러한 상태에는 벗어나 안정적으로 협회가 운영되고 있다.

김 시인의 그 당시의 경제적 여건은 국회의원 시절처럼 세비가 나오는 것도 아니고 1981년 선임된 예술원 회원 수당이 고정적인 수입이었지 심의 위원장으로서의 수입도 앞에서 언급한 심의수당을 한꺼번에 월급처럼 받는 것일 뿐이었다. 그리고 이 당시 3남 용삼 군은 5년 동안 이탈리아 유학생으로 조각을 전공하고 있었다. 그래서 학비를 보내는 것도 상당히 경제적 부담이 되고 있는 형편이었다.

권택명 시인으로부터 들은 김 시인의 회장으로서의 책무는 오 시인이 앞에서 피력한 것과는 다소 다른 모습을 보여준다. 오세영 교수의 앞의 글에서도 권 시인은 사무차장이었지만 '명석한 두뇌와 그 어떤 사람에게도 비할 수 없는 성실성 그리고 책임감으로 거의 사무국장을 대리해서 모든 일들을 명쾌하게 일을 처리하면서'(오세영, 앞의 글, 앞의 책 p.475) 한국시인협회 발전에 크게 기여했다고 한다. 권 시인은 그 당시 외환은행 남대문 지점 과장으로 근무하고 있었는데, 남대문 지점은 대한상공회의소 건물에 있었기 때문에 방송심의위원회가 있는 프레스센터와는 가까웠다고 한다. 그래서 자주 김 시인에게 불려갔으며 점심식사도 여러 번 같이 했다고 한다. 한 번은 인세가 나왔다고 50만원을 주면서 협회 살림에 보태라고 한 일도 있었다고 한다. 특히 김 시인의 회장 임기 막바지인 1987년 8월부터 1988년 2월까지인 6개월 동안 사무국장 오세영 교수가 미국 아이오아대학교 국제창작 프로그램에 참여하면서 자리를 비운 때에는 더욱 김 시인과 자주 대면하면서 사무국장 역할까지 하게 되어 더욱 많이 도왔다고 한다.

김 시인의 회장 임기 동안 유능한 사무국장과 사무차장을 둔 탓으로 한국시인협회는 어느 때보다 많은 일들을 했으며 협회 운영을 정상 궤도에 올려놓았다고 볼 수 있다.

오세영 사무국장의 노력으로 문예진흥원 기업체 순회시낭독회와 순회강연, 창작지도 프로그램에 참여가 채택되어 참여한 회원들의 협조로 시협 운영을 위한 경상비가 확보되었으며, 그때까지 없었던 한국시인협회상 운영규약을 제정했다고 한다.

그러나 이것보다 더 중요한 일은 '시의 날'이 제정이 된 일이다. 1908년 11월 1일 최남선(1890~1957) 시인이 《소년》 지를 창간하고 거기에 최남선의 「해에게서 소년少年에게」라는 최초의 신체시가 발표된 것을 기념하여 11월 1일을 '시의 날'로 제정하여 그 선포식을 하고 행사도 여러 가지 하였다는 점이다. '시의 날' 제정에 계기를 부여한 분들은 그 당시의 한국일보 김성우 편집국장과 자매지 소년한국 책임자였던 김수남 씨였다. 이 두 분은 시 애호가였고 시낭송의 대가이기도 하였다. 그래서 이 두 사람 때문에 1967년 11월 1일 신시 60주년 행사를 그 당시의 서울시민회관에서 <시인만세>라는 이름으로 시의 축제를 개최할 때, 역시 한국일보 자매지인 주간한국(책임자 김성우)에서 주최하였다. 그래서 그 이후 <시인만세>라는 이름으로 한국일보사가 주최한 전국적인 시낭송대회가 지속되고 있었다. 이러한 분위기가 상승되어 1987년 신시 80주년이 되는 해에 김성우, 김수남 두 분들과 시인들이 뜻을 모아 문예진흥원 강당에서 1957년에 발족한 한국시인협회뿐만 아니라 1971년에 발족한 한국현대시인협회와 공동으로 '시의 날' 선포식을 가졌다. 그 당시의 한국현대시인협회 회장은 6.25 전쟁기에 마산고등학교에서 김춘수 시인과 같이 근무한 인연이 있는 이원섭(1924~2007)이었다. 권택명 시인은 오세영 시인이 자리를 비운 탓으로 그 당시의 행사 진행에 애를 많이 썼으며, 부대 행사인 시화전 자리에서 방송 인터뷰를 하였다고 한다. 이 선포식을 기념하여 역시 김성우, 김수남 두 분이 재직하고 있던 한국일보사가 주최한 〈시인만세〉가 세종문화회관 대강당에서 입추의 여지가 없는 시의 애호가들과 더불어 개최되었다. 이 행사 후 해마다 한국시인협회와 한국현대시인협회가 번갈아 가면서 '시의 날' 행사를 주최하여 개최하고 있다.

공직에서 물러나 만년을 보낸 명일동 시절

　김춘수 시인의 서울살이는 1981년 4월 제11대 국회의원이 되면서부터이다. 갑자기 시작한 서울살이라 미처 집도 마련하지 못하고 강남구 압구정동 한양아파트에 전세를 얻어 국회의 등원을 시작했고, 1982년에 잠원동 대림아파트를 마련하여 그곳에서 1986년 강동구 명일동 우성아파트 9동 506호로 옮겨가기 전까지 살았다. 그곳에서 지질연구소(현재의 지질자원연구소) 연구원인 둘째아들 김용욱(1950~)과 함께 살다가 1983년 1월 초에 둘째를 결혼시켜 개포동으로 분가시켰다. 그 당시 이미 1980년 대구에서 결혼한 큰아들 김용목(1948~)은 분가하여 독립하였고 막내 김용삼(1952~2016)은 이태리 유학 중이었다. 집에는 1983년부터 부인 명숙경(1926~1999)여사와 두 사람만 사는 형국이 되었다. 그러다가 1986년 강동구 명일동으로 옮아가 살다가 1999년 초에 부인 명숙경 여사의 위암이 발병하자 명일동 아파트는 전세를 주고 강남구 대치동 큰딸 집 근처의 셋집으로 옮긴다. 2년 후인 2001년 아파트를 처분하면서 대치동에서 분당으로 이사를 하였다. 그래서 실제로 1999년 명일동을 떠났으나 아파트를 처분하지 않았기 때문에 명일동 시절을 1986년부터 2001년까지라고 볼 수 있다.
　명일동 시절을 어떻게 설정하던 서울에서 가장 많이 머문 공간은 강동구 명일동 우성아파트였다. 우성아파트 풍경은 덕성여대 국어국문학과와 연세대 국어국문학과를 나와 이미 30대의 나이로 중견 직장인이 된 김 시인의 두 손녀 유미(1983~) 유빈(1990~) 두 자매(둘째아들 김용욱의 딸)가 대학 졸업 직후와 고등학생 시절에 쓴 책 『할아버지라는 이름의 바다』(2008, 위즈덤하우스)에 있는 「명일동의 추억」(김유미, 앞의 책 pp.22~34)에서 손녀들의 할아버지와 할머니에 얽힌 추억과 함께 잘 나와 있다. 그 가운데 김 시인뿐만 아니라 김유미 양에게도 명일동이 어떠한 의미 있는 공간인가를 짐작할 수 있는 부분은 다음의 글이다.

명일동이란 나에게 있어서 참 남다른 곳인데 다름이 아니라 할아버지, 할머니가 15년 가까이 사셨던 곳이기 때문이다. 할아버지, 할머니와 관련된 나의 어린 시절 추억의 대부분이 거의 다 이곳에 있었다 해도 과언이 아닐 만큼 많은 시간을 그곳에서 보냈다. 하지만 할머니가 암선고를 받자 할아버지는 큰 고모댁 근처에서 사시기 위해 대치동으로 이사하셨다. 그 후 얼마 지나지 않아 할머니가 돌아가시고, 할아버지는 또다시 분당으로 이사하셨고 돌아가실 때까지 계속 분당에서 사셨다. 그렇지만 나에게 있어서 '할아버지 댁'은 오직 명일동뿐이다. 할아버지, 할머니가 사셨던 명일동의 동네 모습 이곳저곳은 아직까지도 한 곳 빠짐없이 눈에 선하다. 아파트 통로를 나오면 왼편에는 현중(1984~, 큰 아들 김용목의 아들)이와 내가 함께 놀았던 작은 놀이터가 있다. …중략… 한편 통로에서 오른쪽으로 약간만 걸어가면 나무로 둘러싸인 낡은 분홍색 건물의 유치원이 하나 있다. 이름은 은새유치원이었다. 그 유치원 안으로 들어가면, 마당에 아주 자그마한 놀이터가 있었다. 그 놀이터에는 그네도 없고, 시소도 없고 오로지 미끄럼틀만 두 개 있었다. 평소에는 그 놀이터에서 은새유치원의 원생이 놀았겠지만 현중이와 내가 할아버지 댁에서 노는 시기가 거의 방학 때였기 때문에, 그 유치원도 방학이어서 유치원생들은 거의 없었다. 그래서 그곳은 늘 우리 둘만 노는 그런 곳이다. (김유미, 앞의 책 pp. 22~26)

김유미 양뿐만 아니라 김 시인의 서울살이에서 가장 유의미한 공간은 명일동이다. 유미 양의 글에는 자상한 할아버지와 할머니의 모습이 잘 나타나 있다. 문방구에서 손녀와 손자의 장난감을 사주고 쇼핑센터 일식집에서 같이 밥을 먹기도 하였다. 명숙경 여사가 돌아가고 나서 일식집에 갔더니 할머니의 안부를 묻는 주인 때문에 어쩔 줄 몰라 하는 김 시인의 모습도 나와 있다. 그리고 유미 양이 할아버지까지 돌아가시고 난 뒤에 찾아가 할아버지와 할머니가 산책하시던 길, 할머니 손잡고 은행에 다녀오던 길, 쇼핑센터 등을 찾아가 그 동안 변하지 않은 모습에 놀라기도 했다.

이러한 명일동에 시인 '김춘수길'이 생겼다. 그 경위에 대하여 2012.5.24 03:05에 입력한 조선일보 양승식 기자의 기사를 인용하면 다음과 같다.

서울 강동구 명일동 우성아파트, '꽃'의 시인 김춘수가 말년을 보냈던 곳이다. 지난 20일 오후 이 아파트단지 원터근린공원에서 만난 김 시인 손녀 김유미(29)씨는 "어릴 적 할아버지와 같이 거닐던 길이예요. 손녀에게 당신의 시를 이야기하시곤 했죠."라고 말했다. 김 시인은 이 공원을 거닐며 '앵초꽃 핀 봄날 아침 홀연/ 어디론가 가버렸다./비쭈기나무가 그늘을 치는/ 돌벤치 위 /그가 놓고 간 두 쪽의 희디흰 날개를 본다'라는 '명일동 천사의 시'를 짓기도 하였다.

강동구는 김 시인이 2004년 세상을 떠나기 전인 1986년부터 2001년까지 15년 동안 명일동에 살면서 이 지역과 각별한 인연을 맺은 점을 감안, 이 일대에 '김춘수길'을 만들고 기념판도 세워 노 시인과 명일동의 관계를 되새기기로 했다. 김 시인의 16번째 시집 '거울 속의 천사'에는 소소한 명일동 풍경이 다양하게 담겨 있다.

지난 14~19일 열린 '2012 강동북페스티벌' 행사에서는 김춘수 추모행사가 열려 그의 대표작 '꽃'을 가사로 쓴 랩 노래가 선보이고, 시인의 손녀 김씨와 '동네친구'였던 민용태(69) 교수가 '꽃'과 '꽃을 위한 서시'를 낭독하기도 했다.

김 시인의 제자인 류기봉(47) 시인은 "매일 아침 부인과 함께 명일동 숲을 거닐던 고인의 모습이 생생하다"고 회고했다. 김 시인은 평생을 함께한 아내 명숙경(73) 여사와 1999년 사별하고 2001년 분당으로 이사 그곳에서 여생을 마무리했다. 이해식 강동구청장은 김 시인과 관련한 지역 명소를 계속 발굴하겠다."고 말했다.

벌써 10년 전의 기사이다. 이러한 강동구 명일동을 직접 탐방하고 류기봉 시인과 함께 그 숲길을 거닐어 보기로 약속했으나 코로나19로 인하여 결행을 못하고 있다. 코로나가 잠잠해지면 10년 전에 강동구청장이 한 약속을 얼마나 지켰는가를 확인도 할 겸 김 시인의 서울살이 하던 공간과 경기도 광주 공원묘지의 묘소도 참배하여 볼까 한다. 김 시인의 큰 딸 김영희 여사에 의하면 류기봉 시인은 일 년에 네 차례 김 시인의 묘소에 간다고 한다. 2004년 12월1일 안장식 때에 시토하면서 슬픔 때문에 세 번해야 할 삽질을 한번 밖에 못한 필자로서는 류기봉 시인의 정성에 정말 부끄러울 뿐이다.

류기봉(1965~) 시인은 경기도 가평군 하면 대보리에서 농부의 아들로 태어나 30여년간 아버지와 함께 포도농사를 짓는 시인이다. 그리고 1998년부터 9월 첫째 주 토요일이 포도나무 1500그루의 첫 수확이 임박하면 포도나무에 시 몇 수 걸어놓고 '포도밭 예술제'를 한다고 한다. 1998~99년에는 '류기봉 포도밭 시와 그림전'도 개최하였으며 시집으로 『포도 눈물』(2005) 산문집 『포도밭 편지』(2006), 삼인시집 『푸른 손금의 페르소나』(2021) 등이 있다.

앞에 인용한 김유미, 김유빈 자매의 산문집에서 류 시인은 《현대시학》 주간을 지낸 정진규(1939~2017) 시인과 함께 '격려사'를 쓰고 있다. 그리고 유미 양의 글 「류기봉 선생님과의 추억」(앞의 책 pp.50~55)에는 김 시인을 방문할 때의 류 시인의 인상과 김 시인 내외와 류 시인 그리고 유미 양이 막

중학교에 입학하였을 때에는 2박 3일 춘천 강연회 나들이에 함께 했다는 사실이 자세히 밝혀져 있다. 그리고 명숙경 여사가 돌아가셨을 때에도 장례식장을 지켰으며, 김 시인이 홀로 된 후에는 자주 할아버지 집에 들러 말동무가 되어 드렸다고 적고 있다. 그리고 김 시인이 쓰러지셨다는 연락을 받고 달려갔을 때에도 식구들 사이에 충혈된 눈의 류 시인이 보였다고 한다. 그리고 김 시인의 장례식장에도 당연히 언제나 붉게 충혈된 눈으로 한결같이 서 있었다고 한다. 2004년 11월 30일부터 출상할 12월 1일까지 장례식장을 지킨 필자와 한 공간에 있었던 셈이다. 그래서 상경의 기회가 있으면 김 시인의 큰 딸 김영희 여사와 류 시인을 함께 만나기로 약속하였으나 이 글을 쓰는 순간까지 기세가 꺾이지 않는 코로나19 때문에 (사실 필자는 지난 4월 상경 길에 예방접종 3차를 마쳤음에도 불구하고 감염되어 기관지에 기저질환이 있어 급하게 음압병동에 들어갔으나 폐렴초기까지 진행되어 일주일 동안 집중치료를 받은 뒤 간신히 건강을 회복한 상태이다.) 전화로 장시간 대화를 나누었다. 그 대화를 직접 소개하면 다음과 같다.

1990년대 초 저가 관계하는 문학모임의 행사에 김 시인을 초청한 것이 인연이 되어 일주일에 한 번씩 저의 승용차로 남양주, 가평, 양평 등 주로 북한강변을 따라 3~4시간 드라이브를 한 후 풍광 좋은 찻집에서 차 한 잔 한 후 서울로 돌아와 저녁식사를 하는 만남을 가졌습니다. 그런 후 시를 보여주게 되어 1993년 《현대시학》에 추천을 받게 되었습니다. 그리고 대전으로 이사 간 둘째아드님 댁으로 유미, 유빈 두 손녀 만나려 가는 길도 여러 번 모셨습니다. 선생님이 돌아가시기 2년 전에는 조영서(1932~2022) 시인, 서정춘(1941~) 시인, 노향림(1942~) 시인 세 시인과 함께 일 주일에 한 번씩 만나는 모임도 가졌습니다.

사실 이러한 인연은 두 사람 사이의 교감이 예사로워서는 이루어 질 수 없는 관계이다. 유미 양의 글에서도 나와 있는 것처럼 부자지간의 혈연으로 맺어진 것 이상의 관계이다. 그리고 무엇보다 류 시인과 김 시인의 머무는 공간이 가깝고 류 시인이 시간적으로 자유로웠기 때문이기도 하다. 달리 말하면 김 시인의 만년의 제자복도 있었다고 볼 수 있다

1988년 방송심의위원장을 그만 둔 후부터 김춘수 시인은 모든 공직생활을 그만두었다고 볼 수 있다. 그의 나이도 66세로 대학에 있었다고 해도 정년할 시기가 되었던 것이다.

그런데 그의 시 쓰기와 산문쓰기는 공직에 있을 때보다 훨씬 왕성해진다. 이 시기인 1988년 4월에 펴낸 그의 제10시집 『라틴점묘 기타』(1988.4, 탑출판사, 신국판 변형 100면)는 그의 시집 가운데 유일한 여행이 제재가 된 시집이다. 그는 1981년부터 시작한 공직 생활 가운데 해외에 나갈 기회가 생겼다. 그러나 그 때의 여행은 시적 제재가 되지 않았다. 이 시집의 제재가 되고 있는 여행은 1986년 크리스마스를 며칠 앞둔 세모에 다녀온 짧은 여행이라고 이 시집의 서문격인 '시인의 말'에서 밝히고 있다. 이 시집에는 프랑스(〈드골 공항에서 오를리 공항까지〉)를 거쳐 스페인(〈스페인 소묘〉)과 그리스(〈그리스 소묘〉)를 여행한 여정이 펼쳐지고 있다. 짧은 여행임에도 불구하고 시적 제재가 된 까닭을 앞의 글에서 "오래 전부터 라틴문화권에 대한 동경과 흠모를 마음 속 깊이 간직하고 있었다."고 밝히고 있다. 이 시집은 '스페인 기행'이 주가 되고 그리스와 프랑스는 조금 곁들인 정도였다면서 앞으로 보완하여 여행 시집을 한 권 엮겠다고 하고 있으나 실천에 옮기지는 못하고 말았다. 왜냐하면 그는 이 시집을 내고 꼭 1년만인 1990년 4월호 《현대문학》에 「처용단장」〈제3부〉와 〈제4부〉를 연재하기 시작한다. 「처용단장」〈제1부〉의 연재는 《현대시학》 창간호인 1969년 4월호에 시작하여 중간에 잠깐 쉬고 난 뒤에 〈제2부〉를 역시

《현대시학》에 연재하여 1970년대 초반에 중단한 상태로 있었다. 평단과 학계에서는 장시「처용단장」을 본격적인 무의미시라고 보고 있으며 그에 대한 대표적인 연구로는 최라영 평론가의「처용연작 연구」(최라영『김춘수 시 연구』, 2014, 푸른사상, pp.13~46)가 있다. 그런데 근 20년이 지난 1990년 4월호에「처용단장」〈제3부〉를 연재하기 시작하여 1991년 1월호에 마치고는 한 호도 쉬지 않고 1991년 2월호부터 〈제4부〉를 시작하여 6월호에 대단원의 막을 내린다. 1부는 이미지 중심의 유년시편이라고 볼 수 있으며 2부는 이미지보다는 리듬 즉 불규칙한 반복에 의지하는 시편들이었다. 3부와 4부는 청년기의 일본감방체험과 유년기 혹은 청장년기의 독서체험과 일상체험이 혼재해 있고 부분적으로 해체시적 경향도 보였다. 「처용단장」을 비롯한 그의 무의미시에 대한 여러 사람들의 연구를 집대성한 책도 있다.(박덕규·이은정 편저,『김춘수의 무의미시』, 2012 ,푸른사상. 총458면에는 앞의 최라영의 글을 비롯한 17편의 글이 편집되어 있음) 이렇게 쉬지 않고 장시를 완성시켰으며, 2004년 7월까지 19회에 걸쳐 34편의 작품을 《현대문학》에 발표한다. 그리고 1991년 10월15일에는 장시「처용단장」만 편집된 제11시집『처용단장』(신국판 176면)을 박의상(1943~)시인이 운영하는 미학사에서 7순 기념으로 내고 있다. 그 시집의 말미에는 산문들「장편 연작시 〈처용단장〉 시말서」「그때 여름 그 여름의 바다」「시인이 된다는 것」「자유, 꿈」「역사는 어디 있는가?」가 수록되어 있다. 장시「처용단장」만으로 한 권의 책으로 엮기는 부족한 분량 탓으로 수록된 산문들이었겠지만 그 가운데「장편 연작시 〈처용단장〉 시말서」는 〈1960년대 후반에서 1991년까지의 나의 시작 주변〉이라는 부제가 붙어 있는 글로, 장시「처용단장」뿐만 아니라 그의 무의미시 이해와 연구에 많은 참고가 될 긴 산문으로 민음사판『김춘수시전집』(1994, 신국판, 553면) 말미와 이남호 교수가 편집한『김춘수 문학앨범(웅진출판, 신4×6판 298면)에 재수록 되어 있다.

이 시기에 김 시인이 한 작업 가운데 의미 있는 것 하나는 그의 두 번째의 『시작법을 겸한~시론』(1961, 문호사 4×6판 세로쓰기 220면)의 전면적인 개정판을 낸 것이다. 이 책은 《신문예》 1959년 6월호부터 1960년 2월호까지 연재한 「시 어떻게 읽고 어떻게 지을 것인가」라는 제목의 연재물을 경북대학교 전임강사 발령을 받고 난 직후 급하게 대학 학부의 교재용으로 대구의 출판사에서 낸 한국 최초의 '시작법' 책이었다. 그런데 그 책을 1989년 10월 『시의 이해와 작법』(고려원 신국판 282면)으로 전면적인 개정판을 낸 것이다. 체재도 가로쓰기로 바꾸었고 표현도 30년 전과는 달리 많은 부분을 바꾸어 새로운 세대가 읽어도 어색하지 않게 개정하였다. 1999년에는 이 책을 다시 출판사를 자유지성사로 옮겨 출판하고 있다. 이렇게 김 시인이 시작법에 관한 저서를 30여년에 걸쳐 개정증보판을 내고 있는 까닭은 이미 앞에서 필자가 밝힌 대로 시작법의 중요성 탓도 있겠으나 김 시인의 시세계가 작고할 때까지 변하고 실험정신이 충만한 것과도 연관이 있을 것이다. 즉, 시작법에 대한 생각 역시 변하고 보다 보충되어 왔다는 것을 번영한 것이라 볼 수 있다.

김 시인은 1980년대 말부터 정진규(1939~2017) 시인이 주간으로 책임지고 출판하던 《현대시학》과는 특별한 관계를 유지하고 시와 시에 대한 산문을 발표하였다. 정 시인은 김 시인과의 관계에 대하여 다음과 같이 언급하고 있다.

생전에 나는 선생님을 가까이 모실 수 있는 기회를 허락받아 그 복을 마냥 누렸다고 할 수 있다. 내가 관계하는 시 전문지 《현대시학》의 큰 기둥으로 선생님을 모시고 싶어 내가 사전을 뒤적여 찾아낸 기숙耆宿(나이 들어 덕망과 경험이 높고 깊은 사람)이라는 말로 선생님을 호칭하고자 한다고 말씀드렸을 때, 선생님은 껄껄 웃으시며 마다하지 않으셨다. 다만 "너무 이름이 호사스럽구먼." 하셨다.

그렇게 선생님은 우리《현대시학》의 기숙으로 늘 울타리가 되어 주셨다. 때로는 따뜻했고 때로는 호된 꾸짖음도 주셨다. 선생님은 참으로 우리 시를 사랑하고 시의 위의를 지키시는 우리 시단의 유일한 '기숙'이셨다.
　이런 일도 있었다.《현대시학》이 한때 너무 많은 신인을 배출하자 선생님은 시가 무슨 돗데기시장처럼 헤퍼서야 말이 되느냐고 무섭게 꾸짖으셨다. 선생님 말씀대로 곧 자세를 바로 하여《현대시학》은 오늘날까지 많은 시인들이 신뢰하고 선망하는 지면을 유지할 수 있었다. (김유미,김유빈『할아버지라는 이름의 바다』예담, 2008 정진규, 격려사)

　정진규 시인은 김 시인과의 특별한 인연으로 2004년 11월 29일부터 12월 1일 장례 기간에 특별한 역할을 했다. 김 시인의 신인남발에 대해 무섭게 꾸짖은 것은 오늘날 양산되는 신인에 대한 경종이라고 볼 수 있다.
　김 시인과 이러한 관계를 맺고 있는《현대시학》에 발표한 만년의 글로는 일종의 한국현대시사에 대한 단상이라고 볼 수 있는 〈시의 위상〉이라는 제목으로 1에서 55까지 일련번호가 부여되어 20회 연재한 글이다. 이 글은 연재가 끝나자 말자 황근식(1952~) 시인이 경영하는 도서출판 둥지에서『시의 위상』(1991.3.11.신국판 268면)이라는 단행본으로 출판되었다. 이 책의 마지막 면 마지막 부분에 다음과 같은 글이 필자를 안타깝게 한다.

　지방에서 시작활동을 하고 있는 시인들의 업적이 관심에서 소외되고 잇는 경우가 있다. 일반 저널리즘은 두말할 것도 없고, 문학 저널리즘까지가 그들의 관심 밖으로 돌리는 일이 흔하고, 평단도 그렇다. 이 땅의 문화가 부피를 못가지고 편견과 아집에 사로잡혀 있다는 증거가 아닌가? 이 기회에 내가 그 시적 성과를 눈여겨보아 온 지방 거주의 시인들을 몇 들어 보면 다음과 같다. 혹 무슨 암시나 자극이라도 되었으면 한다.
　강현국, 권국명, 권기호, 박청룡, 엄국현, 양왕용, 양채영, 이구락, 이진홍,

이태수 등이다. 이들에 대한 자세한 언급(비평)은 따로 자리를 마련해야 하겠다.

열거한 시인들의 여섯 사람은 그가 추천하였거나 데뷔에 결정적인 영향력을 행사한 경북대학교 출신들인데 이들을 입학연도별, 출신학과를 정리하면 다음과 같다.

권기호(56,국어국문학과), 권국명(60,국어국문학과), 양왕용(63,국어교육과), 강현국(68,국어교육과), 이구락(69,국어국문학과), 엄국현(72,국어국문학과) 순서이다.

타교 출신을 살펴보면 다음과 같다. 제일 맏형은 양채영 시인이다. 그는 1964년 《문학춘추》에 김춘수 시인의 추천으로 초회추천을 받았으나 곧 잡지 발간이 중단되어 1965년 1월호 《시문학》에 2편의 작품으로 완료 추천된 김춘수 시인 추천 1호 시인이다. 박청륭 시인은 계명대학 출신이나 1974~75년에 김 시인의 추천으로 《현대문학》에 데뷔한 시인이다. 이진흥 시인은 서강대 출신이나 석사, 박사 학위 지도교수로 김 시인을 모셨고 《현대문학》에 추천을 받았다. 마지막 이태수 시인의 경우는 영남대 철학과 출신이나 김춘수 시인이 70년대 초반 추천하고 싶었으나 신동집 시인이 먼저 추천하였다고 하여 한동안 섭섭해하였을 정도로 아끼는 시인이었다. 이태수 시인은 70년대 중반부터 매일신문사에 근무하였는데 집이 만촌동 김 시인 댁 근처라 자주 만났고, 심지어 김 시인이 시내의 일본서적 전문서점에 나올 때에는 매일신문사와 가까워 영화관에 같이 가기도 하였을 정도로 가까웠다. 이렇게 학교 제자로 혹은 추천한 인연으로 맺어진 시인들이었지만 지방에 있다는 이유로 시단에서 제대로 평가되지 않고 있는 것에 대하여 안타깝게 생각했다. 그래서 기회가 오면 따로 언급하겠다고 했으나 그 약속을 지키지 못하고 2004년 8월 4일 기도폐색으로 갑자기 의식을 잃고 투병하다가 11월 29일 돌아가신다. 이 점이 필자로서 안타까운 것이다.

만년에 쓴 산문 가운데 의미 있는 것은 1997년 봄 일종의 자서전인 김춘수 자전소설 『꽃과 여우』(1997, 민음사, 국판249면)를 발간한 것이다. 이것 역시 원구식 시인이 주재하는 시전문 월간지《현대시》에 1년 동안 연재한 것이다. 이 책도 1950년대에서 그치고 있다. 그래서 대학교수 시절과 그가 직접 '책 머리에'에서 사족처럼 추가하고 있는, 그 자신이 직접 언젠가 밝히고자 한 1980년대 정차참여에 대하여 스스로 해명하는 약속을 못 지킨 미완의 책이 되고 말았다.

마지막으로 그가 만년에 1960년대부터 1991년까지 추구한 무의미시 지향성에서 벗어나게 하면서 슬픔의 정서가 짙게 이입한 말기시의 경향의 계기가 된 부인 명숙경 여사의 죽음에 대하여 살펴보면서 그에 관련된 시편들의 창작 배경에 대하여 언급하기로 한다.

1999년 연초에 명 여사의 위암이 갑자기 발병한 것이다. 명 여사는 오래 전에 유방암을 앓았으나 건강하게 가정을 꾸려갔다. 특히 못 하나 박을 줄도 모르고 문명의 이기에 대해 지나친 혐오감을 가져 가사에는 전혀 무관심이고 오로지 시와 산문 쓰기와 독서에만 매달리는 김 시인을 대신하여 가계를 꾸려가던 명 여사가 위암이 발병한 것이다. 위암은 치료가 가능한 암으로 알려져 있으나 그 발병 위치가 치료가 불가능한 곳이어서 손을 쓸 수가 없었다고 큰 딸 김영희 여사는 회고하였다. 김 시인과 그 가정에 큰 위기가 닥친 것이다. 발병하자 명 여사는 죽음을 예감하였는지 거처를 명일동에서 대치동 김영희 여사 집 근처에 세를 얻어 옮겼다. 그러다가 4개월이 된 4월 5일 별세하게 된다. 김 시인에게는 정말 청천벽력이었다. 그때부터 김 시인의 거처는 큰 딸을 근처에 마련되었다.

김영희 여사가 분당 선경아파트로 이사를 가자 바로 앞 동으로 옮겨 큰 딸의 보살핌을 받게 되었다. 명일동 아파트는 2001년에 처분하지만 1999년부터 대치동에 있다가 분당으로 옮겨 일하는 아주머니는 두었지만 김 여사가 아침저녁으로 찾아가 보살피는 생활이 2004년까지 계속되었다.

김 시인은 아내를 잃은 슬픔을 아내에 대한 시 쓰기로 달래었다고 해도 과언이 아니다. 그의 제16시집『거울 속의 천사』(2001,민음사 ,신국판 변형 112면)는 명 여사가 떠난 2년 동안의 시들로 편집되어 있다. 그의 시집 가운데 처음으로 '이 시집을 아내 숙경의 영전에 바친다'라는 헌사가 있으며 머리말 성격의 글은 없다. 대신 '후기'에 이 시집 발간의 경위를 밝히고 있다. "아내가 떠난 지 꼭 2년이 되었다"로 시작하는 이 후기는 중간에 "이 시집에 실린 여든아홉 편의 시들 모두에 아내의 입김이 스며 있다."고 하면서 마지막에 "내 나이 올해 여든이다. 이런 나이에 이만큼 많은 시를 단시일(2년)에 쓸 수 있었다니 믿기지 않는다. 아내가 그렇게 이끌어 준 것이다."라고 하여 후기 전체가 아내에 대한 헌사이다. 〈거울 속의 천사〉는 릴케의 영향에 의하여 붙여진 이름이라고 볼 수 있다. 이 시집은 곧 2쇄에 들어가 김 시인을 기쁘게 하고 있다.(조영서, 적막 속의 즐거움, 강현국 엮음 『우리 어느 둑길에서 다시 만나리』 2019, 학이사 p.115)

다음으로 생전의 마지막 시집인 제17시집『쉰한 편의 비가』(2002, 현대문학, 신국판 변형, 96면)는 헌사는 없으며 제목도 없이 〈제1번 비가〉에서 시작하여 〈제42번비가〉와 〈비가를 위한 말놀이 1~9〉로 구성되어 있다. '책 뒤에'라는 글에서 릴케의 〈두이노의 비가〉를 패러디한 것이라 하고 있다. 이 작품은 김 시인 자신의 허무주의적인 세계관이 반영되어 있는 점을 '책 뒤에'에서 밝히고 있다. 그러나 제1번과 2번에서부터 아내의 죽음의 그림자가 보여지고 있다.

이 시집을 낸 후 김 시인은 2004년 1월 그의 마지막 전집인 『김춘수 시전집』(2004. 현대문학 신국판 1150면)과 『김춘수 시론전집 I, II』 현대문학 신국판 661, 542) 발간에 힘쓴다.

이렇게 세상을 떠나는 그해인 2004년 82세까지 시 쓰기와 산문 쓰기에 매진한 시인, 특히 시론과 비평 전개에 힘쓴 시인은 전무후무할 것이라는 생각이 든다.

불멸의 '꽃'이 되다

 2004년 8월 5일자 조간 조선일보에 간밤에 김춘수 시인이 기도폐색으로 의식불명이 되어 분당 서울대 병원으로 이송되어 투병중이라는 기사가 났다. 필자는 그동안 정정하시다고만 알고 있었는데 도대체 어떻게 된 일인가 궁금하여 여러 곳으로 수소문하였다. 어제 오후 댁에서 미음을 먹다가 기도폐색이 되었다는 것이다. 이 사실을 김 시인의 큰따님 김영희 여사는 훗날 인터뷰에서 다음과 같이 밝히고 있다.

 그날 가슴 있는 데가 결린다고 하고 아마도 폐렴기가 있었나봐요. 상식적으로는 폐렴이면 열이 많다고 생각했는데 열이 없으셔서 전혀 몰랐지요. 응급실 모시고 갔는데 입원도 안 하시고 같이 집에 오시겠다고 고집하시어 다시 모시고 왔는데 일하는 아줌마가 밥을 너무 안 잡수신다고 해서 미음 한 숟갈 잡수셨는데 그게 가래랑 섞여서 기도가 막힌 것 같았어요. 그거 보니까 참 겁나더군요. 기도가 막히면 호흡이 안 되는 거지. 그런다면 돌아가시겠더군요. 산소 공급이 5분 지나면 너무 늦은 상태가 되죠. 사람의 목숨이란 게 참 허망하죠. 한 순간에 가시기도 하니까요. 하지만 아 하고 넘어지셨고 그 뒤로 계속 의식이 없으셨으니까 고통 없이 가신 거죠. 죽음을 그렇게 두려워하셨는데 죽음의 공포를 느끼지 못하셨다는 것, 그게 그나마 위로가 돼요. (강현국 엮음 『우리 어느 둑길에서 다시 만나리』 학이사, 2019. p.230)

 이렇게 김 시인은 의식 없이 분당 서울대 병원에서 투병생활을 시작했다. 필자는 상경하여 병실로 갈까 했으나 혹시 안정될지 모른다는 주위의 실낱같은 희망을 위안 삼아 안정되기를 기다렸다. 그런 후에 얼마 지나지 않아 필자의 학부 제자인 최라영 평론가가 서울대학교 국어국문학과에서 『김춘수의 무의미시 연구』(2002.7 논문 통과)로 박사학위를 받아 그 논문이 책으로 완성되었다는 소식을 전해왔다. 그래서 함께 병실을 방문하기로 하고 상경하였다. 최 비평가는 논문을 준비하면서 김 시인을 몇 차례 만났고 2002년 1월 1일 대한매일(서울신문이 한 동안 이 명칭으로 발행됨) 신춘문예 문학평론 부문에 김 시인의 시집 『들림, 도스토옙스키』(민음사,1997)를 텍스트로 하여 「산홋빛 애벌레의 날아오르기~김춘수론」으로 당선되어 김 시인을 기쁘게 하였다. 병실을 최 평론가와 함께 방문하니 김 시인은 산소 호흡기를 끼고 의식 없이 누워 있었다. 병실은 큰따님 김영희 여사 혼자 지키고 있었다. 그에게 최 평론가를 소개하고 찾게 된 경위를 설명하고는 가져간 논문을 김 시인의 머리맡에 두고 "선생님 저가 왔습니다. 최라영 평론가가 박사학위를 받아 그 논문을 가지고 함께 왔습니다."라고 말했다. 물론 되돌아오지 않는 필자 혼자만의 말이었지만 혹시나 들을 수는 있을까 하는 기대감으로 한 말이었다.

   김 시인의 병상을 자주 찾아간 시인으로는 앞에서 언급한 바 있는 만년의 김 시인을 아버지처럼 모신 류기봉 시인과 마지막 제자로 알려진 심언주 시인이 있다. 심언주 시인은 충남 아산 출신 초등학교 교사로 2004년 봄 김 시인이 추천하여 《현대시학》으로 데뷔한 시인이다. 심언주 시인은 김 시인의 병실을 방문한 날에는 그 사실을 꼬박꼬박 일기에 남겼다. 그 가운데 일부를 2005년 2월호 《현대시학》 추모특집에 「그리움으로 남은 꽃」이라는 제목으로 남겼다. 그 가운데 일부를 다음과 같이 발췌해 보았다

   2004년 8월 4일; 저녁을 먹는데 다급한 연락을 받았다. 선생님께서 쓰러

지셨다고, 의식불명상태시라고 했다.

8월 7일; 무척 긴장이 된다. 증세가 좀 회복된 듯한 느낌에 모두들 들떠 있었다. 무언가 하실 말씀이 있으신지 쉴 새 없이 입을 움직이고 계셨기 때문이다.

8월 16일;남편과 함께 병원에 가니 조영서 선생님께서 와 계셨다. 지난번에는 너무 섭섭해 혼자 우셨다고 한다.

8월 26일; 류기봉 시인의 포도밭예술제가 있는 날이다. 함께 가기로 했는데 아시는지 모르시는지. 그저 기지개만 켜실 뿐…

9월 23일; 큰 아드님과 따님 내외분께서 와 계셨다. 요즈음엔 병실을 나올 때 "다음에 또 올게요."라는 말로 선생님과의 일방적인 대화를 한다.

11월 22일; 11월 중순 이후 선생님의 상태가 급격히 악화되어 간다. 부어오른 손등의 상태가 마치 고무장갑에 공기를 빵빵히 채운 모습을 연상케 한다.

11월 25일;선생님께서 태어나신 날이다. 생신날인 줄도 모르시겠지. 오늘은 큰 따님께서 많이 우신다. 생신날인 줄도 모르고 병원에 누워계시는 선생님. 지금쯤 한려수도를 향해 긴 걸음을 옮기시는 거나 아닌지…케익에 촛불도 켜드리지 못하는 우리는 모두가 우울하다.

11월 27일; 저녁에 선생님께서 위독하시다는 연락을 받았다. 오늘 저녁을 넘기기 힘들다고 한다.

11월 29일:1교시 학교 수업 도중 전화를 받았다. 선생님께서 9시쯤 운명하셨다고, 큰 따님과 둘째 따님 곁에서 무척 편안히 눈을 감으셨다 한다. 왼쪽 오른쪽을 한 번 돌아본 후 아주 맑은 모습으로 가셨다 한다.

김춘수 시인은 이렇게 이 세상을 떠났다. 필자는 서둘러 상경하여 11월 30일 오후부터 서울 삼성병원 장례식장의 영안실 밖의 문상객 접견실에서 밤늦게까지 머물렀다. 필자와 일행으로 함께 한 시인들로는 권기호 교수를 비롯한 권국명, 양채영, 박청륭, 이진흥 등 주로 김 시인이 추천한 시인들 가운데 나이가 60을 넘긴 측이었다. 도광의 시인은 김 시인의 추천을 안 받았으나 경북대 문리대 국문과 직계 제자였기 때문에 함께 했다. 그리고 뒷날 아침의 영결식 참석과 장지인 경기도 광주 공원묘지로 같이 가기 위하여 그 근처 여관에서 합숙하면서 김 시인과 얽힌 이야기를 밤새 나누었다.

11월 29일 이후의 TV 방송과 2004년 11월 30일 이후의 경향 각지의 신문들에 김 시인의 죽음이 보도기사와 함께 특집 기사로 앞 다투어 다루어졌다. 특집 기사와 추모사, 추모시 등의 제목과 집필자는 다음과 같다.

조선일보(2004.11.30) 김광일 기자 「꽃의 시인 "영원한 꽃"되다」

동아일보(2004.11.30) 허문명 기자 「불멸의 '꽃' 지상에 남기고」와 유종호 평론가의 추모사 「시로 쓴 '이미지 음악' 하늘에 울리소서」게재

중앙일보(2004.11.30) 신준봉 기자 「'꽃'의 참뜻 깨우쳐준 순수시의 대가」

한국일보(2004.11.30) 최윤필 기자 「술어적述語的 세계서 어미적語尾的 세계로」와 함께, 김종해 시인(그 당시 한국시인협회 회장)의 추모시 「누가 그의 이름을 불러 주는가」 게재

서울신문(2004.11.30) 황수정 기자 「'꽃의 시인' 영원 속으로 지다」

경향신문(2004.11.30) 조장래 기자 「'시단의 꽃' 천상의 품으로」

국민일보(2004.11.30) 박서강 기자 「'꽃의 시인' 하늘 꽃밭으로 떠나다」

문화일보(2004.11.30) 최현미 기자 「김춘수 원로시인 별세~향년 82세」와 함께 노향림 시인 추모사 「위대한 '꽃'의 시인 열정·작품 영원히」게재, (2004.12.1) 심언주 시인 추모사 「국화꽃 잎 날개 달고 날아가시는 선생님」 게재.

한겨레신문(2004.11.30.) 최재봉 기자 「탈관념·탈역사·'무의미시' 한국

모더니즘 정점으로」

　이 기사들은 이기철 시인이 그의 은사이자 시인이고 아동문학연구의 대가였던 이재철(1931~2011) 교수로부터 생전에 받은 자료로서 그의 저서 『김춘수의 풍경』(2021, 문학사상, pp.351~353)에 일부를 언급하고 있기에 필자가 이 시인에게 특별히 부탁하여 추석연휴인데도 불구하고 일일이 사진으로 촬영하여 받은 자료이다. 사실 필자는 인터넷으로 이 자료들을 볼 수 있으리라 싶어 여러 사이트에 들어갔으나 1998년까지의 기사와 2013년부터의 기사는 네이버와 한국언론진흥재단 사이트에서 검색이 가능하였으나 2004년 기사는 찾을 수 없었다. 그래서 이기철 시인에게 신세를 지게 되었다.
　서울에서 그 당시 나오는 일간지 가운데 세계일보 기사가 빠졌다. 그런데 필자는 2004년 12월 4일 세계일보의 청탁을 받아 「시인 '불멸의 꽃'이 되다」라는 제목으로 200자 원고지 10매의 글을 필자와의 인연을 중심으로 기고하여 회고한 바 있다. 따라서 서울의 일간지들은 한 군데도 빠지지 않고 김 시인의 죽음을 크게 다루었다.
　이 일간지들 외에 인터넷에 검색된 기사로는 매일경제(2004.11.29.)의 「김춘수 시인 꽃처럼 지다」, 통영 지역신문인 한산신문(2004.8.6.)의 「김춘수 시인 위독」 등과 대구일보와 매일신문 기사도 부분적이지만 보인다.
　TV방송의 경우 다행히 네이버 검색을 통하여 세 군데 검색할 수 있었다. KBS의 경우 2004년 11월 29일 10시 뉴스에서 앵커의 "꽃이라는 시로 한국시단을 대표해온 김춘수 시인이 오늘 별세했습니다" 라는 멘트와 함께 김진희 기자가 육성으로 보도하고 있다. 그리고 유족 김영희 여사의 간단한 인터뷰도 있고 2001년 7월에 한 김 시인의 인터뷰 "시라도 안 쓰면 나는 배겨낼 수가 없다"는 화면도 삽입되어 있다.
　MBC의 경우 저녁 뉴스데스크에서 앵커의 "한국 시단의 원로 김춘수 시인이 오늘 향년 81세를 일기로 세상을 떠났습니다. 죽을 때까지 펜을 놓지 않은 한국의 대표 시인이었습니다."라는 멘트 다음으로 김 시인의 대표작 「꽃」이 낭송되면서 김성우 기자의 육성으로 시작 경향과 문제작을 언급하고, 김 시인이 생전의 인터뷰(1989년) 화면도 두 장면 등장하고 있다. 이건청 시인은 뉴스 중의 인터뷰에서 "투철한 실험의식과 시인 정신으로써 꾸준히 시작에 임한 그런 마지막까지 현역이었던 시인이었다. 이런 점은 우리 한국시가 본받을 바라고 생각을 한다."라고 하였다.

  SBS의 경우도 8시 뉴스에서 앵커가 "꽃'의 시인으로 유명한 우리 시단의 원로 시인 김춘수 시인이 세상을 떠났습니다."라는 멘트에 이어 이정은 기자가 테마 기획으로 취재하고 있다. 여기서는 만년에 김 시인을 모시고 여러 모임을 다녔던 조영서(1932~2022) 시인과 큰따님 김영희 여사의 인터뷰도 삽입되어 있다.

  지금까지 한국 현대시 사상 이렇게 시인의 죽음이 각종 언론 매체에 주목받은 것은 김춘수 시인이 처음인 것 같은 생각이 든다. 그리고 앞으로는 없을 것 같다는 생각도 든다.

  1946년 9월 조선청년문학가협회 경남본부가 해방 1주년 기념으로 부산에서 발간한 사화집 『날개』에 처녀작 「애가(哀歌)」를 발표한 때로부터 2004년 12월 3일에 발간한 유고시집 『달개비꽃』에 수록된 작품들까지, 신문과 방송 인터뷰 등에서 언급한 대로 죽을 때까지 그는 현역시인이었다. 60년에서 1년이 모자라는 59년 동안 그는 시 쓰기와 시론과 비평, 그리고 산문쓰기에 매달린 시인이었다.

  김종길(1926~2017) 시인이 마산MBCTV 추모다큐 〈시인 김춘수~바다로 간 처용〉에서 언급한 대로 "가장 예술가적인 시인이자 전문적인 시인"이었다. 그리고 김 시인을 떠나보낸, 그를 아끼고 그에게서 시를 배웠던 우리 모두는 1952년 6.25 전쟁기에 본래의 건물은 육군병원으로 징발당하고 판자집 가교사였던 마산고등학교에서 1년 6개월 동안 국어과 교사로 같이 근무한 김남조 시인이 앞의 다큐에서 언급한 대로 "충격은 이루 말할 수 없으며 지붕이 벗겨진 집에서 사는 허전함"에 빠지지 않을 수 없었다.

2004년 12월 1일 아침 우리 일행은 서울 삼성병원 장례식장으로 갔다. 영결식장의 앞 벽에는 '大餘대여 金春洙김춘수 先生선생 詩人葬시인장'이라는 플래카드 밑에 2004년 12월 1일이라는 날자만 적혀 있었다.

10시에 영결식이 시작되었다. 사회는 이수익 시인이 맡았고 주요연보를 조영서 시인이 낭독하고, 이어서 김 시인의 생전 육성녹음이 청취되었다. 그리고 류기봉 시인과 박정남 시인이 대표시「꽃」과「처용단장」을 낭독하였다. 조사는 김종길, 정진규 시인이 하였다. 그리고 김종해 시인과 심언주 시인이 조시를 낭독하였다. .

모두가 서울시인 중심이라 사실 경북대학교 제자인 우리들로서는 다소 서운했다. 그러나 경북대 제자인 박정남 시인이 울먹이며 시를 낭송하자 식장이 숙연해져서 다소 위안이 되었다. 그리고 이 글을 쓰면서 통영의 '예술의향기' 대표 박우권 선생이 필자에게 보내온 마산MBC 추모다큐를 열어보니 영결식의 끝머리에 헌화를 하는 사람들이 촬영되어 있었다. 김종길, 김남조, 김종해 시인, 그리고 여류시인 두 사람 다음으로 권기호 시인과 필자가 국화 송이를 들고 기다리고 있는 장면이 보였다. 그래서 제자로서의 도리는 어느 정도 했다는 생각이 들기도 했다.

영결식을 끝내고 영정의 뒤를 따라 영결식장을 나선 우리는 대기한 버스에 올라 경기도 광주공원 묘지로 갔다. 그날 날씨는 겨울답지 않게 추위는 없었으나 햇빛은 나지 않고 다소 흐렸다. 묘역에 도착하니 바로 옆에 1999년 작고한 사모님 명숙경 여사의 묘비가 깨끗한 자태로 김 시인을 마지하고 있었다. 하관식에 필자의 순서가 되어 삽으로 시토를 하였다. 세

번 하는 것이 관례인데 슬픔 때문에 한 번 하고 물러났다. 그런 후에 어떻게 서울로 돌아와 부산으로 내려왔는지는 도무지 기억이 나지 않는다.

　김 시인의 장례식이 끝난 후 비록 언론처럼 신속성은 없었으나 각종 문예지 2005년 1월호에는 여러 모양으로 김춘수 시인 추모 특집을 마련하였다. 《현대문학》《문학사상》《현대시》 그리고 《현대시학》은 1월호와 2월호에 걸쳐 대형 특집을 마련하였다. 필자가 추모의 글쓰기에 참여한 잡지로는 그 당시 대구에서 발간된 《생각과 느낌》이라는 계간지 2005년 봄호가 있다. 거기에는 대구의 제자들이 대거 참여하였다. 필진을 소개하면 다음과 같다.

　우선 기획I 〈내가 좋아하는 김춘수 시〉에는 김열규, 양왕용, 권국명, 도광의, 장윤익, 이하석, 이태수, 박정남, 홍영철, 노진화(《생각과 느낌》 발행인). 박미영 등 여러 문인들이 참여하였다. 필자는 「에리꼬로 가는 길」을 선정하였는데 흥미로운 것은 국민 애송시 「꽃」은 한 사람도 없었다는 사실이다. 그러나 「꽃」은 2004년 계간 《시인세계》가 시인 246명에게 물은 '가장 좋아하는 시'의 결과는 1위였으며 2위는 윤동주의 「서시」, 이어서 백석의 「남신의주 유동 박씨봉방」 서정주의 「자화상」 등이었다. 그리고 12년 전 명일동 김 시인 추모행사에서 이미 랩으로 불리워졌으며, 최근에는 세계를 떠들썩하게 한 인기그룹 방탄소년단(BTS)의 곡 '세렌디피티Serendipity'에 변주되어 등장하고 있는 사실로 화제가 되었다.

　기획II 〈나와 김춘수 그리고 추억〉에 참여한 문인들은 양왕용, 권국명, 장윤익, 이하석, 박청륭, 박정남, 홍영철, 박미영 등이었다. 필자는 여기서 「단호하게 그리고 인정스럽게 사신 그대」라는 글을 썼다.

　마지막 기획III은 〈김춘수론〉인데, 여기에 권기호, 이진홍 두 시인이 참여하고 있다. 물론 필자가 미처 못 본 많은 문예지가 추모특집을 하였을 것이다 이러한 글들을 모두 수집하는 것은 앞으로 후학들이 해야 할 일이다.

　끝으로 통영시 측에서 김춘수 시인 탄생 100주년을 맞아 김춘수 시인의 생가 구입을 서둘러 줄 것을 소망한다. 최근에 초정 김상옥(1920~2004) 시조시인의 생가는 구입하여 문화재로 등록되었다는 소식을 들었다. 그리고 김춘수 시인의 생가의 현재의 소유주도 과거와는 달리 통영시만 나서면 매도할 의사도 가지고 있다는 소식도 들었다. 새로 선출된 통영시장은 건축학도 출신으로 과거의 시장들에 비하여 손색없는 문화예술에 대한 의식을 가지고 있다고도 들었다. 김 시인의 100세 생일인 금년 11월 25일 전 생가구입의 구체적 논의라도 시작되기를 소망한다. 유족들이 타도시가 아닌 통영시에 유품을 기증한 것은 김 시인의 생전의 고향에 대한 애정도 감안했겠지만, 통영 행정기관과 시민들의 김춘수 시인 사랑의 열정도 느꼈기 때문일 것이다. 그러한 기대를 저버리지 말았으면 한다. 하루빨리 생가 터에 〈김춘수문학관〉이 건립되어, 〈김춘수유품전시관〉에 임시로 전시된 것들을 옮기고 김춘수 문학 연구의 체계화와 지속성을 마련해야 할 것이다. 그리고 김 시인이 탄생한 11월 25일부터 서거한 11월 29일까지 〈김춘수문학제〉가 마련되어 해마다 초겨울이지만 따뜻하기만 한 통영으로 김춘수 시인을 사랑하고 그의 불후의 명작 「꽃」을 애송하는 남녀노소가 몰려들기를 소망한다.

김춘수 시인 연보 (1922. 11. 25~2004. 11. 29)

1922	11월 25일 경남 통영읍 서정 61번지(현 경남 통영시 동호동 61)에서 아버지 김영팔 어머니 허명하의 3남 1녀 중 장남으로 출생. 조부 김진현은 인동(경북 구미) 원을 지낸 만석꾼의 부호. 선친도 삼천석꾼의 부호
1926	호주선교사가 경영하는 진명유치원에 1년 넘게 다님
1929	통영 광도면 안정리 광도공립보통학교(현 범방초등학교, 4년제)에 입학하였다가 1학년 때 통영공립보통학교로 전학(학적부에 직전학교; 광도공립보통학교 1년생으로 기록되어 있음)
1935	통영공립보통학교(25회) 수석으로 졸업(경남도지사상 수상), 5년제 경성제일공립고등보통학교(현 경기고등학교,4학년 때 경기공립중학교로 교명 바뀜)에 입학,
1936	선친 4남매의 교육을 위하여 경성부 종로구 명륜동 3가 72-6(현 서울 성균관로 5길 31)으로 이사(본적도 옮겨 김 시인은 물론 그 아들 손자들의 본적이 됨) 남동생 둘도 경기고등학교를 거쳐 서울대 의대와 정치외교학과에 진학, 의사와 외교관을 지냄
1939	경기공립중학교(경기고36회) 5학년 말인 11월 자퇴하고 일본 동경으로 건너감(학적부에는 1940. 1. 5 퇴학으로 처리), 대학 수학 준비를 위해 간다에 있는 학원을 다니다가 고서점에서 릴케의 시집(일역판)을 발견하고 감동
1940	4월 일본대학 예술학원 창작과에 입학, 시인 하기하라 사쿠타로의 강의 들음.
1942	동경 근처 항구도시 가와사키 부두 하물선 석탄 하역작업 하는 고학생을 따라갔다가 유학생들끼리 나눈 대화(일본천황과 총독정치 비판)가 문제되어 사상범으로 연루됨. 요코하마

헌병대에서 1개월, 세다가야 경찰서에서 6개월 유치되었다가 부산
수상경찰서로 송치되어 석방됨, 이 사건으로 12월에 일본대학 창작과
퇴학당했으며 일제 말까지 요시찰인물로 낙인 찍혀 숨어 지냄

1943   유치장에서 위장이 상해 금강산 장안사에서 요양

1944   명숙경과 결혼(자녀; 위로 두 딸, 아래로 세 아들을 둠),
장인 명도섭은 일제 강점기부터 애국지사로 건국준비위원회
마산위원장 지냈으며, 작고한 뒤 사회장 지냄.

1945   광복과 더불어 통영에서 유치환(회장), 윤이상, 김용주, 김상옥,
전혁림, 정윤주 등과 함께 통영문화협회를 결성, 총무를 맡아
근로자를 위한 야간중학, 유치원을 운영하면서, 연극, 음악,
문학, 미술, 무용 등의 예술운동 전개, 극단을 결성해
경남지방 순회공연도 함.

1946   통영중학교(6년제) 교사로 부임하여 1948년 8월 31일까지
근무. 9월 『해방 1주년 기념 사화집』에 「애가」 발표.
조향, 김수돈과 함께 동인 사화집 『로만파』 발간.

1948   8월 첫 시집 『구름과 장미』(행문사, 국판 70페이지)를 유치환
서문으로 자비출판
9월1일 마산중학교(6년제)교사로 부임

1950   3월 제2시집 『늪』(문예사, 4×6판 75페이지)을 서정주 서문으로 발간
8월 6.25사변 때 마산은 북한군에 함락되지 않았으나
근처가 격전지가 되어 잠시 근처 시골로 피난

1951   7월 제3시집 『기』(문예사, 4×6판 70 페이지) 발간
8월 31일 학제 개편 전까지 근무.
9월 1일 마산서중학교(6년제 마산중이 중고교로 분리되면서

잠시 가진 이름)에 근무

1952	3월 31일 마산고등학교 근무
1953	4월 제4시집 『인인』(문예사, 4×6판 51페이지) 발간 9월15일 마산고등학교 사임. 마산중학교 부임할 때부터 마산시 중성동 58번지로 이사하여 1965년 대구로 이사할 때까지 거주 11월 진주 개천예술제에 모인 시인 설창수, 구상, 이정호, 김윤성 등과 '시와 시론' 동인을 결성하여 동인지 창간호 《시와 시론》(대구 전선문화사)을 냄. 여기에 그의 대표작 「꽃」(뒤에 두 차례 개작됨)과 최초의 시에 관한 산문 「시 스타일 시론」을 발표.
1954	3월 시선집 『제1시집』(문예사, 4『6판 50페이지) 발간 4월부터 부산대학교 국어국문학과에 1957년까지 시간강사로 출강(당시 전임 교수이던 김정한 작가의 주선으로 전임을 전제로 출강했으나 여의치 않아 3년 만에 그만 둠). 부산 영도의 연세대 분교(전임 대우), 해군사관 학교, 진주의 해인대학 등에 계속 시간강사로 출강 9월 『세계 근대시 감상』 발간
1956	5월 부산대학교 강사 시절 제자 고석규의 발의로 유치환, 김현승, 송욱 등을 동인으로 한 『시연구』 간행 (고석규 타계로 창간호가 종간호가 됨)
1958	10월 《문학예술》에 연재한 「형태상으로 본 한국 현대시」(1955. 8~1956. 4)를 『한국현대시형태론』(해동문화사, 4×6판 200페이지)으로 개제한 첫 시론집 발간 12월 제2회 한국시인협회상 수상
1959	5월 『한국현대시형태론』으로 문교부 교수자격인정령 21조에 의거 국어국문학과부교수 자격 인정받음 6월 제5시집 『꽃의 소묘』(백자사, 4×6판 91페이지) 발간

	11월 제6시집『부다페스트에서의 소녀의 죽음』(춘조사, 4×6판 127 페이지) 발간
12월 제7회 자유아세아문학상 수상
1960	4월 마산으로 옮겨 온 해인대학(현 경남대학교 전신) 조교수로 임용
1961	4월 경북대학교 문리과 대학 국어국문학과 전임강사로 자리를 옮김(유치환 시인이 1956년 사임 후 빈 자리를 당시 문리과대학 학장이던 하기락 교수에게 천거하여 이루어짐) 한동안 마산과 대구를 오르내리며 해인대학에도 강의함
6월 1959년 6월호《신문예》부터 1960년 2월호까지「시 어떻게 읽고 어떻게 지을 것인가」라는 제목으로 연재한 원고를 바탕으로 시작법 중심의『시론』(문호사, 4×6판 220 페이지) 발간
1962	9월 경북대학교 국어국문학과 부교수로 승진
1965	3월 마산시 중성동 58번지를 떠나 대구시 북구 내당동 국민주택 7호로 이사
5월 논문「1909-1919년 사이의 한국시의 명칭과 형태-신체시 연구 1장」으로 문교부 교수자격심사위원회에서 국어국문학과 교수 자격을 인정받음
8월 경북대학교 국어국문학과 교수로 승진
1966	경상남도 문화상(문학부문) 수상
1969	11월 무의미시의 전조인 제7시집『타령조·기타』(문화출판사, 국판 112페이지) 발간
1971	월간《시문학》1965년 4월 창간호부터 1966년 4월호까지「작시강의」라는 제목으로 10회 연재한 시론을 바탕으로 이론 중심의『시론』(송원문화사, 국판 203페이지) 발간 가을 동구 만촌동 647-18번지(수성구 무열로 29길 46-7) 삼우주택 6호로 이사

1972	9월부터 2년 간 경북대학교 국어국문학과 학과장 보임
1974	9월 민음사가 기획한 '오늘의 시인총서'에 김수영의 시선집『거대한 뿌리』와 함께 시선집『처용』(신4×6판 123페이지) 발간
1975	12월 서사시집『낭산의 악성-백결 선생』(동화출판공사, 민족문학대계 6권 119-150 페이지 수록) 발표
1976	5월 첫 산문집『빛 속의 그늘』(예문관, 4×6판 228페이지) 발간 8월 시론집『의미와 무의미』(문학과 지성사, 4×6판 210 페이지) 발간 11월 시선집『김춘수시선』(정음사, 문고본, 200페이지) 발간
1977	4월 시선집『꽃의 소묘』(삼중당, 문고본, 287페이지) 발간 10월 제8시집『남천』(근역서재, 국판, 125페이지) 발간
1978	9월 영남대학교 국어국문학과 교수로 전직
1979	3월 영남대학교 문리과대학 학장 보임 4월 시론집『시의 표정』(문학과 지성사, 4×6판 150페이지) 발간 4월 제2산문집『오지 않는 저녁』(근역서재, 신4×6판 234 페이지) 발간
1980	3월 영남대학교 문리과대학이 문과대학과 이과대학으로 분리되어 초대 문과대 학장으로 보임 4월 제3산문집『시인이 되어 나귀를 타고』(문장사, 신4×6판 183페이지) 발간 11월 제9시집『비에 젖은 달』(근역서재, 국판 78페이지) 발간
1981	4월 제11대 국회의원(문공위원)에 피선(임기 4년) 8월 대한민국 예술원 회원 만촌동 삼우주택을 떠나 서울로 이주(압구정동 한양아파트, 잠원동 대림 아파트를 거쳐 강동구 명일동 우성아파트 9동 506호에 정착)

1982	2월 경북대학교에서 명예문학박사 학위 받음
	4월 민음사 '오늘의 시인총서' 『김춘수시선 2 처용 이후』(신4×6판, 108페이지) 발간
	8월 문장사판 『김춘수 전집』시. 시론, 수필 전 3권 발간
	12월 송수기념 평론집 『김춘수연구』(학문사, 신국판, 890페이지) 출간
	12월 김춘수화갑기념연구논총(영남대학교 국어국문학과) 출간
1983	문예진흥원 고문(원장 정한모 시인)
1985	12월 제4산문집 『하느님의 아들, 사람의 아들』(현대문학사, 신국판 303 페이지) 발간
1986	3월 방송심의위원회 위원장 취임(1988년까지 재임)
	한국시인협회 회장 취임(1988년까지 재임)
	7월 『김춘수시전집』(서문당) 발간
1988	4월 제10시집 『라틴 점묘·기타』(탑출판사, 신국판 변형 100 페이지) 발간
1989	10월 제2시론집 『시론』(1961, 문호사)를 대폭 개정한 작법을 위한 시론집 『시의 이해와 작법』(고려원, 신국판 282 페이지) 발간 (1999년 자유지성사에서 재발간)
1990	1월 시선집 『샤갈의 마을에 내리는 눈』(신원문화사, 신국판 변형 140페이지) 발간
1991	3월 시론집 『시의 위상《둥지, 신국판 269 페이지) 발간
	10월 제11시집 『처용단장』(미학사, 신국판, 176 페이지) 발간
	10월 한국방송공사 이사로 취임하여 1993년까지 재임
1992	3월 시선집 『돌의 볼에 볼을 대고』(탑출판사, 신국판변형

	94페이지) 발간 10월 은관문화훈장 수훈
1993	4월 제12시집 『서서 잠자는 숲』(민음사,신국판 변형 110페이지) 발간 7월 산문집 『예술가의 삶』(혜화당, 국판 203페이지) 발간 11월 산문집 『여자라고 하는 이름의 바다』(제일미디어) 발간
1994	11월 『김춘수시전집』(민음사) 발간
1995	2월 시가 있는 에세이 『사마천을 기다리며』(월간 에세이, 변형국판, 230 페이지) 발간 10월 이남호 편 『김춘수 문학앨범』(웅진출판, 국판변형 297페이지) 출간
1996	2월 제13시집 『호』(도서출판 한밭, 신국판변형 96페이지) 발간
1997	1월 제14시집 『들림, 도스토예프스키』(민음사, 신국판변형 96페이지) 발간 1월 자전적 장편소설 『꽃과 여우』(민음사, 국판, 249페이지) 발간 11월 제5회 대산문학상 수상
1998	9월 제12회 인촌문화상 수상
1999	2월 제15시집 『의자와 계단』(문학세계사, 신국판 변형 110페이지) 발간 4월 5일 부인 명숙경 여사와 사별
2000	2월 제1회 청마문학상 수상
2001	4월 제16시집 『거울 속의 천사』(민음사,신국판변형 112페이지) 발간 10월 15년간 거주한 명일동에서 분당으로 이사
2002	4월 비평을 겸한 사화집 『김춘수 사색사화집』 현대문학 발간

	10월 제17시집 『쉰한 편의 비가』 현대문학 발간
2003	동화집 『통영소년』(노루궁뎅이) 발간
2004	제19회 소월시문학상 특별상 수상 1월 『김춘수 시전집』 현대문학, 신국판 1150페이지 발간 『김춘수시론전집』 I, II 현대문학, 신국판, 661, 542페이지 발간 8월 4일 분당 자택에서 음식물 들다가 기도패색으로 의식 불명 11월 29일 분당 서울대 병원에서 투병 끝에 영면 12월 1일 경기도 광주공원묘지 안장 12월 제18시집 『달개비꽃』 현대문학, 4×6판 변형 142 페이지 출간
2005	1월 김춘수대표에세이 『왜 나는 시인인가』 (주)현대문학. 신국판, 431페이지 출간
2007	11월 통영 항남동 네거리에 〈꽃〉 고향시비 제막(2011.7 생가 근처 남망산 입구 쌈지공원으로 이설)
2008	3월 통영시 봉평동에 〈김춘수유품전시관〉 개관
2010	6월 통영시 항남동 오거리 김춘수 전신 조각상 건립 10월 통영시 제정 제1회 김춘수시문학상 시상

김춘수 평전
꽃, 처용으로 날아오르다

제1쇄 인쇄 2022. 11. 20
제1쇄 발행 2022. 11. 25

지은이 양왕용
펴낸이 서정환
엮은이 민윤기
펴낸곳 문화발전소
서울시 종로구 삼일대로 32길 36 운현신화타워 305호
see편집국 : 서울시 종로구 종로19(종로1가) 르메이에르빌딩 1416호
Tel 02-742-5217 Fax 02-742-5218

ISBN 979-11-92808-00-0 03810

값 20,000원

ⓒ 2022 양왕용
PRINTED IN KOREA

*저자와의 협약에 따라 인지는 생략합니다.
*파본 및 제본이 잘못된 책은 구입서점에서 교환하여 드립니다.
*이 책은 저작권법에 의하여 보호받는 저작물이므로
 이 책의 전부 또는 일부를 재사용하려면
 반드시 문화발전소와 저자의 허락을 받아야 합니다.